EL TOQUE DE MIDAS

EL TOQUE DE MIDAS

POR QUÉ ALGUNOS EMPRESARIOS SE HACEN RICOS, PERO LA MAYORÍA NO

DONALD J. TRUMP Y ROBERT T. KIYOSAKI

AGUILAR

AGUILAR ®

El toque de Midas
© Donald J. Trump y Robert T. Kiyosaki
Título original: *Midas Touch*
Publicado en inglés por Plata Publishing, LLC.

De esta edición:
D. R. © Santillana Ediciones Generales, S. A. de C. V., 2012
      Av. Río Mixcoac 274, Col. Acacias
      C. P. 03240, México, D. F.

Traducción: Alejandra Ramos
El diseño de los interiores y de la cubierta son una adaptación de la edición original
Fotografías de los autores: Scott Duncan

ISBN: 978-607-11-1702-1

PRISA EDICIONES

Dedicatoria

*A los empresarios de ahora, que luchan, prosperan y tienen éxito,
y a los empresarios del mañana, quienes verán oportunidades donde otros
sólo ven obstáculos…*

*A los visionarios que actúan con audacia y dejan su huella y su toque de
Midas en el panorama económico de nuestro mundo.*

ÍNDICE

NOTAS Y AGRADECIMIENTOS DE LOS AUTORES

Nos gustaría agradecer a toda la gente que ha contribuido, de alguna manera, a nuestra permanente pasión por el aprendizaje de temas empresariales. Este libro se basa en nuestra experiencia y, sin esas personas, escribirlo no habría sido posible.

También nos gustaría mencionar logros y pérdidas, éxitos y fracasos, porque sin el equilibrio que ofrecen los altibajos de la vida, y sin el crecimiento personal y profesional que conllevan, no nos encontraríamos donde estamos hoy.

Un agradecimiento especial para Meredith McIver y Kathy Heasley, por su ayuda editorial. Asimismo, agradecemos a Allen Weisselberg, Michael Cohen, Rhona Graff, Jonathan Gross y Kacey Kennedy de la Organización Trump; y Mike Sullivan, Marian Van Dyke, Anita Rodriguez, Michael Joe, Rhonda Hitchcock y Mona Gambetta de The Rich Dad Company y Plata Publishing. Su trabajo en equipo y sus opiniones empresariales nos ayudaron a darle vida a la visión que teníamos de *El toque de Midas*.

Por último, nos gustaría agradecer a todos los empresarios innovadores, que se arriesgan y superan todos los obstáculos para mejorar sus vidas, las de sus familias y las de miles de millones de personas alrededor del mundo.

No hay nada más noble que el espíritu empresarial y, por eso, aplaudimos su esfuerzo, éxito y contribuciones a nuestro mundo.

PRÓLOGO

Por Mark Burnett

Los empresarios tienen una inercia muy particular que los hace ir hacia donde desean. Es un enfoque tan intenso, que no hay nada que pueda desviarlos, o modifique sus planes.

Hace varios años leí *The Art of the Deal*, un libro de Donald Trump; fue antes de conocerlo en persona. En aquel tiempo, yo vendía camisetas en una playa de Los Ángeles, y mientras llegaba el siguiente cliente, me entretenía leyendo su libro. Lo que más me agradaba era que había sido escrito para gente como yo; es decir, para personas que no habían egresado de una escuela de negocios. Las ideas de Donald, el magnate de los bienes raíces, me tenían asombrado. Jamás creí que llegaría a verlo en persona y mucho menos a conocerlo. Y ciertamente, tampoco imaginé que terminaría haciendo negocios con él.

En uno de los pasajes que más recuerdo de *The Art of the Deal*, Donald explica su habilidad para detectar a un "perdedor". Menciona que un perdedor es quien pone un anuncio que dice "se vende", encima de un auto sucio. Y, a pesar de que parecería bastante obvio que eso no debe hacerse, hay mucha gente que actúa precisamente de esa manera en distintos tipos de negocios.

Robert Kiyosaki, por su parte, ha vendido treinta millones de libros en todo el mundo. Es obvio que tiene un mensaje que la gente querrá o necesitará escuchar. Él se considera un maestro en esencia y yo debo admitir que también veo a Donald de esa misma forma. El programa de televisión *El aprendiz* posee un subtexto educativo que él aprovecha muy bien, y creo que es una de las razones por las que el programa ha tenido tanto impacto y duración. Estos dos maestros, titanes de los negocios, tienen un mensaje para nosotros.

Tal como lo indica *El toque de Midas*, la actividad empresarial se ha convertido en una especie de responsabilidad en nuestros días, o al menos, así debería ser. Por esa razón, considero que la aparición de este libro es muy oportuna. Necesitamos gente con habilidad para crear empleos. Además, quienes poseen las habilidades necesarias para ser empresarios, deben desarrollarlas y hacer su contribución a la sociedad.

Este libro fue escrito por dos empresarios que provienen de contextos muy distintos, pero que cuentan con logros imponentes, y pueden ofrecer bases desde perspectivas diferentes.

Cualquier persona que desee ingresar a las grandes ligas de la actividad empresarial, debe leer este libro concienzudamente.

Los empresarios se caracterizan por un enfoque muy peculiar y por la fuerza de su motivación. Hace mucho tiempo logré ver esos rasgos en Donald, y ahora sé que Robert también los posee. El impulso de ambos es, incluso, palpable. Estos hombres no se detienen; sus logros son extraordinarios. Espero que te tomes el tiempo necesario para escuchar lo que tienen que compartir contigo.

¿SOÑADOR... O EMPRESARIO?

Un empresario, un hombre cuya mente se inclinaba hacia la mecánica desde que era niño, vio la oportunidad de cambiar el mundo. Encontró la manera de hacerlo mejor para toda la gente, y por eso, se dispuso a construir, no su fortuna, sino el sueño de un nuevo tipo de vida para todas las personas.

El hombre lidió con los desafíos de perfeccionar su idea, fabricar las incontables versiones de prototipos de su producto —cada una de ellas mejor que la anterior—, y construir su compañía. Sin embargo, su mayor batalla fue contra la gente que no podía apreciar su visión, expandir su enfoque y ver las cosas como podrían llegar a ser, en lugar de como eran en ese momento. La lucha fue muy intensa pero él se mantuvo firme. En el camino llegó a dudar de sí mismo, hizo muchísimos sacrificios y se alejó de su objetivo en varias ocasiones. También fracasó con frecuencia, pero como siempre le gustaron los dichos, prefirió pensar que el fracaso era "una oportunidad para comenzar de nuevo... con más inteligencia".

No era muy buen estudiante y, para colmo, aprendió muy poco en la escuela. Sin embargo, le encantaba desarmar aparatos para ver cómo funcionaban. Su pasatiempo favorito era "descuartizar" relojes. No tenía título profesional, pero asistió a una escuela nocturna para fortalecer sus destrezas y, como también era muy inteligente, con el tiempo se convirtió en un maestro muy querido del oficio que practicaba. A él se acercaron estudiantes que igualaban su entusiasmo y que, ya muy tarde por la noche, se prestaban como voluntarios para trabajar en sus proyectos y aprender del proceso. Su habilidad para atraer el talento y el trabajo de otros era envidiable, y lo aprovechó para rodearse en su negocio de gente que entendía de asuntos con los que no estaba familiarizado.

Tuvo mucho éxito cuando trató de reunir recursos por medio de inversionistas que creyeran en su producto. El problema fue que, en lo que no siempre tenían fe, era en su visión, y al hombre le descorazonó descubrir que la gente sólo se enfocaba en el dinero. Llegó un momento en que lo despidieron de su propia compañía, que llevaba su nombre. Un hombre de menos valía habría abandonado la lucha y buscado otro empleo.

Curiosamente, unos años antes, él mismo había renunciado al empleo que tenía en una compañía muy importante. Como su actividad empresarial no le redituaba lo suficiente, tuvo que mudarse varias veces con su familia a lugares más modestos. Cuando todavía trabajaba para otros durante el día, recibió inspiración del icónico individuo que dirigía la empresa donde laboraba. Era un hombre al que había idolatrado desde la infancia, y con quien tuvo la oportunidad de convivir brevemente un día. Con una explicación muy somera, le describió su invento. El hombre dio un puñetazo en la mesa y le dijo: "Joven amigo, eso es: lo consiguió. No se dé por vencido".

"Aquel puñetazo en la mesa significó muchísimo para mí", le dijo el empresario a su paciente esposa. "El año que viene no me vas a ver mucho." Para ser honestos, alcanzar el éxito le tomó más de un año. Fueron décadas.

Las respuestas rara vez nos llegan en uno de esos momentos que nos hacen gritar "¡Eureka!", y lo que sucedió con Henry Ford, no fue diferente. Él observó el mundo que lo rodeaba y, con mucha lentitud, logró llegar al momento oportuno y alcanzar su objetivo. Ford demostró que un empresario no tiene que inventar una nueva tecnología. Su enorme éxito fue el resultado de algo más valioso: una marca. Los automóviles fabricados a la medida era lo que estaba de moda en aquel tiempo, pero formaban parte de un concepto que no era compatible con la visión que Ford tenía. Él quería que *toda la gente* pudiera disfrutar del lujo que, entonces, sólo los ricos podían pagar.

Ford quería cambiar el mundo y creía que el secreto radicaba en un automóvil con motor de combustión interna —en este caso, generada por gasolina— que se ensamblara en una fábrica en la que todos los automóviles fueran iguales. Su héroe, el hombre para quien trabajaba, también creía en esa idea, y por eso, dio un puñetazo en la mesa y motivó a Ford a continuar trabajando a pesar de los fracasos y el paso de los años.

Henry Ford se atrevió a soñar en grande. Un domingo escuchó al ministro de su iglesia decir: "Enganchen su carrito a una estrella", y entonces le dijo a su hermana, "eso es lo que voy a hacer". Fue en 1893. Diez años después, el 23 de julio de 1903, el dentista Ernst Pfenning, de Chicago, compró el primer Modelo A de la Ford Motor Company.

Henry Ford lo había logrado. Había dejado de ser un soñador, para convertirse en empresario.

FUERZA DE CARÁCTER

CONVERTIR LA MALA SUERTE EN BUENA SUERTE

ENFOQUE

PERSIGUE UN SOLO OBJETIVO
HASTA QUE TENGAS ÉXITO

MARCA

LO QUE REPRESENTAS

RELACIONES

NO SE PUEDE HACER GRAN
COSA CON SOCIOS MALOS

LOS DETALLES
QUE CUENTAN

LO QUE HACEN LOS EMPRESARIOS EXITOSOS,
PERO LOS OTROS EMPRESARIOS NO

GUÍA PARA DESARROLLAR
TU TOQUE DE MIDAS

Donald J. Trump y Robert T. Kiyosaki

INTRODUCCIÓN
LOS EMPRESARIOS SON DISTINTOS

Este libro trata acerca de los empresarios y de lo que los hace distintos a los demás. Está dirigido tanto a quienes ya lo son, como a quienes les gustaría llegar a serlo.

No se trata de un libro de texto escrito por profesores de una escuela de negocios. Aquí no se ofrece una visión color de rosa, ni se muestra paso a paso el camino para alcanzar el éxito, porque ambos enfoques son poco realistas. No, este libro, al contrario, es muy realista. Por eso lo escribieron empresarios que han ganado, fracasado y vuelto a levantarse para volver a ganar una y otra vez. En él narramos nuestras historias.

A menudo, a esa capacidad que tiene el empresario de soñar, ganar, perder y volver a ganar, una y otra vez, se le llama *espíritu empresarial*. Es lo que separa al empresario de todos los demás en el mundo de los negocios. También es lo que marca la diferencia entre quienes desean ser empresarios y quienes de verdad pueden llegar a serlo.

Hemos estado escribiendo este libro durante tres años. Nos empeñamos en hacerlo porque ambos creemos que sólo los empresarios pueden crear empleos reales. Y ahora que el mundo atraviesa niveles sin precedente de desempleo, lo que más se necesita es subsanar el problema.

El desempleo crónico provoca malestar social, y eso puede conducir a una revolución. Los disturbios que se produjeron durante 2011 en Medio Oriente, son buenos ejemplos de ello. Estas revueltas las avivaron personas dispuestas, capaces y ansiosas por trabajar, que no tienen la oportunidad de hacerlo porque viven en sociedades con un alto nivel de desempleo. China, por ejemplo, tiembla sólo de pensar que sus exportaciones pudieran disminuir porque, la mera idea de millones de trabajadores desempleados, es aterradora. El gobierno de Estados Unidos tiene preocupaciones similares y gasta miles de millones de dólares con el objetivo de crear empleos a través de la legislación y los programas gubernamentales.

El problema es que ningún gobierno, ni el nuestro ni el chino, puede crear empleos reales. Los únicos que pueden hacerlo son los empresarios. Porque sólo ellos ven al futuro y le inyectan vida, una y otra vez, por medio de sus riesgos, pérdidas y ganancias. Y por si fuera poco, en ese proceso logran crear industrias nuevas y oportunidades para la gente de todo el mundo.

Otro problema importante es que las escuelas no crean empresarios, sólo están diseñadas para producir empleados. Por eso la gente con frecuencia dice: "Ve a la escuela para que puedas obtener un buen empleo". La mayoría de los estudiantes, incluso los graduados de programas de maestría, terminan siendo empleados, no empresarios. Debido a los préstamos estudiantiles, millones de jóvenes se gradúan año con año, cargando una enorme deuda, y, para colmo, luego salen y descubren que no hay empleos para ellos. En la actualidad hay demasiada gente, joven y mayor, en busca de empleo. Y quienes ya tienen uno, viven con el temor de perderlo. Por eso necesitamos más empresarios que puedan generar negocios y fuentes de trabajo.

A la caída del mercado, que comenzó en 2007, se le considera el mayor descalabro económico desde la Gran Depresión. Mucha gente sigue esperando que la economía se recupere y, aunque eso sí llegará a suceder, estoy seguro de que no se volverán a presentar las mismas condiciones. La vieja economía de la Era Industrial (la que implicaba un empleo seguro de por vida, pensiones, prestaciones y sindicatos), no tendrá cabida en la nueva Era de la Información.

Muchos negocios de la lista de Fortune 500, surgieron en la Era Industrial y, por lo tanto, desaparecerán. Las compañías del mañana que van a formar parte de Fortune 500, surgirán en medio de la crisis y estarán dirigidas por empresarios con visiones avanzadas y un espíritu empresarial moderno.

Este libro se escribió precisamente para dichos empresarios y para la gente que desea formar parte de ese grupo. Debemos aclarar que no es un texto de negocios, sino un compendio sobre lo que se necesita para tener éxito en este ámbito.

Compartiremos contigo los pensamientos, creencias, logros y fracasos que hemos acumulado en varias décadas como empresarios. Aquí aprenderás lo que nos hizo alcanzar el éxito a pesar de que nueve de cada diez fracasan. Asimismo, te brindaremos la información acerca de cómo logramos ir más allá del éxito y la riqueza, y conseguimos lo que muchos sueñan, pero jamás logran: convertir nuestros negocios en marcas internacionales. Lo más importante es que te hablaremos de lo que nos mantiene luchando cuando otros renuncian, y sobre las razones por las que siempre buscamos desafíos mayores.

En éste, nuestro segundo libro escrito en conjunto, no sólo te diremos lo que nos brinda el toque de Midas: la habilidad de transformar lo que tocamos en oro; también compartiremos contigo lo necesario para que tú puedas hacerlo.

Dividimos el libro en cinco capítulos. Cada uno de ellos representa los cinco dedos de la mano con el toque de Midas. Después de narrar nuestras historias de manera individual en cada capítulo, incluimos la sección llamada "Desglose", en la que se ofrece una revisión objetiva de los puntos clave. Con la sección "Puntos a recordar | Acciones para llevar a cabo" se completa cada capítulo y se ofrece una lista de acciones que puedes aplicar en tu propia vida.

Los cinco dedos representan los cinco factores clave de todo empresario que sueña con el éxito y debe llegar a dominar; pero te advertimos que estos conceptos no se enseñan en las escuelas.

La mano del toque de Midas es la metáfora perfecta para representar los atributos esenciales requeridos para el éxito empresarial. Si llegas a dominar todos los dedos, descubrirás la magia que ha hecho increíblemente ricos a algunos empresarios, aunque no a la gran mayoría.

El pulgar representa la fuerza de carácter. Sin ella, los empresarios no podrían soportar los inevitables fracasos y desilusiones que conlleva crear algo de la nada. Los territorios no explorados siempre están llenos de peligros.

El dedo índice representa el enfoque. Los empresarios deben contar con el enfoque adecuado para alcanzar el verdadero éxito.

El dedo medio, el más largo de todos, tiene que ver con la marca. Refleja aquello que representas. Si no tienes una marca sólida y la disposición para hacer que todo el mundo se entere, no podrás desarrollar el toque de Midas.

El dedo anular es el que tiene que ver con las relaciones: cómo encontrar un buen socio, cómo ser un buen socio, y cómo construir distintos tipos de sociedades para lograr el éxito.

Finalmente, el dedo meñique se relaciona con lo pequeño. Sin embargo, no sólo se vincula con el dominio sobre los detalles. Muy pronto descubrirás que los detalles pueden convertirse en factores de gran importancia, y lanzarte en una dirección de logros exponenciales. Aprenderás a detectar ese pequeño elemento que puede convertirse en algo grande para tus clientes y para tu negocio.

Cada uno de estos factores tiene su propia importancia. Pero ya en conjunto, cuando toda la atención, habilidad, aprendizaje y conocimiento se encuentran en tus manos, entonces el poder del toque de Midas comienza a brillar de verdad. Y ciertamente, nuestro mundo se beneficiaría bastante con algo de brillo empresarial. De hecho, lo que el mundo necesita para resolver los problemas globales del desempleo y la falta de seguridad en cuanto a trabajo y recursos financieros, es más empresarios. Necesitamos, en particular, más empresarios que se hayan vuelto increíblemente exitosos gracias al toque de Midas.

Donald J. Trump

Robert T. Kiyosaki

CAPÍTULO UNO

EL DEDO PULGAR
FUERZA DE CARÁCTER

La vida es como una piedra de esmeril: que te quiebre o te pula,
dependerá del material de que estás hecho.

—*Anónimo*

Cómo convertir la mala suerte, en buena suerte
Robert Kiyosaki

A principios del año 2000, me encontraba en el desierto australiano, totalmente alejado de la civilización. Estaba de vacaciones con unos amigos, acampando en uno de los lugares más hermosos del mundo. Había pasado una semana viajando para llegar hasta allí.

Una tarde, mi teléfono satelital sonó de pronto. Era mi esposa Kim llamándome desde nuestra casa, en Phoenix.

"¿Adivina qué?", me preguntó muy emocionada. "Llamó la productora del programa de Oprah Winfrey para decirnos que Oprah te quiere en el show, en Chicago."

"Eso es genial", le contesté. "¿Pero, por qué a mí?"

"Quiere que hables acerca de tu historia y del libro *Padre rico, Padre pobre*."

"Eso está muy bien", agregué. "Manténme informado."

"Quiere que vayas al programa en los próximos días."

"¿En los próximos días?", pregunté quejándome. "Pero acabo de llegar aquí. ¿Sabes cuánto me tomó hacerlo? Fueron dos días de vuelo y casi cuatro de viajar en auto. ¿No podemos hacer la cita para otra fecha?"

"No. Hemos trabajado mucho para responder a todas las preguntas. La productora incluso llamó al hijo de Padre rico para asegurarse de que la historia de tus dos padres fuera verídica. Están muy emocionados en el programa y quieren que vayas ahora." Kim hizo una pausa y luego dijo: "No dejes pasar esto. Sólo vuelve a casa. Cuando llegues al aeropuerto de Sydney habrá unos boletos para ti".

Estuve en Chicago seis días después.

El programa de Oprah se transmitía desde su estudio, llamado Harpo Productions. Una encantadora asistente me escoltó desde la sala de espera de color verde, hasta el lugar del estudio donde las entusiastas admiradoras de la conductora ya se encontraban sentadas.

El lugar completo vibraba. Las admiradoras de Oprah esperaban con ansia su llegada. Por un momento, incluso olvidé dónde me encontraba. Ya no recordaba que estaba a punto de aparecer en televisión junto a la mujer más poderosa del mundo del entretenimiento. Sabía que se esperaba una audiencia de veinte millones de personas tan sólo en Estados Unidos, y que a eso se sumarían las repeticiones en 150 países del mundo a través de la televisión por cable.

Cuando miré alrededor vi dos sillas en medio del escenario, y pensé: "Me pregunto para quién será la otra silla". Y entonces, me paralicé al darme cuenta de que... ¡la segunda silla era para mí!

De pronto, se escuchó el estruendo de los aplausos en todo el estudio. Oprah había hecho su entrada al escenario; era mucho más impresionante en persona que por televisión. Después de dirigir algunas palabras al público del estudio y a sus televidentes, su asistente me tomó con delicadeza del brazo y me indicó: "Vamos".

Respiré hondo y pensé: "Es demasiado tarde para comenzar a practicar".

Una hora después, el programa había terminado. La multitud aplaudió y Oprah se despidió del mundo entero. Cuando se apagaron las cámaras de televisión, ella volteó a verme, señaló el libro, sonrió y dijo: "Padre rico, acabo de vender un millón de copias de tu libro".

En ese momento *Padre rico, Padre pobre*, era un libro autopublicado. Eso significa que no tenía que compartir mis ganancias con ninguna compañía editorial, y a pesar de que nunca he sido muy bueno para las matemáticas, de inmediato entendí que se trataba de dinero. Yo tenía una ganancia de cinco dólares por libro, después de pagar todos los gastos. Según la estimación que había hecho Oprah de que se vendería un millón de copias del libro, las matemáticas elementales me decían que acababa de ganar cinco millones de dólares en una hora, aparte impuestos. Fue un día muy provechoso en varios sentidos. Yo no lo sabía en ese momento, pero en una hora había pasado de ser un perfecto desconocido a un individuo reconocido a nivel mundial. Y como tal vez ya lo sabes, la fama puede ser mucho más tentadora que el dinero.

La razón por la que autopubliqué mi libro *Padre rico, Padre pobre*, fue porque cada una de las editoriales a las que lo había enviado lo rechazaron. La mayoría de los editores fueron muy amables, pero me dijeron que, sencillamente, no estaban interesados en mi historia. Dos de ellos me recordaban a mi maestro de inglés cada vez que me decía que necesitaba aprender a escribir. Otro incluso llegó a exclamar: "¡Su historia es absurda! Ningún lector la va a creer". Y un editor especializado en libros financieros lo rechazó y me dijo: "Usted no sabe de lo que está hablando". Se refería a la afirmación que hice en *Padre rico, Padre pobre*: "Tu casa no es un activo". Por supuesto que, después de la crisis *subprime*, de millones de remates inmobiliarios y de que los inmuebles llegaran a valer menos de lo que costaba su hipoteca, me pregunto si aquel editor seguirá pensando lo mismo sobre el mensaje de mi libro.

Sin dejar que el rechazo nos afectara, Kim y yo autopublicamos mil copias del libro y lo presentamos con bastante discreción durante mi fiesta de cumpleaños, en abril de 1997.

De 1997 al año 2000, *Padre rico, Padre pobre* adquirió popularidad gracias a la recomendación de boca en boca. La gente pasaba el libro a sus amigos y a su familia, y así, entró a la lista de *bestsellers* del *New York Times* y fue escalando en ella. La productora de Oprah llamó poco después de que fuera incluido. En aquel entonces, además, era el único libro autopublicado de la lista. Diez años después, en 2010, calculé que Oprah me había ayudado a vender aproximadamente 22 millones de copias de *Padre rico, Padre pobre* en más de cien países. Así de grande es el alcance de su influencia.

La prensa me llamó inmediatamente después de que el programa salió al aire y, aunque la mayoría de la gente estaba encantada con la historia de mis dos padres, hubo quienes se mostraron escépticos, me criticaron y juzgaron.

El fracaso conduce al éxito

En varios programas de televisión y artículos de revistas me definieron como un "éxito de la noche a la mañana". Y cada vez que escuchaba o leía aquella frase, me daba mucha risa porque, si bien era cierto que en una hora pasé de ser un desconocido a ser una figura reconocida internacionalmente, me había llevado bastante tiempo triunfar. En el año 2000 tenía 53 años, de los cuales, apenas llevaba unos cuantos siendo exitoso.

En una ocasión, Thomas Edison, inventor de la bombilla eléctrica y fundador de General Electric, dijo: "Yo no he fracasado, sólo encontré 10 000 maneras, que no funcionan, de hacer las cosas".

La cita de Edison expresa la razón por la que la mayoría de las personas no logran convertirse en empresarios exitosos. Asimismo, señala por qué muy pocos logran desarrollar el toque de Midas. La explicación es sencilla: gran parte de la gente no alcanza el éxito porque no falla lo suficiente.

En lo que se refiere al concepto del toque de Midas, el pulgar representa tu madurez emocional y fuerza de carácter. Si el pulgar no participa, los otros cuatro dedos no cuentan con la estabilidad necesaria para enfrentar los desafíos, los altibajos, los logros y los fracasos que enfrentan los empresarios día tras día.

¿Qué es lo que te hace falta?

Mucha gente dice que hay dos cosas que impiden el avance de los nuevos empresarios:

1. La falta de capital.
2. La falta de experiencia con negocios en la vida real.

Sin embargo, puedo decir por experiencia propia que hay un tercer factor:

3. La falta de madurez emocional y fuerza de carácter.

Creo que, de todos estos elementos, el tercero es la razón principal por la que muchos fracasan en sus intentos por convertirse en empresarios.

El mundo está lleno de gente sagaz, preparada y talentosa que no desarrolla los talentos o dones que Dios le otorgó. ¿Acaso no es muy común que el estudiante que todos los demás creyeron que triunfaría, no lo haga? Todos conocemos a personas cuyas vidas son una larga serie de penas, tragedias y traiciones, que culpan a otros de sus fracasos y de haber tenido un mal comienzo. También conocemos a gente que tiene una maravillosa idea para hacer millones de dólares, pero, sencillamente, es demasiado holgazana para levantarse del sofá. Todos conocemos a gente que vive pensando en el futuro y no es capaz de actuar en el presente. Hay millones de personas que quieren cambiar el mundo, pero ni siquiera pueden modificar las condiciones de sus propias vidas. Por supuesto, todos conocemos a alguien que miente, engaña y roba y, de paso, insiste en creer que es una persona íntegra. Por eso, la mayoría de la gente ni siquiera tiene acceso a su toque de Midas: porque carece de madurez emocional y fuerza de carácter.

Si hubiera sabido entonces lo que sé ahora

Cada vez que hablo con un grupo de empresarios en potencia, comienzo diciendo lo siguiente: "Si hubiera estado consciente de todo lo que ignoraba, creo que ni siquiera habría comenzado". También suelo señalar: "De haber sabido cuán difícil sería, tampoco lo habría intentado". Pero para brindarle a estos noveles emprendedores algo de la "luminosidad del futuro", siempre añado: "Me alegra no haberlo sabido porque, si hubiera estado al tanto de todo eso, seguramente no sería exitoso el día de hoy". Y entonces, comienzo a explicarles cómo fue que mis fracasos construyeron mi camino hacia el éxito.

No continúes leyendo

En las siguientes páginas compartiré contigo algunas experiencias de la vida real, acerca del dolor y el fracaso. ¿Por qué quiero contarte algo así? La respuesta es muy sencilla: si el dolor y fracaso que yo he vivido te desaniman, entonces te habré hecho un gran favor.

Si bien todo mundo tiene la *habilidad* de convertirse en empresario, no todo mundo *necesita* hacerlo. Existen formas más sencillas de ganarse la vida.

Tal vez la vida y el éxito sean sencillos para algunos, pero yo no conozco a nadie así. Mi padre rico decía con frecuencia: "El éxito implica sacrificio". Y la verdad es que yo todavía no conozco a nadie exitoso que no haya tenido que sacrificar mucho para alcanzar el lugar que ocupa. Por ejemplo, para seguir la carrera que tienen, los médicos pagan un precio muy alto en lo que se refiere a tiempo, dinero, energía y relaciones personales. Sucede lo mismo con los atletas de alto rendimiento, las estrellas de cine, los ídolos musicales y los líderes políticos y sociales. En el ámbito de los negocios sucede exactamente lo mismo con el éxito.

El sacrificio es el precio que se tiene que pagar para alcanzar el éxito. Por desgracia, no todo mundo está dispuesto a hacerlo porque, en general, resulta mucho más sencillo ser una persona común y corriente, y conservar la comodidad, tranquilidad y relativa seguridad de una vida mediocre.

Anécdotas de mi estupidez

Albert Einstein dijo: "Sólo hay dos cosas infinitas: el universo y la estupidez humana. Sin embargo, todavía dudo que la primera realmente lo sea".

Pues yo soy prueba viva de la teoría de Einstein porque mi estupidez es infinita.

A continuación mencionaré varios ejemplos de mi estupidez. El primero sucedió cuando emprendí mi primer negocio. Se llamaba Rippers y era una modesta empresa que producía carteras para surfistas, fabricadas con nylon y velcro. Luego creció y se convirtió en algo más grande. Debo mencionar que, antes de Rippers, tuve varios negocios pequeños;

sin embargo, ninguno de ellos me llevó a un nivel internacional de la manera que sucedió con las carteritas de nylon. Lo más curioso es que, en realidad, yo no había querido involucrarme en ese ámbito; mi estupidez fue lo que me condujo hasta ahí.

Anécdota #1: Un tonto y su dinero

Como la mayoría de la gente seguramente sabe, la aptitud más importante para un empresario es vender. Eso se debe a que *la cantidad de ventas es proporcional a la cantidad de ingresos*. Como yo no sabía vender, seguí el consejo de mi padre rico y obtuve un empleo en la Corporación Xerox a los 26 años. No lo hice porque me gustaran las copiadoras, sino porque esa empresa tenía un excelente programa de entrenamiento de ventas. Aunque yo no era muy bueno al principio, estudié, practiqué, tomé clases adicionales y, poco a poco, después de tres años, me convertí en uno de los mejores agentes de ventas de la compañía e incluso llegué a ganar algo de dinero. De 1974 a 1976, logré ahorrar 27 000 dólares para comenzar mi primer negocio. Debo mencionar que, en realidad, era muchísimo dinero entonces.

Hay un dicho que reza: "A los tontos no les dura el dinero". Y, como yo era un tonto, eso fue exactamente lo que me sucedió. Ahora te explicaré cómo.

Un día me llamó un amigo para preguntarme si me gustaría invertir en su negocio. Me prometió que me devolvería el dinero en un mes y que, además, me daría 20 por ciento de interés. John, como él se llamaba, siempre había sido un empresario muy exitoso (aquí tengo que enfatizar la expresión "había sido"). Por eso creí en su inteligencia y sagacidad, y pensé que podría hacerse cargo de mi dinero durante 30 días. Debo decir que 20 por ciento de interés, también era muy tentador. Por todo lo anterior, le entregué mi dinero y, a cambio, él me dio un pagaré.

Llamé a John un mes después para cobrar mis 27 000 dólares, más 5400 de intereses y, como ya habrás adivinado, no tenía el dinero. John le echó la culpa del problema a Stanley, su director financiero, quien, en realidad, era sólo contador público.

"Le dije a Stan que comprara más producto para que lo pudiéramos enviar a nuestros minoristas" dijo John, "pero en lugar de eso, pagó algunas cuentas vencidas. Si Stanley hubiera comprado materia prima como se lo indiqué, ahora yo tendría el dinero para pagarte."

A pesar de que la explicación de John tenía lógica en sentido comercial, no me daba buena espina. Debí haberlo dicho en ese momento, pero preferí quedarme callado y creerle. La verdad es que le creí porque necesitaba hacerlo. Tenía miedo de dudar y, al final, jamás recuperar mi dinero.

Era obvio que Stanley, el contador público, no había recibido lecciones de un padre rico. Sin embargo, no era sólo su caso. La mayoría de la gente hace lo mismo que él. Trabaja para obtener dinero, paga sus deudas y ahorra lo que queda. Por eso casi todo mundo vive al día. Los empresarios deben saber cómo gastar su dinero para generar más. Con esto me refiero a invertir tiempo y dinero en mercadotecnia, publicidad, promociones e incentivos para los representantes de ventas por sus logros.

En tiempos de crisis, por ejemplo, cuando las ventas y los ingresos bajan, la mayoría de la gente tiende a actuar como lo hizo Stanley, es decir, trata de ahorrar dinero o pagar deudas. Pero, por lo general, estas acciones conducen al desastre. Los empresarios avezados saben que, en época de crisis, deben invertir dinero en ventas y promociones de *mercadeo*, incluso si eso implica pedir préstamos. Cuando las ventas comienzan a subir, entonces pueden pagar deudas y devolver el dinero que les prestaron.

Durante la crisis financiera global que comenzó en 2007, la gente ha estado haciendo lo mismo que Stanley. Ha hecho recortes, pagado deudas y tratado de ahorrar dinero. El problema radica en que toda esta inmovilidad de recursos provoca que la economía sufra una desaceleración más inmediata. Los negocios y los individuos que llevan a cabo las mismas acciones que Stanley, corren el riesgo de no llegar a recuperarse, ni siquiera cuando la economía misma logre el equilibrio. Y en ese caso, se quedarán más rezagados que quienes continuaron gastando y moviéndose en los malos tiempos.

Anécdota #2: La historia se repite

Le pregunté a John cuándo recuperaría mi dinero y me dijo que la única manera de hacerlo sería dándole más. Tal vez imaginas que, para entonces, ya había aprendido la lección, y que no estaba dispuesto a caer de nuevo en la trampa. Pero lo hice. En los siguientes tres meses reuní más de 50 000 dólares entre mis amigos, para dárselos a John y su agobiado negocio. Y claro, como ya te imaginarás, el dinero se perdió en cuanto le entregué los cheques.

Entonces, ¿cómo puedes conseguir dinero? La respuesta es: con la práctica. En el entrenamiento de ventas de Xerox me enseñaron que tenía que hacer cien llamadas para conseguir que diez personas me prestaran atención y, de esas diez, sólo podría concretar la venta con una.

Para reunir dinero para John, diseñé un plan de negocios sencillo, escribí un pequeño volante publicitario y comencé a tocar puertas. Más o menos lo mismo que hacía en Xerox: llevar a cabo un montón de llamadas estériles para lograr mi objetivo.

En aquel entonces, la compañía de John vendía jabones con una cuerdita. El jabón tenía la forma de un micrófono y era para gente a la que le gustaba cantar en la ducha. Tuve suerte y conseguí algunos inversionistas.

Permíteme reiterar algo: la aptitud más importante para un empresario es vender. Si no eres bueno en ventas, entonces debes conseguir un socio que sí lo sea.

Yo todavía estaba trabajando en Xerox cuando mis amigos comenzaron a llamarme para recuperar su dinero, más 20 por ciento de interés. Y tal como lo dicta la regla, a medida que entré en pánico, mi inteligencia fue disminuyendo.

Fui demasiado ingenuo. Debí saber que, reunir dinero y promover los productos de un negocio mal manejado, era una estupidez. Sin darme cuenta, estaba participando en un modesto esquema Ponzi, en una versión a escala del escándalo de miles de millones de dólares que protagonizó Bernie Madoff. Por suerte, pude pagarle a la gente más adelante.

La carrera siempre se gana avanzando lento, pero seguro. Eso se debe a que sólo hay algunas oportunidades grandes en la vida, y promover un negocio o idea, requiere de tiempo.

Anécdota #3: Sube a bordo

Una vez más, como un tonto, le pregunté a John cómo podía ayudarle a recuperar mi dinero. Él tuvo la brillante idea de que me uniera a su compañía, recuperara el dinero y, de paso, le ayudara a salvar el negocio. ¿Y adivina qué? Acepté su oferta. Por eso trabajaba con mucho ahínco en Xerox todo el día y, al terminar mi jornada, cruzaba la calle para ir a la oficina de John en el centro de Honolulu y concentrarme en el plan para salvar su negocio.

Durante la etapa inicial los empresarios tienen que trabajar 24 horas al día, siete días a la semana. E incluso, a veces se ven obligados a trabajar durante meses o años sin sueldo. El número de horas que los empresarios trabajan sin cobrar, es lo que los define y los diferencia de los empleados.

Ese mismo número de horas de trabajo o práctica, determina el nivel de éxito que tendrás en cualquier ámbito. Por ejemplo, los golfistas profesionales invierten años de estudio y práctica antes de recibir un centavo… *si acaso* llegan a pagarles.

Por eso, lo mejor es que conserves tu empleo durante el día y construyas el negocio en tu tiempo libre. Tal vez tengas otros planes, pero te aseguro que pasarás un buen tiempo laborando sin recibir nada a cambio.

Anécdota #4: Un tenue resplandor de esperanza

John, Stanley y yo entramos en pánico cuando se acabó todo el dinero. Ahí surgió la idea de las carteras de nylon y velcro para surfistas. Como nosotros surfeábamos y también éramos marineros, usábamos ese tipo de carteras. Las fabricábamos con velas viejas de barcos.

John pensó que se venderían muy bien. Estaba seguro de que las carteritas de nylon serían la salvación de su compañía. A pesar de que yo no me sentía tan confiado como él, comenzamos a trabajar en el plan de negocios y, en muy poco tiempo, nos convertimos en la primera compañía de carteras de nylon.

El beneficio que recibí de aquella experiencia fue que aprendí a diseñar, empacar, manufacturar y mercadear un producto completamente nuevo. La lección fue muy costosa, pero, ahora que lo pienso, también fue invaluable. Aunque no me agradaría repetir lo sucedido, debo decir que ese descalabro fue lo que me condujo a la creación de los juegos de mesa *CASHFLOW*, los cuales continúan generándome un ingreso pasivo hasta la fecha.

Anécdota #5: Estrés y miedo

John se equivocó: el negocio de las carteras de nylon no fue la gran cosa. Nos metimos en más deudas de las que teníamos al principio y, de pronto, nos acercábamos peligrosamente a la quiebra.

Entonces, en un arranque de desesperación, le mostré a John y a Stanley una idea para un producto nuevo. Se trataba de algo que yo mismo había diseñado, también de nylon. Como mencioné anteriormente, John y Stanley eran surfistas y marineros. A mí me gustaba correr, pero había detectado un problema. Los corredores no teníamos en donde guardar las llaves, identificación y algo de dinero durante nuestros entrenamientos. Los *shorts* no tenían bolsillos, y la opción de meter todo en el zapato o en una calceta, no era nada agradable. Por eso se me ocurrió la idea de una minicartera que se pudiera colgar de las agujetas de los tenis.

Completamente en quiebra y con las tarjetas de crédito al tope, lanzamos los bolsillos de tenis "Rippers" para corredores. Lo hicimos en el show de artículos deportivos de Nueva York y, aunque no lo creas, fueron incluidos en la lista de "Productos nuevos y de actualidad producidos este año", de la industria de artículos deportivos. El producto incluso apareció como novedad en las revistas *Runner's World*, *Playboy* y *Gentlemen's Quarterly*.

Los empresarios deben saber manejar el estrés y el miedo porque estos pueden motivarlos a ser más creativos, a aprender más rápido, y a incrementar su conocimiento acerca de las otras personas y de los negocios.

Dicho de otra forma, los empresarios deben, con toda celeridad, aprender y buscar nuevos conocimientos, innovaciones e ideas. El miedo se puede convertir en motivación, pero, si por lo general te paraliza, entonces no renuncies a tu empleo fijo.

Lo que en realidad quiero decir es que los negocios sólo crecen si el empresario también lo hace.

Anécdota #6: El saco lleno de deudas

Poco tiempo después comenzamos a exportar los bolsillos a todo el mundo. A pesar de que éramos un éxito internacional, la compañía seguía en quiebra. Por supuesto, la cantidad de efectivo que entraba se había incrementado, sin embargo, los gastos seguían siendo mayores. En un último esfuerzo desesperado, John me pidió que reuniera aún más dinero. Y lo hice. Todavía recuerdo el día que entré a su oficina con un cheque de 100 000 dólares que me había dado un inversionista. John y Stanley me sonrieron agradecidos.

Unos días después, estaba vendiendo los productos Ripper en Chicago, en una exposición de comercio de artículos deportivos y, cuando terminó el show, llamé a Honolulu para reportar mis logros.

Me contestó Jana, nuestra recepcionista. Estaba llorando.

"¿Qué sucede?", le pregunté.

"Me duele mucho decirle esto, pero John y Stanley cerraron la compañía hoy. Se llevaron el dinero que quedaba y… creo que salieron de la ciudad. No sé dónde están".

Si en ese momento no me dio un ataque cardiaco, creo que ya nunca me dará. De pronto, un latigazo me recorrió el cuerpo. En realidad sentí como si me hubiera caído un rayo. Fue como si me hubieran pateado el estómago. Aquella llamada marcó el principio de una de las caídas más fuertes que he tenido en mi vida.

Regresé a la habitación del hotel en Lake Shore Drive y observé el lago Michigan desde ahí. Me pregunté, una y otra vez, "¿Cómo pude ser tan estúpido?"

John y Stan se habían ido. Les pagaron a sus conocidos, pero dejaron en mis manos un saco de deudas por casi un millón de dólares. Era dinero que yo había conseguido a través de amigos, familiares e inversionistas. De pronto me quedé sin empleo, sin negocio, sin casa y sin esposa. Ella me dejó en cuanto el dinero se acabó; para ser más específico, cuando vendí nuestro condominio y pagué las deudas de tarjetas de crédito para poder volver a usarlas.

Toqué fondo y ya no podía caer más bajo. Sentí que la vitalidad me había abandonado pero, al mismo tiempo, continuaba preguntándome, una y otra vez: "¿Cómo pude ser tan estúpido?"

Mi padre rico me había advertido en varias ocasiones que no debía hacer negocios con John y Stanley. Con frecuencia llegó a llamarlos "payasos" y "estafadores". El problema fue que no quise escucharlo e ignoré sus consejos. Padre rico me dijo: "Un estafador sólo puede timarte cuando quieres conseguir algo a cambio de nada".

Sentado en aquella pequeña habitación de hotel, en Chicago, comencé a asimilar las advertencias de padre rico. Entonces me pregunté: "¿Por qué quería yo algo a cambio de nada?" Sabía que, si llegaba a entender eso, también comprendería por qué me habían estafado.

Desearía poder decir que encontré una respuesta definitiva, pero hasta ahora, a pesar del paso de los años, lo único que puedo decir es que fui flojo y por eso pudieron estafarme.

Aquí te presento una lista de gente que termina siendo estafada por su holgazanería:

- Los empleados que creen en la seguridad de un empleo.

- Los votantes que apoyan a los políticos que les prometen cuidar sus intereses.

- Inversionistas que creen a los asesores financieros cuando les dicen que deben invertir a largo plazo en acciones, bonos y fondos mutualistas.

- Gente que cree que obtener buenas calificaciones en la escuela le garantiza un empleo seguro de por vida.

- Gente desesperada que cae en trampas como: "Compra mi libro y conviértete en millonario de la noche a la mañana", o "Toma esta píldora y baja cinco kilos sin hacer ejercicio".

- Cualquiera que crea que las siguientes afirmaciones son ciertas:
  - "No necesitamos dinero. El amor será suficiente." (Sólo funciona si te vas a vivir con tus padres).
  - "Me voy a ganar la lotería." (O tal vez me caiga un rayo.)
  - "Mi esposo y yo somos totalmente íntegros." (Creer en una afirmación similar, a mí me costó millones.)

- "Estará tan seguro como el dinero en el banco." (Entonces, lo más probable es que no esté seguro.)
- "El gobierno resolverá el problema." (Entonces *sí* estas en apuros.)

Estoy seguro de que tú también podrás añadir tus estafas favoritas a la lista.

Lo que no sabes, no lo sabes

A pesar de que padre rico me advirtió acerca de John y Stanley, en ningún momento intentó detenerme. Sólo me dijo: "Los niños no aprenden lo que significa 'caliente', hasta que se queman con la estufa". Fue por eso que permitió que acercara tanto las manos al fuego.

Su verdadera lección fue: "Lo que no sabes, no lo sabes". ¡Y comprobé que es verdad! Por eso los empresarios tienen que aprender con mucha rapidez. Padre rico habría dicho: "En cuanto una persona renuncia a su empleo y decide dedicarse a los negocios, su ignorancia se hace evidente de inmediato."

Una de las razones por las que nueve de cada diez negocios fallan en los primeros cinco años, es porque al empresario lo abruma todo aquello que no sabe. Lo que destruye al negocio es su ignorancia, aun cuando él haya sido un excelente estudiante.

Los estafadores son grandes maestros

Padre rico solía decir: "Los estafadores y estafadoras aparecerán en el preciso instante que comiences tu negocio". Jamás dijo que fueran malos porque, desde su perspectiva, siempre te hacen un favor: enseñarte las lecciones que necesitas aprender. Por eso también repetía: "Los estafadores son grandes maestros, sólo no te conviertas en uno de ellos".

Padre rico también me enseñó que "una de las tareas más importantes de los empresarios es proteger a sus empleados del mundo real". Con eso se refería a que el ámbito de los negocios es uno de los más hostiles, viciados y peligrosos en los que se puede trabajar. En mi desarrollo como empresario, yo también tuve que encontrar la manera de proteger a mis empleados.

Estaba ansioso por aprender la lección debido a que, siendo joven, vi a mi propio padre —un maestro y administrador honesto, trabajador y muy preparado— convertirse en carne cruda para los perros en cuanto abandonó la seguridad del sistema escolar. Papá se postuló como candidato para vicegobernador del Estado de Hawai por el Partido Republicano. Perdió la elección y se quedó desempleado poco después de cumplir 50 años. Luego tomó los ahorros de toda su vida y su fondo para el retiro, compró una sucursal de una famosa franquicia de heladerías… y lo perdió todo. Dicho llanamente, estuvo a salvo mientras trabajó para el sistema escolar al que había pertenecido desde los cinco años. En cuanto se salió de él, a los cincuenta y tantos, y entró al mundo real de los negocios, se lo comieron vivo. En menos de un año perdió todo por lo que había trabajado en su vida.

Por todo lo anterior, comprenderás que la madurez emocional y la fuerza de carácter son esenciales en el mundo empresarial.

La ley de Murphy

Casi todos hemos oído hablar de la Ley de Murphy: "Cualquier cosa que pueda salir mal, lo hará". La mayoría de los empresarios fracasan porque, sencillamente, ignoran demasiadas cosas y no cometen suficientes errores para subsanar su ignorancia. En otras palabras, el éxito proviene del fracaso, no de memorizar las respuestas correctas.

Por eso, a muchas de esas personas inteligentes y bien preparadas como mi padre, les va mal en los negocios. Es gente con mucha educación en el ámbito académico pero, en el mundo de los negocios, no sabe moverse.

La definición de éxito es distinta

Tener éxito en el aspecto académico implica obtener calificaciones excelentes en la boleta y no cometer errores. En el mundo de los negocios, sucede lo contrario.

Si le echas un vistazo a los programas de maestría, verás que la mayoría se enfoca en minimizar riesgos y en no cometer errores. Por eso muy pocos egresados de maestrías se convierten en empresarios. La mayoría obtiene su título con la esperanza de llegar a ser un empleado muy bien pagado. Algo similar sucede con los egresados de las escuelas de derecho y contabilidad. A fin de cuentas, en las universidades les enseñan a no cometer errores, y luego, alguien los contrata y les paga para que continúen así.

Para poder alcanzar el éxito en el mundo empresarial, particularmente en las primeras etapas, la gente debe cometer errores, corregirlos, aprender de ellos, aplicar lo aprendido y, luego, cometer otros errores. Es el mismo camino que se tiene que recorrer para desarrollar el toque de Midas.

Comencé este apartado con una lista de los errores que tuve en el negocio de las carteras de nylon, porque creo que es necesario aprender de los fracasos. Yo respeto mucho a Donald Trump. Aunque el primer libro que leí de él fue *The Art of the Deal (El arte de negociar)*, me parece que *The Art of the Comeback (El arte de recuperarse)* es un texto más valioso porque, en él, Donald le confiesa al mundo sus errores, lo que aprendió y la manera en que logró reponerse. Gracias a ese libro pude reconocer lo sólido que es su carácter.

Cómo convertir la mala suerte, en buena

Tal vez la habilidad más importante que puede llegar a desarrollar un empresario, es la de convertir la mala suerte en buena. Para esto se requiere madurez emocional y fuerza de carácter.

Por supuesto, todos cometemos errores, pero son importantes porque, cada vez que fracasamos, surge la oportunidad de descubrir y desarrollar nuestra madurez emocional, y mejorar la fuerza de carácter.

Creo que John y Stanley fallaron y no pudieron superar una mala experiencia porque, en lugar de enfrentar las dificultades que surgieron en tiempos difíciles, prefirieron mentir, engañar y desaparecer. En otras palabras, el verdadero carácter surge en las situaciones de crisis. En su caso, cuando las cosas se pusieron muy mal, optaron por transformar la mala suerte en algo mucho peor.

Pero no me malinterpretes; no estoy tratando de sugerir que soy superior a ellos, porque, en realidad, no soy ningún santo. A pesar de que provengo de una familia con mucho espíritu, no siempre he podido reflejar los altos valores éticos y morales de mis padres. Fui un buen chico en la escuela y nunca bebí ni ingerí drogas. Pero eso sí: me urgía dejar de vivir en mi casa. Y en cuanto estuve fuera, me esforcé por hacer precisamente lo contrario a lo que me habían enseñado mis padres. Estoy convencido de que, en varias ocasiones, debí terminar en la cárcel.

No obstante, en aquel proceso para convertirme en empresario, tuve que recobrar los valores que me habían inculcado, los cuales implicaban no mentir, no hacer trampa ni robar; en particular, en momentos difíciles. Ahora te hablaré de las oportunidades que aproveché para incrementar mi madurez emocional y fuerza de carácter.

Cuando perdí el dinero de los inversionistas, mi padre rico me motivó a visitarlos para ofrecerles disculpas. Luego acordé pagarles. Me tomó casi seis años cumplir el compromiso.

Mi padre rico me aconsejó que, en lugar de huir del desastre, reconstruyera la compañía. Jon, mi hermano, y un amigo llamado Dave, me ayudaron a examinar las ruinas de Rippers a conciencia y, a partir de ahí, reconstruimos la compañía. Al afrontar mis errores y rescatar lo que quedaba, aprendí más acerca de negocios de lo que jamás habría aprendido si hubiera huido.

También descubrí que tenía que asimilar el conocimiento a mayor velocidad. A mí jamás me fue bien en la escuela porque era un holgazán; pero ahora, a pesar de que no soy muy bueno para el estudio ni la lectura, continúo leyendo libros y artículos acerca de negocios, además de que asisto a seminarios. Esto es algo de lo que he aprendido:

- *En el interior de cada error, hay una gema de sabiduría.*

  El doctor R. Buckminster Fuller, uno de mis mejores maestros, es considerado hoy en día un genio a nivel mundial. Él afirmó que: "Los errores sólo son un pecado si no se admiten". Cada vez que me molesto por haber cometido un error, asumo mi responsabilidad a pesar de que, claro, me gustaría culpar a alguien más. Luego me tomo el tiempo necesario para buscar la gema de sabiduría oculta en mi falla. Y cuando por fin la encuentro, el descubrimiento me brinda la energía necesaria para seguir adelante.

- *Culpar a alguien más es como un pecado.*

  Muy a menudo me encuentro con empresarios fracasados e infelices que culpan a otros de sus errores de manera sistemática. Como es de esperarse, nunca aprenden de sus equivocaciones y tampoco crecen gracias a sus experiencias. Lo que esos empresarios no pueden ver es que en sus errores se encuentra la sabiduría que puede brindarles un futuro mejor. Culpar a alguien más es el peor pecado del mundo.

- *Afronta tus errores y admítelos.*

  Hay mucha gente que va cargando sus errores y se arrepiente de haberlos cometido. Otras personas fingen no haberse equivocado y, por lo tanto, caen en lo mismo otra vez. Y también hay algunos que se vuelven criminales, mienten acerca de sus fallas y, de esa forma, las tornan en algo todavía peor. El hecho es que, si una persona comete un error y miente, culpa a alguien más, justifica su falla o finge que no pasa nada, está dando un paso atrás. Es por eso que hay quienes no avanzan en la vida. Un buen ejemplo de este fenómeno es lo que sucedió con el presidente Bill Clinton cuando le mintió al mundo y negó haber tenido relaciones sexuales con una pasante de la Casa Blanca. Clinton pudo llegar a ser uno de los presidentes más grandes pero, en lugar de eso, ahora será recordado por su falta de carácter moral, por engañar a su esposa y, además, por mentir en televisión al respecto. Se requiere de mucho valor para enfrentar los errores y admitirlos; en cambio, para mentir no hace falta gran cosa.

Los errores son el camino a tu toque de Midas

Cometer errores en la escuela es algo malo, por eso se considera que los estudiantes que tienen menos equivocaciones son los más "inteligentes". Sin embargo, en el mundo de los negocios, cometer un error, admitirlo y aprender, es como hacer que esa mala "suerte" se convierta en buena; es un proceso esencial para alcanzar el éxito. Einstein afirmó: "Sólo hay dos cosas infinitas: el universo y la estupidez humana". A esa teoría yo le añadiría que la capacidad humana para aprender, también es infinita.

Si eres empresario, es posible que tus errores dañen tu negocio, pero recuerda que, por otra parte, si tus empleados los cometen, tú también te verás afectado. A veces, si tratas de corregir a tus subordinados y les pides que asuman su responsabilidad, su respuesta es dejar el empleo, buscar uno nuevo y dejar que seas quien pague por sus desaciertos. Es por eso que muchos empresarios prefieren trabajar con la menor cantidad posible de gente. Si el empresario no es un buen líder o si carece de las habilidades necesarias para tratar con la gente, puede ocasionar que, en vez de contar como un activo, sus empleados se conviertan en un pasivo.

Para colmo, los empleados también pueden terminar actuando como criminales si la situación se pone difícil, si les das la espalda, o si llegan a creer que el dinero que has ganado les pertenece. Hay muchos timadores y estafadores en el mundo de los negocios.

En el ámbito de lo ilegal se pueden detectar dos tipos de delitos: los violentos y los denominados "de cuello blanco". Los violentos, por lo general, involucran una víctima y un arma, o fuerza bruta aplicada. La mayoría de los delitos de cuello blanco, por otra parte, nunca llega a castigarse porque, sin arma ni daño físico, es muy difícil comprobar que alguien mintió, robó, engañó y actuó de manera deshonesta. Dicho de otra forma, en el mundo de los negocios, los peores criminales con los que te encontrarás, muy a menudo serán personas amables y bien preparadas, pero carentes de madurez emocional y fuerza de carácter. Cuando a ese tipo de personas no les salen las cosas como esperaban, les resulta más fácil convertirse en delincuentes.

Por fortuna yo jamás he sido víctima de un delito violento. Sin embargo, gracias a personas con un alto nivel de preparación académica, he perdido enormes cantidades de dinero. En realidad eran individuos muy avezados que se creyeron demasiado inteligentes. Pensaron que jamás cometerían un error y, por lo tanto, asumieron que no tenían por qué admitir sus fallas. Y claro, a eso no le puedes llamar inteligencia, sino arrogancia: una trágica falla de carácter. Y como una persona arrogante no puede recibir retroalimentación, aprender, ni modificar sus hábitos con suficiente rapidez para seguirle el paso a este mundo tan cambiante, siempre se quedará rezagada.

Una de las lecciones más importantes que se pueden aprender en la escuela militarizada, es cómo recibir retroalimentación. Es el tipo de noción que se tiene muy presente desde el primer día. De hecho, a mí siempre me pareció asombroso ver a tantos jóvenes desplomarse, llorar y rendirse porque recibir la retroalimentación de una manera tan directa y brutal les provocaba demasiado estrés.

Los empresarios deben aprender a lidiar con la retroalimentación (en especial cuando proviene de sus clientes, banqueros, empleados y trabajadores) porque, de otra manera, no pueden tomar buenas decisiones.

Si el empresario se rodea de personas que siempre le dan la razón o de los típicos "lamebotas", entonces el negocio estará en graves problemas.

La diferencia que hace un mentor

A todas las compañías públicas que forman parte de la lista del mercado de valores, se les exige contar con una junta directiva. Tú también debes contar con una porque, incluso si lo único que posees es una buena idea, necesitas asesores competentes. Siempre debes contratar a tres especialistas como mínimo: un contador público, un abogado y un mentor. Tu mentor tiene que ser alguien que haya tenido éxito como empresario en la rama que planeas desarrollarte. Por ejemplo, si quieres abrir un restaurante, intercambia ideas con algún empresario que ya tenga restaurantes, y pídele que se convierta en tu entrenador o mentor.

Tanto Donald como yo tenemos un entrenador y un mentor. Asimismo, ambos tuvimos padres ricos que fueron empresarios.

Muchos empresarios cometen el terrible error de solicitar la asesoría de un empleado en lugar de un empresario, pero debes saber que existe una diferencia enorme entre ellos a pesar del éxito que pueda tener el primero.

Una última reflexión

La Ley de Murphy afirma: "Cualquier cosa que pueda salir mal, lo hará". Ahora, combina esa aseveración con el Principio de Peter: "En una jerarquía, todos los empleados tienden a subir hasta llegar al nivel en que se vuelven incompetentes".

Una de las razones por las que muchos negocios dejan de crecer es porque el empresario alcanza su nivel de incompetencia. Para continuar prosperando, necesita superar esa barrera, es decir, obtener más educación por medio de la posibilidad de cometer más errores. Pero prepárate, porque podrían llegar a ser necesarios 10 000 errores más, tal como dijo Edison cuando le preguntaron lo que había sentido al fallar tantas veces antes de lograr la invención de la bombilla eléctrica.

Para explicar mejor el Principio de Peter, haré uso de una metáfora sacada del golf. Digamos que un golfista da 72 golpes de forma consistente. En ese caso, le llamarán "golfista par" o "golfista sin golpes adjudicados". Como seguramente ya lo sabe la mayoría de quienes juegan, a pesar de que sólo hay unos cuantos golpes de por medio, existe una tremenda diferencia entre un "golfista par" y uno profesional. Digamos que los profesionales deben tirar 70 de forma constante para sobrevivir en una vuelta a su nivel y, por lo tanto, la diferencia entre tirar 70 y tirar 72, es demasiada.

Esa discrepancia de dos golpes, es el toque de Midas.

Si no fuera por la mala suerte

Donald Trump

La metáfora del golf que utilizó Robert para explicar que el toque de Midas es como la diferencia de dos golpes, no sólo es muy ilustrativa: también conmueve mi corazón de jugador de golf. Como mucha gente sabe, soy un apasionado de este deporte y de su proceso en el campo donde se practica.

Actualmente estoy desarrollando un campo de golf en dunas de arena en Aberdeen, Escocia. Después de visitar 200 lugares distintos en Europa, durante un periodo de cinco años, por fin di con el sitio ideal. Fui paciente porque quería encontrar el lugar perfecto y, finalmente, lo logré. Trump International Golf Links Scotland se encuentra ahora en desarrollo; sin embargo, además de los cinco años que pasé eligiendo la ubicación, también invertí varios años más en una intensa negociación cuya mayor dificultad radicó en las preocupaciones ambientales. En ese tiempo casi me convertí en un experto en geomorfología (palabra que estaba muy de moda entonces y que se refiere al estudio de los movimientos y formas de la superficie terrestre) porque el terreno tenía vista al mar y, en él, había inmensas dunas de arena. Algunas personas se resistían a mi propuesta de desarrollo en esa zona y otras lo apoyaban con mucho entusiasmo. El proceso fue proporcionando los elementos requeridos para escribir una epopeya; tanto así, que un autor escocés escribió un libro acerca de todo lo que enfrenté. Obtuvo material suficiente para llenar cientos de páginas, así que, a quienes estén interesados en los campos de golf o en historias relacionadas, les recomiendo leerlo. Se titula *Chasing Paradise* (*Lucha por el paraíso*), y lo escribió David Ewen. El subtítulo: "Donald Trump y la batalla por el campo de golf más grande del mundo".

Para conseguir el terreno tuve que lidiar con empresarios, personas que apoyaban al gobierno y gente local. Incluso se involucró sir Sean Connery; me apoyó cuando tuve demasiada oposición de parte de la gente que creía que arruinaría aquella zona en lugar de preservarla.

La historia recibió atención internacional, lo cual tuvo ventajas y desventajas. Una popular revista estadounidense presentó en portada la historia de una persona que vivía en el lugar y no quería abandonar su casa. El reportaje le brindó muchísima fama y reconocimiento al propietario y, aunque su casa y su reticencia a mudarse tuvieron un impacto menor en nuestro proyecto, se convirtieron en una fuente considerable de publicidad, tanto para él como para el proyecto.

El reporte ambiental del terreno ocupó dos carpetas, cada una de trece centímetros de grosor. Se tuvo que analizar todo e incluir los aspectos de negocio del desarrollo. El lugar cuenta con un valor histórico especial para Escocia y, por lo tanto, me resultaría muy costoso llevar a cabo el proyecto: mil millones de libras, aproximadamente. Sin embargo, a cambio, su construcción generaría 6230 empleos temporales, y en sí mismo el complejo apoyaría el surgimiento de 1440 empleos permanentes.

Nuestra investigación fue sumamente detallada tanto en el aspecto de negocios como en el ambiental. Colaboramos con la institución Scottish National Heritage y pasamos muchas horas trabajando en los pormenores. Para darte una idea del alcance del proyecto, te diré que Trump International Golf Links Scotland incluirá una escuela de golf, 950 departamentos en condominio, 500 casas, un hotel de 450 habitaciones, 36 villas de golf, y viviendas para 450 empleados. Todo lo anterior, además de las dunas para juego. Es un complejo enorme y, por la misma razón, siempre hubo mucha gente renuente a aceptarlo.

A lo largo de todo el proceso mantuve una actitud positiva porque sabía que contaba con la tenacidad de que habla Robert cuando se refiere al toque de Midas. Tenía claro que enfrentaría desafíos que tal vez persistieran varios años, pero también estaba seguro de que, si era persistente, al final terminaría con un enorme campo de golf en dunas que mejoraría la economía de la zona sin ocasionar un impacto negativo en el medio ambiente. Así que le entregué toda mi pasión al proyecto.

Yo realmente creía en él y, gracias al apoyo público de sir Sean Connery, mucha gente empezó a entender cómo beneficiaría a la gente de Escocia.

En aquel tiempo tenía muchos otros asuntos que atender simultáneamente, pero el campo de golf nunca pasó a ocupar un segundo lugar. Ahí está la clave del éxito. Si quieres alcanzar un desempeño excelente, de alto nivel, no puedes relegar nada. Todo es importante.

A pesar de que la gente cree que tengo muchos empleados para llevar a cabo mis labores (y, ciertamente, cuento con excelentes colaboradores), siempre me involucro por completo. Conozco todos los detalles de este proyecto. Durante su desarrollo, viajé a Escocia con mucha frecuencia, pero no por placer; lo hice para visitar las construcciones, y para reunirme con los contratistas, funcionarios locales y gente de Scottish National Heritage. No fueron vacaciones en absoluto. Te puedo decir que, en lo que se refiere a los campos de golf en Escocia, el éxito no se produjo de la noche a la mañana. A pesar de todo, cada minuto invertido valió la pena.

Cuando se cometen errores, las cosas cambian

Quienes desean ser empresarios o acrecentar su negocio para que se convierta en un proyecto de mayor impacto, deben tomar en consideración lo siguiente: cada minuto cuenta.

Mi regla de oro es: si puedes contar con los dedos las horas invertidas en un proyecto, entonces no le has dado tiempo suficiente. Tienes que trabajar en cada nuevo desafío hasta que ya no puedas hacerlo más. Asimismo, asume que vas a lidiar con muchas críticas y cometarios negativos; por si eso no bastara, con frecuencia recibirás un "no" como respuesta. Además, antes de que las cosas comiencen a salir bien, siempre vas a tocar fondo.

Pero no flaquees: recuerda que en el toque de Midas el pulgar significa madurez emocional y fuerza de carácter, y así alcanzarás tu objetivo. No es noticia que, a principios de la década de los noventa, sufrí un revés financiero de enormes proporciones. A pesar de que mucha gente así lo creyó, nunca estuve en bancarrota. Sólo llegué a deber varios miles de millones de dólares. Ciertamente, no estaba en un lecho de rosas y, aunque lo más sencillo habría sido considerar todo pura mala suerte, yo me negué a hacerlo.

La economía y los bienes raíces tienen ciclos, pero lo que sucedió en Nueva York en aquel tiempo fue devastador para mucha gente. Los bienes raíces sufrieron un desplome tremendo y la ciudad vivió momentos muy difíciles. Todo eso me afectó mucho, pero sé que a otras personas les fue peor porque perdieron todo. Mi mayor error fue cambiar el enfoque y jugar demasiado. En ese entonces me iba a los desfiles de modas en París y no tenía bien sujetas las riendas de mis negocios. Pensaba que todo seguiría caminando como si nada, y que el dinero no dejaría de fluir. En una ocasión mi padre me dijo que todo lo que yo tocaba se convertía en oro, y yo me lo creí. Todo lo que emprendía me resultaba tan sencillo y lucrativo, que llegué a creer que no era necesario prestar atención, así que no lo hice. Sin embargo, cuando las cosas se pusieron de cabeza, lo interpreté como una fuerte llamada de atención.

Por suerte, con el tiempo pude recobrar el enfoque y mi fortuna. De hecho me volví mucho más exitoso después de aquella enorme pérdida. Pienso que todo eso sucedió porque siempre creí que era un tipo con suerte. Lo sigo creyendo hasta la fecha. Por eso no permití que la experiencia de una pérdida fuerte cambiara la opinión que tenía de mí mismo. Tomé la situación como un problema pasajero y nada más. Sabía que contaba con la habilidad necesaria para volver al juego, de la misma manera en que un golfista conoce una técnica y la usa para salir de una trampa de arena y anotar un *birdie*.

¿Que si todavía cometo errores? Sí, por supuesto. Pero así como lo hice cuando sufrí el descalabro financiero, me doy cuenta de que el único culpable soy yo. Me responsabilizo por completo porque así debe ser. Tal como dijo Robert, asumir los errores es una de las formas de adquirir el toque de Midas. Todos cometemos errores, pero lo más importante es asumirlos y aprender de ellos. Este proceso forma parte de la adquisición de madurez emocional y fuerza de carácter.

Tal vez uno de los mayores atributos con que puedes contar, es un intenso sentido de la responsabilidad. Porque, para empezar, éste te otorgará poder y, cuando puedas aceptar lo bueno y lo malo de tus acciones, tu efectividad se incrementará muchísimo. Creo que, en mi caso, esa noción del control me ha servido como una especie de catalizador para el éxito.

Mi historia de amor sin barreras en la zona West Side de Nueva York

Tal vez tienes la idea de que mi éxito se debe a que la marca Trump tiene gran peso y me facilita las cosas, pero yo sé que no siempre controlamos nuestro destino en lo que se refiere a la marca y a la organización. También se debe considerar el tiempo. En muchas ocasiones, para que un proyecto arranque o para que las cosas comiencen a andar, he tenido que esperar con mucha paciencia durante periodos prolongados. Por ejemplo, aunque no lo creas, esperé 20 años para que se iniciara la construcción del complejo habitacional Trump Place en el río Hudson. ¿Cuántas personas como tú tendrían la paciencia y el enfoque suficientes para aguardar tanto tiempo? ¿Cuántas tendrían tanta fe en el proyecto para soportar los desafíos y tribulaciones que surgieron en esas dos décadas? Es mucho tiempo, pero mi visión para el desarrollo del proyecto era muy clara y, además, tenía muchos deseos de verlo terminado. ¿Fue sencillo? No. Pero reitero que la espera valió la pena, me fortaleció y me hizo aún más decidido.

Ahora te voy a contar algunos detalles. La historia comenzó en 1974, cuando afiancé con Penn Central Railroad la posibilidad de comprarles el área de almacenaje, carga y descarga de vehículos ferroviarios, en la zona West Side de Manhattan... ¡sí, la misma de *Amor sin barreras!* En aquel entonces no le estaba yendo muy bien a la ciudad de Nueva York, por lo que, a pesar de que era una propiedad frente al río, tuve la oportunidad de conseguirla a precio muy bajo.

Tenía otros proyectos que me mantenían muy ocupado, incluyendo la renovación del Commodore/Hyatt y los planes para la Torre Trump. Al principio encontré una fuerte resistencia por parte de la comunidad de la zona West Side porque la gente no quería que se construyera Trump Place. Además, las deducciones gubernamentales que ayudarían a que el proyecto fuera lucrativo, sólo eran aplicables en cantidades muy modestas para el tipo de viviendas que yo planeaba construir. Tan sólo esos dos problemas me colocaron en una situación tan difícil que, finalmente, admití que el trato no podría concretarse. Renuncié a la opción de compra en 1979 y la ciudad vendió la zona ferroviaria a alguien más.

Por fortuna para mí, los compradores no tenían mucha experiencia en Nueva York y, mucho menos, en el proceso de división por zonas. Esta división es una faceta muy compleja de los bienes raíces en esta ciudad; los nuevos dueños cometieron muchos errores y, a final de cuentas, se vieron forzados a vender. En 1984 me llamaron para avisarme que ofrecían el terreno, y yo lo adquirí por cien millones de dólares. Eso quiere decir que pagué un millón por acre de terreno frente al río, en la zona intermedia de Manhattan. Fue un gran negocio. Sin embargo, todavía estaba muy lejos de desarrollar el complejo que tenía en mente.

Entre 1984 y 1996 toda mi paciencia y tenacidad fueron puestas a prueba. Tuve que lidiar con la burocracia de la ciudad, la cual, además de abrumadora, era ridícula. Pero la sagacidad se gana con la experiencia y, como para ese momento ya estaba mucho más despabilado, aproveché para mi beneficio algunas de las desventajas que presentaba la ciudad.

Iniciaba la década de los noventa, y la situación, aunque comenzaba a mejorar en Nueva York, todavía dejaba mucho que desear. Debido a lo anterior, me fue más fácil conseguir la división por zonas que me exigían. Eso me ayudó porque me permitió iniciar la construcción cuando el clima para los negocios comenzaba a ver la luz. Sin embargo, no habría podido hacerlo de no tener la paciencia y diligencia necesarias. Es fundamental entender que se trataba del desarrollo más grande aprobado por la Comisión de Planeamiento de la Ciudad de Nueva York. Incluía 16 edificios altos y construcciones residenciales de diseño original con vista al río Hudson. La construcción se inició en 1996 y los resultados fueron espectaculares.

Trump Place se ha convertido en el lugar de reunión en el West Side. Esta zona, que alguna vez estuvo prácticamente en ruinas, ahora es muy próspera. En ella hay un parque de 25 acres que doné a la ciudad. También hay circuitos para bicicletas que pueden usar los residentes de la zona, así como los demás habitantes de la ciudad; áreas para organizar días de campo, instalaciones deportivas que sirven para que la gente conviva; un embarcadero; espacios abiertos para reuniones de la comunidad. Todo mundo salió ganando: la ciudad, los residentes, nuestra compañía y nuestra marca. En resumidas cuentas, la perseverancia tuvo recompensas.

Robert ya habló de los "aspirantes" a empresarios que aún no se percatan de lo difícil que pueden ponerse las cosas, en especial, al principio. Yo me identifico mucho con esa situación. La primera empresa que me fijé de manera individual llegó a complicarse tanto que, en algún momento, me dieron ganas de olvidarme de todo el asunto. Pero ahora me alegro de haber persistido porque se convirtió en mi mayor éxito y me dio la oportunidad de que mi nombre adquiriera peso entre los desarrolladores de bienes raíces en Manhattan.

El hotel Grand Hyatt

Es posible que hayas escuchado del Hotel Grand Hyatt en la ciudad de Nueva York. Se encuentra junto a la estación Grand Central y es un hermoso hotel con cuatro muros exteriores de vidrio. Se encuentra en una próspera zona, justo en medio de la isla de Manhattan. Sin embargo, las cosas no eran así en la década de los setenta. El lugar se encontraba olvidado y la gente evitaba pasar por ahí, excepto cuando se veía forzada a atravesar por Grand Central para entrar y salir de la ciudad. Junto a la estación había un viejo hotel llamado The Commodore que, además de ser una aberración para la vista, causaba muchos problemas. La zona, en general, era muy deprimente y se había convertido en lugar idóneo para cometer crímenes.

Yo sabía que a aquel barrio le vendría bien un cambio importante, y creí que el primer paso sería adquirir y restaurar el hotel Commodore. Recuerdo que ni siquiera mi padre creía que estuviera hablando en serio respecto al proyecto. "Comprar el Commodore en un momento en que hasta el edificio Chrysler está en quiebra, es como pelearse para conseguir un lugar en el Titanic", dijo. Ambos sabíamos que era un riesgo, pero yo estaba seguro de que la remodelación transformaría al barrio, haría desarrollar la zona como podía y debía ser. Pude visualizarla desde mucho tiempo antes y, por eso, sabía que estaba en lo correcto. Esa capacidad de imaginar me brindó gran parte de la confianza que tanto necesité en el proceso.

Aproximadamente un año antes de que empezara a negociar el hotel, los propietarios (Penn Central Railroad) habían desperdiciado unos dos millones de dólares en remodelaciones que no lograron nada. Era evidente que el hotel seguía necesitando una labor importante, pero los dueños aún debían unos seis millones en impuestos atrasados. Estaban listos para vender y, por lo tanto, yo podía aprovechar la opción de comprar el hotel por diez millones. A pesar de todo, antes de comprar tendría que estructurar una propuesta muy compleja. Necesitaría financiamiento, una compañía hotelera que se comprometiera y una deducción fiscal por parte de la ciudad de Nueva York. Conseguir todo eso fue muy complicado y las negociaciones duraron varios años.

En ese proceso, busqué a un profesional talentoso que pudiera convertir aquel viejo hotel en un punto de referencia espectacular. Entonces conocí a un joven arquitecto llamado Der Scutt que entendió mi visión de inmediato. Yo quería envolver el edificio en algo brillante para que toda la zona tuviera una nueva fachada. No estaba seguro de que se llevaría a cabo el trato, pero estaba tan convencido de que sería algo benéfico para el área, que pasé algún tiempo conversando con Der Scutt y lo contraté para que hiciera algunos bocetos. Sólo quería tenerlos listos en caso de que necesitáramos presentarlos.

También estaba consciente de que necesitaría un operador importante porque, un hotel de 136 000 metros cuadrados y 1400 habitaciones no sería un trabajo fácil para nadie. Revisé una lista de los hoteleros más importantes y los que tenían mejores antecedentes; vi que Hyatt ocupaba el primer lugar. Tenía la esperanza de que les interesara porque, aunque sea difícil creerlo, ellos no tenían entonces ningún hotel en Nueva York. Por suerte tuve razón, el ofrecimiento los atrajo. Hicimos un trato como socios igualitarios y Hyatt aceptó operar el hotel cuando estuviera listo.

Ya tenía arquitecto, socio hotelero y cálculos estimados. Lo que me hacía falta era financiamiento y que la ciudad me otorgara una deducción multimillonaria en impuestos. Como sólo tenía 27 años me pareció adecuado conseguir un corredor de bienes raíces de mayor edad con experiencia. Además, tener a alguien maduro en el equipo me serviría para darle una imagen más profesional al proyecto.

Todo iba siguiendo su curso y habíamos superado varios obstáculos, pero de pronto se presentó otro inconveniente, un problema de enormes proporciones que parecía infranqueable. Si no conseguía financiamiento, la ciudad ni siquiera consideraría darme una deducción fiscal, y sin deducción, los bancos sencillamente no estaban interesados en ofrecerme financiamiento. Como verás, debimos vencer todos los obstáculos y, con eso, me refiero a *todos*. Decidimos apelar a la preocupación de los banqueros por la forma en que la ciudad se estaba desmoronando; creímos que tal vez podríamos hacerlos sentir culpables de no colaborar para que volviera a ser grandiosa. Pero no funcionó.

Después de hablar prácticamente con todos los banqueros de la ciudad y darles todas las explicaciones que se nos ocurrieron para que participaran, finalmente encontramos un banco que parecía interesado. Pasamos muchísimas horas trabajando en el trato hasta que comenzó a lucir bien, bastante bien. De pronto, de la nada, alguien cambió de opinión y sacó a luz un asunto que no tenía nada que ver en el acuerdo, pero que, por alguna razón, hizo que todo se viniera abajo. El cambio inesperado nos dejó azorados y tratamos de presentar todos los argumentos posibles, pero ninguno funcionó. El individuo no cedía y yo me desesperé. Recuerdo que, en algún momento, miré a mi corredor y le dije: "Vamos a deshacernos de este contrato".

Esa fue una de las pocas ocasiones en que quise rendirme. Estaba exhausto. Pero George Ross, mi corredor, abogado y asesor ocasional en *El aprendiz*, logró convencerme de seguir adelante. Él me recordó todo el tiempo los esfuerzos que ya había invertido en el proyecto, y me di cuenta de que tenía razón. "¿Por qué rendirte ahora?", me preguntó. Y como no soy de los que se rinden, decidí sacar el trato adelante. Además, no quería ser un "aspirante" a empresario. Sabía que sólo se trataba de una caída fuerte, de esas que tú también puedes esperar que sucedan.

Y cuando me levanté, lo hice con más vigor que nunca. La caída se convirtió en un salto porque salí con la determinación de llevar el proyecto hasta sus últimas consecuencias. Mi nueva estrategia consistió en explicarle la situación a la ciudad, aun cuando todavía no tenía financiamiento. La organización hotelera Hyatt seguía interesada en abrir en Nueva York, pero el gobierno no nos ofrecía deducciones fiscales. Además, los costos serían demasiado altos y la realización del proyecto parecía cada vez menos posible.

Luego, conseguí que la gente entendiera lo que buscaba y la ciudad estuvo de acuerdo en aceptar un trato que beneficiaba a todos y nos convertía en socios. Yo recibiría una deducción fiscal por la propiedad durante 40 años, y compraría el Commodore por diez millones, de los cuales la ciudad recibiría seis por el pago de impuestos atrasados. Luego yo le vendería el hotel a la ciudad por un dólar, y ésta me lo arrendaría durante 99 años.

Si te suena complicado, es porque lo era. Sin embargo, funcionó para todos. Finalmente conseguimos financiamiento de dos instituciones, y el Grand Hyatt se convirtió en un éxito abrumador. Abrió sus puertas en 1980 y marcó el principio de la revigorización de la parte media de Manhattan y de la estación Grand Central. Hasta la fecha, continúa siendo un hotel muy hermoso.

Creo que estarás de acuerdo en que, durante el proceso que implicó este proyecto, tuve mala suerte; sin embargo, superé los problemas y todo fue acomodándose. Robert ya mencionó que a veces no estamos conscientes de lo difíciles que serán las cosas. Pero, sin que nada de eso importe, si quieres desarrollar el toque de Midas, debes perseverar y llegar hasta el final. Por supuesto, hay ocasiones en que desearía que todo fuera más sencillo, pero no es así.

Cuando me convertí en socio de NBC para la realización de los concursos Miss Universo y Miss USA, los certámenes no estaban en su mejor momento. Eran material de segunda, tenían muy pocos patrocinadores y el nivel de audiencia estaba bajando. Algunas personas se preguntaban por qué estaría yo interesado en los concursos como negocio (además de que había mujeres hermosas, claro), y lo que sucede es que detecté un gran potencial y comprendí que los certámenes podían convertirse en grandes concursos si se realizaban bien. Cuando se transmitió Miss USA 2011, tuvo el mayor *rating* de la noche. Ambos concursos son ahora enormes sucesos nacionales e internacionales, y se les considera el paradigma de más alto nivel en el ramo. Algunas personas me han dicho: "Bien, tuviste suerte", pero fue algo más que eso. Yo y mi equipo trabajamos para crear un buen producto. Actualizamos el formato, contratamos excelentes productores y buscamos mejorar la presentación en todos los sentidos; nuestro enfoque le funcionó a todo mundo. El éxito rara vez se da por casualidad y, lo mejor acerca de mis logros, ha sido esa sensación que se obtiene cuando tomas algo que está dando sus últimos suspiros y lo transformas en una entidad llena de vida.

Sin importar si se trata de un programa de televisión, un barrio o un edificio, existe un desafío muy particular en la tarea de revitalizar algo casi muerto. Parte del toque de Midas implica tener la visión de concebir las cosas como podrían llegar a ser en lugar de asumir que sólo pueden ser como lucen en determinado momento. Alguien tiene que hacerlo, y yo siempre he contado con la energía y la visión para mejorar las cosas. Para mí puede llegar a ser muy claro lo que se necesita y, por suerte, nunca he intentado eludir los desafíos. Siempre trato de acercarme a cada proyecto con control emocional y de una forma práctica; no obstante, conservo el entusiasmo necesario para llevar a cabo el trabajo. Es muy importante lograr este equilibrio.

La ciudad de los vientos

El Trump International Hotel & Tower de Chicago, ganó el premio que otorga la revista *Travel + Leisure* al hotel número uno en Estados Unidos y Canadá. Obtener esa distinción fue un honor maravilloso para un edificio tan extraordinario. Debo reiterar que su construcción tuvo algunos momentos en que las dificultades se multiplicaron. Por ejemplo, tres meses después de comenzar la cimentación, descubrimos que una buena cantidad de agua del río Chicago se había metido a la zona de excavaciones. Como las bases se colocaron bajo el nivel pluvial, las condiciones de la vieja mampara que protegía de inundaciones a la zona se convirtieron en un problema. ¿Soportaría la presión? Para colmo, el agua se estaba metiendo por la esquina donde se interceptaban la mampara y el puente de la avenida Wabash, y eso hacía que la situación fuera extremadamente delicada. De inmediato nos abocamos a resolver el problema.

Después de eso descubrimos otro problema en el diseño estructural del edificio. Originalmente se había planeado que la base y los primeros 14 pisos se hicieran de acero y se cubrieran con concreto. Pero después, debido a que el crecimiento industrial de China estaba absorbiendo buena parte de las reservas mundiales de acero, su precio se disparó hasta los cielos.

Entonces analizamos de nuevo el diseño y lo modificamos para que todo fuera de concreto. De esa manera ahorramos millones de dólares y simplificamos la logística de construcción. La aparente dificultad se convirtió en un beneficio para todos.

La cronología del proyecto revela la paciencia que se necesitó para completarlo. Yo comencé a planear todo en el año 2000 y la construcción se inició en 2005. Tuvimos algunos tropiezos en el camino pero, si alguna vez tienes la oportunidad de conocer el edificio, constatarás que nuestros esfuerzos valieron la pena y logramos revertir cualquier traza de "mala suerte" para que, a final de cuentas, terminara beneficiándonos.

Considero que siempre he sido un hombre afortunado porque tuve una gran familia. Mis padres fueron ejemplos extraordinarios para mí, en especial mi padre, quien fue mi mentor. Además, recibí una buena educación. Como se me brindaron grandes ventajas, siempre espero mucho de mí mismo. En el camino he aprendido a darle la vuelta a la mala suerte y, por todo lo anterior, sé que es posible hacerlo.

Fin del proyecto

A veces no he tenido que lidiar con mi mala suerte sino con la de alguien más, pero hace tiempo descubrí que, afrontar los problemas de otras personas, es la clave para encontrar nuevas oportunidades. En 1980 la ciudad de Nueva York anunció que renovaría la pista de patinaje Wollman, una vieja instalación en Central Park, que siempre ha sido una atracción popular para niños, familias y gente de todas las edades. Después de gastar 12 millones de dólares en renovaciones durante más de seis años, la pista seguía cerrada. Por eso, en 1986, la ciudad anunció que comenzaría la remodelación. Durante esos seis años observé desde la ventana de mi departamento ese proceso, o fiasco, como en realidad debería llamársele: no lograron cambiar nada.

Entonces decidí hacer algo al respecto porque, el hecho de que esa hermosa pista no estuviera disponible para los ciudadanos y los visitantes, me parecía un desperdicio. Le escribí al alcalde Koch, a cargo del asunto en aquel tiempo; le ofrecí construir una pista nueva y tenerla disponible en seis meses sin costo para la ciudad. Yo sólo quería regalársela a Nueva York y a los ciudadanos.

El alcalde desdeñó mi oferta y mi sinceridad, y publicó mi carta en los periódicos de la ciudad para mofarse de mí. Sin embargo, su táctica se le revirtió en cuanto los periodistas y el público en general se pusieron de mi lado. Hubo una fuerte reacción por parte de la prensa y un periódico comentó: "Lo único que ha demostrado el gobierno de la ciudad es que no puede con su trabajo".

El alcalde Koch se retractó al día siguiente y, de pronto, Nueva York quería que me hiciera cargo del asunto. Tuvimos una junta con los funcionarios; acordamos que yo pondría el dinero para la construcción y estaría lista en seis meses, es decir, a mediados de diciembre de 1986. Cuando la pista se abriera, y si llegaba a funcionar para el público, la ciudad me rembolsaría hasta tres millones. Pero si yo me salía del presupuesto, entonces el excedente correría por mi cuenta. Por supuesto, estaba muy emocionado de poder hacer algo con la pista Wollman.

Fue un proyecto enorme porque, para empezar, la superficie de la pista tiene un acre, y requiere 35 kilómetros de ductos y dos unidades de refrigeración, cada una de 17 toneladas y media. Además, el techo del resguardo para los patinadores tenía agujeros y daños por fugas de agua; por si fuera poco, había serios problemas de liderazgo en los trabajos realizados. Sabía que, si quería ver la pista terminada, tendría que participar activamente en la remodelación. Hablé con muchos expertos y, finalmente, di con el mejor constructor de pistas de patinaje disponible. Día tras día, verifiqué en persona los progresos, tanto en el sitio, como desde mi departamento.

Después de dos meses de iniciado el proyecto, comencé a pensar, por momentos, que mi reputación se vería seriamente dañada si aquel ambicioso plan no daba resultado. Además, era obvio que la prensa se pondría en mi contra de inmediato. A pesar de todo, mantuve intacta la visión que tenía de una hermosa pista terminada, y me concentré en la idea de que el proyecto sería benéfico para la ciudad y sus habitantes, quienes ya habían vivido seis años de mala suerte. De verdad quería ayudarlos a efectuar un cambio.

La pista se inauguró después de cinco meses de trabajo, con un costo total inferior al presupuesto original y 30 días de anticipación. Sobra decir que me sentí muy aliviado y orgulloso. Quedó bellísima y en la ciudad se pudo vivir una atmósfera de celebración porque comenzó a funcionar a tiempo para las fiestas decembrinas. Tuvimos una inauguración de gala a la que, para celebrar un día tan especial, asistieron Peggy Fleming, Dorothy Hamill y Scott Hamilton, entre otros. Ver la pista de patinaje Wollman abierta al fin, me produjo una sensación increíble. Por otra parte, todas las ganancias se donaron a obras de caridad y al Departamento de parques de la ciudad. A eso llamo volver la mala suerte en buena, grande y para todos: el toque de Midas.

Desglose: Fuerza de carácter

Las historias que presentamos en este capítulo muestran que la fuerza de carácter es fundamental para desarrollar el toque de Midas. El pulgar representa esa fortaleza porque es uno de los dedos que nos permite sujetar las cosas y ejercer control sobre ellas. Nos separa del resto de los integrantes del reino animal porque, gracias a él, tenemos manos, no garras. El pulgar también representa, de manera simbólica, la habilidad del empresario para renovar los bríos cuando los demás salen corriendo, se ocultan, renuncian o culpan a otras personas de sus fallas. También es emblema de la habilidad única del empresario para transformar los tiempos difíciles en triunfos.

Estoy seguro de que, si las ganancias estuvieran garantizadas, muchos se convertirían en empresarios. Lo sé porque ya me ha tocado escuchar a mucha gente decir con un profundo suspiro: "Claro que sería maravilloso ser mi propio jefe". Y es que, la noción de poder decidir cuánto tiempo trabajar y la forma de hacerlo, suena muy bien. Sin embargo, hay otros para quienes el aspecto más atractivo de ser empresario radica en la satisfacción de construir un negocio y, tal vez, obtener gran popularidad y fortuna. Pero… ¡si no fuera por ese maldito miedo al fracaso!

El miedo al fracaso es una de las razones por las que la mayoría de las personas decide no involucrarse en actividades empresariales. Y es que el temor a equivocarse es mucho mayor que los deseos de sobresalir. Claro, la vida, por desgracia, tiene altibajos, y eso significa que, si quieres triunfar, deberás también aceptar que a veces se pierde. Lo que definitivamente hay que entender es que, vivir en medio de ambas opciones, es imposible. La vida nos lanza golpes fuertes, nos guste o no, y esperar que sólo nos sucedan cosas buenas, es poco realista. Por eso, lo que diferencia a los empresarios con el toque de Midas de los demás es que, cuando afrontan una pérdida, se recuperan de inmediato, aprenden de sus errores y siguen adelante. Los empresarios exitosos saben que la experiencia ganada a través de sus fracasos les brinda sabiduría y fuerza para afrontar el siguiente desafío. Hay muchas personas a quienes el fracaso convierte en perdedores, pero a los empresarios con el toque de Midas, los hace más inteligentes.

El salón de clases vs la vida

La paradoja es ésta: si a los estudiantes con calificaciones excelentes se les considera los más inteligentes, ¿entonces, por qué no todos se convierten en empresarios excesivamente ricos? La respuesta es que la mayoría de dichos estudiantes son ganadores en un salón de clases en donde sobresale quien comete menos errores y se equivoca menos. Ahí aprenden que las equivocaciones y las fallas son malas y, por lo tanto, se esfuerzan para tener un desempeño excelente. En contraste, en el mundo real de los empresarios, sólo ganan quienes cometen más fallas y aprenden de ellas con mayor rapidez. Los negocios recompensan a la gente así.

Lo anterior significa que los programas de educación tradicional, tratan de eludir los desafíos en los que existe el riesgo de cometer errores, o se acercan a ellos con demasiada cautela y vacilación, lo cual no es mucho mejor. Algunas personas se quedan paralizadas en ese tipo de situaciones y no son capaces de tomar una decisión, ni buena ni mala. Por eso no es sorprendente que la mayoría de la gente se pase la vida tratando de evitar el riesgo. Ese tipo de personas prefiere recibir un cheque de nómina constante y contar con un empleo, que adquirir gran riqueza y llegar a poseer sus propios negocios. Y claro, si eso es lo que en verdad quieres, no hay nada de malo en ello.

Los empresarios aman los desafíos a pesar de que, en muchos casos, no fueron estudiantes sobresalientes. Ellos saben y aceptan el hecho de que, en el futuro, se encontrarán con errores, frustración, desventajas y fracasos. Saben que su verdadero salón de clases es la vida y la posibilidad de sobreponerse a las derrotas, ahí encontrarán el camino para ser mejores empresarios.

Esto no quiere decir que quieran errar, porque no es así. La diferencia es que, en lugar de eludir desafíos, los empresarios saben que los errores que puedan cometer y los riesgos que correrán en la vida, los forzarán a ser más inteligentes y sagaces, y a ganar más dinero.

En la mayoría de las escuelas de negocios se enseña que los riesgos deben minimizarse; por ello, mientras los estudiantes sobresalientes consideran que arriesgarse es malo, los empresarios genuinos lo ven como un reto, una oportunidad para hacer lo que los demás evitan. El riesgo estimula su creatividad y pone a prueba la confianza en sí mismos. Por eso, cada vez que triunfan, sienten una enorme satisfacción que, a su vez, los alienta a seguir adelante. El verdadero carácter del empresario surge cuando éste comete errores y se ve obligado a seguir creciendo.

Algunas preguntas personales

Quizá en este momento te preguntas si posees la fuerza de carácter necesaria para llegar a ser, o no, un empresario con el toque de Midas (o un empresario cualquiera para empezar); tendrás que mirar en tu interior y analizar tus logros. Aquí hay algunas preguntas para comenzar:

- ¿Cómo afrontas los fracasos?
- ¿Cómo manejas el miedo?
- ¿Estás dispuesto a trabajar durante años sin recibir sueldo, en un proyecto que tal vez jamás despegue?
- ¿Alguna vez te han traicionado?
- ¿Cómo lo manejaste?
- ¿Se puede confiar en ti bajo presión?, ¿o acostumbras apuñalar a la gente por la espalda cuando la situación empieza a desmoronarse?
- ¿Cómo te sientes cuando alguien comete errores y tú debes pagar por ellos? ¿Podrías despedir a un amigo o miembro de la familia de tu empresa?
- Por naturaleza, ¿eres generoso o avaricioso?
- ¿Cómo te sientes cuando no tienes dinero?

- Cuando eso sucede, tú:
  - ¿Llamas a mamá?
  - ¿Llamas a papá?
  - ¿Le pides limosna al gobierno?
  - ¿Buscas empleo?
  - ¿Te metes otra vez a estudiar?
  - ¿Culpas a alguien más por tus problemas financieros?

Si no tienes respuestas a estas preguntas o sientes que no puedes contestarlas de manera objetiva, pídele a un amigo que las responda por ti con toda franqueza. Porque, para ser un empresario exitoso, debes recibir retroalimentación. Si no puedes manejar comentarios crudos y directos, será mejor que no renuncies a tu empleo. La gente que carece de carácter no puede lidiar con comentarios fuertes, y eso es muy peligroso porque un negocio es ante todo un enorme mecanismo de retroalimentación. Puedes llegar a recibir comentarios negativos sin importar el nivel que haya alcanzado tu negocio, y es algo que debes aceptar desde ahora. Si a los clientes no les gusta tu producto, no lo compran. Eso es retroalimentación. También puede surgir en forma de datos o hechos irrefutables, como cuando descubres que tu compañía tiene gastos elevados e ingresos bajos; cuando le dices a un empleado que haga algo y termina haciendo lo contrario; cuando descubres que un socio en quien confiabas te está robando, o cuando el banco te niega un préstamo.

Busca a un amigo dispuesto a darte respuestas fiables. A pesar de lo cruel que pueda ser el ejercicio, hazlo y termina con las dudas. Recibe la retroalimentación aun cuando no te guste lo que te digan. Piensa que se trata de una oportunidad para fortalecer el carácter, algo que, por cierto, necesitarás bastante. Como ya se mencionó anteriormente, es más sencillo y barato recibir la retroalimentación de un amigo, que del mercado entero.

A lo largo del libro aprenderás que llegar a ser empresario exitoso implica, más que tener un buen producto, contar con recursos, educación o un plan sólido de negocios. Ser un gran empresario requiere de inteligencia; sin embargo, no creas que es el mismo tipo de inteligencia que nos imaginamos al pensar en los grandes genios.

De hecho, existen siete tipos de inteligencia. Si logras un desempeño excelente en, por lo menos, una en particular, tendrás las bases para desarrollar el toque de Midas.

Las siete inteligencias

Howard Gardner, psicólogo de desarrollo y profesor de cognición y educación en la escuela de posgrado de Harvard, desarrolló la teoría de que no existe solamente un tipo de inteligencia sino siete. Para el toque de Midas se requiere de una en particular y, hasta que no la domines, el toque te eludirá.

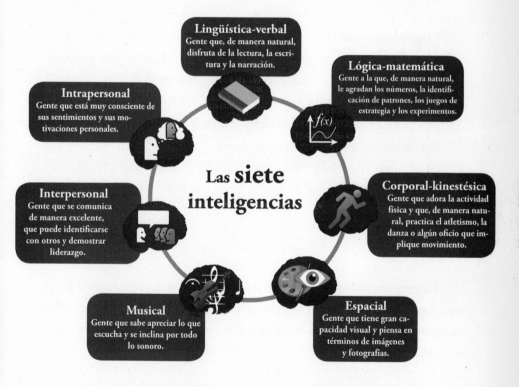

Lingüística-verbal
Gente que, de manera natural, disfruta de la lectura, la escritura y la narración.

Lógica-matemática
Gente a la que, de manera natural, le agradan los números, la identificación de patrones, los juegos de estrategia y los experimentos.

Intrapersonal
Gente que está muy consciente de sus sentimientos y sus motivaciones personales.

Corporal-kinestésica
Gente que adora la actividad física y que, de manera natural, practica el atletismo, la danza o algún oficio que implique movimiento.

Interpersonal
Gente que se comunica de manera excelente, que puede identificarse con otros y demostrar liderazgo.

Las **siete inteligencias**

Musical
Gente que sabe apreciar lo que escucha y se inclina por todo lo sonoro.

Espacial
Gente que tiene gran capacidad visual y piensa en términos de imágenes y fotografías.

Las siete inteligencias según Howard Gardner

Gardner creía que la gente poseía distintos tipos de inteligencia que representan formas diversas de aprender y procesar información. Estés de acuerdo con él, o no, creo que todos podemos ubicar personas que tienen dones en una o más de las áreas que Gardner denomina inteligencias. Hay músicos y atletas muy talentosos; genios de la matemática y diseñadores sorprendentes.

Entre estas siete inteligencias hay una que resulta fundamental para tener éxito como empresario. No tienes que nacer con ella, pero, si no la posees, debes adquirirla. Hagamos una revisión más minuciosa de cada una para definir las bases del ámbito empresarial. ¿Podrás reconocer cuál es la aptitud más importante para el éxito empresarial?

Lingüística-verbal

Gente a la que le va muy bien en la escuela. Los estudiantes con las mejores calificaciones con frecuencia poseen el don de la inteligencia lingüística-verbal. Son excelentes lectores y escritores; pueden citar autores famosos y desempeñarse bien cuando se trata de exámenes en forma de ensayo. En el ámbito de los negocios, los estudiantes con el don lingüístico, pueden llegar a convertirse en abogados.

Lógica-matemática

Estas personas adoran los números y gozan al resolver problemas matemáticos. Te pueden dar el equivalente decimal de una fracción antes de que tú alcances a sacar tu celular para calcularlo.

Por lo general, también son estudiantes con muy buenas calificaciones y, en muchos casos, continúan estudiando para obtener posgrados. Muchos permanecen en el ámbito académico y se convierten en maestros, profesores e investigadores. También pueden terminar trabajando para universidades, corporaciones o el gobierno. Los estudiantes que se desempeñan bien en matemáticas, se inclinan por disciplinas como contabilidad, programación e ingeniería.

Corporal-kinestésica

La mayoría de los atletas cuentan con este tipo de inteligencia. Los más talentosos pueden ser atletas o bailarines profesionales. Algunos se inclinan por los negocios que involucran salud o recreación.

Espacial

Quienes poseen esta inteligencia tienden a dedicarse a las artes. Asisten a escuelas de pintura, y algunos se convierten en artistas muy exitosos. Quien tiene inteligencia espacial puede llegar a ser arquitecto, decorador de interiores, diseñador gráfico o diseñador de páginas de Internet.

Musical

Los estudiantes con este tipo de inteligencia con frecuencia sueñan en convertirse en estrellas de rock o en el cantante principal de una banda. Algunos desean llegar a tocar en una orquesta sinfónica. Se les facilita tocar instrumentos. Al escuchar música, muchos pueden saber, casi por arte de magia, qué notas se están tocando. La gente con este tipo de inteligencia goza de presentarse en público y, por lo general, busca desarrollar una carrera en el ámbito musical o de artes escénicas.

Interpersonal

Esta inteligencia es importante para los comunicadores profesionales como políticos, predicadores y especialistas en publicidad y ventas. Las personas con este talento se desenvuelven muy bien en reuniones y tienen facilidad para conocer a gente nueva, construir relaciones y hacer amigos. Son "gente que le gusta a la gente".

Intrapersonal

Así como la inteligencia interpersonal es la habilidad para comunicarse con otros, la inteligencia intrapersonal es la habilidad para comunicarse con uno mismo. La gente que posee este tipo de inteligencia tiene el control sobre sus pensamientos.

Para ahondar un poco más en esto, diremos que la inteligencia intrapersonal también se conoce como inteligencia emocional. Es la capacidad de controlar emociones como miedo, avaricia, ira, tristeza y amor. Por ejemplo, cuando tienes miedo, ¿reaccionas y sales corriendo?, ¿o hablas contigo mismo para apaciguarte y respondes a la amenaza en lugar de reaccionar visceralmente? Cuando estás enojado, ¿controlas tu carácter o explotas y dices cosas de las que más tarde te arrepientes? Son algunos ejemplos de la inteligencia intrapersonal.

A la inteligencia intrapersonal también se le llama *inteligencia del éxito*, porque es un requisito para triunfar con todas las otras inteligencias. Por ejemplo, una persona puede ser un genio lingüístico-verbal, pero sin inteligencia intrapersonal o emocional, podría dejar de estudiar y terminar reprobando como los estudiantes a los que no se les facilitan las tareas lingüístico-verbales. Asimismo, si los atletas que poseen inteligencia corporal-kinestésica no practican y controlan su discurso personal, tal vez nunca lleguen a desempeñarse como profesionales.

Sucede lo mismo con la inteligencia musical y todas las demás. ¿Alguna vez has escuchado a un cronista deportivo decir que un golfista "dominó el juego mental"? Lo que quiere decir es que el golfista tiene una alta inteligencia intrapersonal. Por eso, con frecuencia, la llaman inteligencia del éxito.

Para los efectos de este libro, la inteligencia intrapersonal es el pulgar: brinda a los empresarios una ventaja en el mundo de los negocios. La inteligencia intrapersonal les permite hacer lo que a los demás les da miedo o, sencillamente, no están dispuestos a realizar. Es probable que conozcas personas a quienes les fue muy bien en la escuela pero no saben desenvolverse en el mundo real. Una razón puede ser que tengan el don de la inteligencia lingüística o matemática, pero carezcan de control emocional, de la inteligencia intrapersonal necesaria para enfrentar los desafíos de la vida.

La mayor parte de las adicciones (drogas, comida, sexo, tabaco) está relacionada con una inteligencia intrapersonal deficiente. Dicho de otra forma, se requiere de mucha inteligencia emocional para superar adicciones y malos hábitos.

La inteligencia intrapersonal también desempeña un papel fundamental en la gratificación retardada. Las personas que carecen de este tipo de inteligencia tienen problemas con la fuerza de voluntad. Como quieren recibir recompensas inmediatas, van de compras cuando están deprimidas, comen pastelillos cuando están aburridas, beben un trago cuando se sienten nerviosas, ven televisión en lugar de estudiar, renuncian cuando la situación se torna difícil, pierden el control cuando deberían guardar la compostura, o culpan a otros de sus errores.

Si aún no lo has adivinado, la inteligencia intrapersonal, también conocida como inteligencia emocional o del éxito, es la más importante para cualquier empresario.

¿Se puede desarrollar la inteligencia intrapersonal?

La respuesta es sí, por supuesto. Sin embargo, aquí se crea un círculo vicioso. El asunto es que, para desarrollar la inteligencia intrapersonal, es necesario contar con... inteligencia intrapersonal. En otras palabras, entre más desafíos enfrentes como empresario, y según la forma en que los manejes, tu inteligencia se irá afinando. Cuantos más retos enfrentes, más sólida se hará tu inteligencia intrapersonal. Por todo lo anterior, para llegar a ser empresario es necesario atravesar por un proceso educativo y de desarrollo personal que dura toda la vida. Mira tu pulgar. La próxima vez que enfrentes un reto, usa esa imagen para recordar que el problema en el que te encuentras es una oportunidad para fortalecer el carácter y desarrollar tu toque de Midas.

Puntos a recordar | Acciones para llevar a cabo

El pulgar está relacionado con la fuerza y, como ya sabes, para ser empresario se requiere de fuerza de carácter. No es lo mismo desempeñarse con inteligencia en una escuela que con sagacidad en el mundo real.

- Existen siete tipos de inteligencia. La que más necesitan los empresarios es la intrapersonal. Las habilidades que te brinda este tipo de inteligencia te ayudan a controlar el discurso interno pesimista que puede mantenerte atado y socavar tu éxito.

- Quieras o no, siempre hay retroalimentación, así que lo mejor será que la aceptes y aprendas de ella. Los empresarios exitosos siempre la reciben y usan en su beneficio.

- Cuando se quiere participar en la actividad empresarial no se puede seguir un plan para volverse rico de un momento a otro. Los sacrificios son parte de la travesía y, para continuar, es necesario contar con fuerza de carácter.

- No es lo mismo ser inteligente en la escuela que sagaz en el mundo real. Para ser empresario necesitas la fuerza y la rudeza que sólo se adquieren en la calle.

- Ser fuerte no significa ser arrogante, mezquino, detestable o autoritario. La fortaleza es actitud, disciplina, determinación y empuje. Ahora que lo sabes, encuentra tu fuerza.

- El mercado contrata y despide todos los días; sin embargo, los empresarios con el toque de Midas se levantan, sacuden su pantalón y vuelven a lanzarse al ruedo.

CAPÍTULO DOS

EL DEDO ÍNDICE
ENFOQUE

> *Concentra todos tus pensamientos en el trabajo que te ocupa.*
> *Los rayos del Sol arden cuando se enfocan.*
> —*Alexander Graham Bell*

En la guerra, en los negocios y en la vida
Robert Kiyosaki

En junio de 1971 caminé hasta la línea de vuelo en donde esperaba mi aeronave, pero en esa ocasión noté algo distinto en el helicóptero. No era el mismo en que había estado entrenando durante dos años. Aquel día le habían añadido cañones de misiles, cuatro ametralladoras a los lados para que el piloto las accionara, y dos más para los artilleros. De pronto, la razón por la que me había estado entrenando como piloto se volvió demasiado real. Mi helicóptero cambió y yo tuve que hacerlo también.

Hasta ese día siempre había volado sólo con un copiloto y un jefe de tripulación. Éramos tres y trabajábamos sin armas; por esa razón, abordar un helicóptero con cañones para misiles, ametralladoras, latas de municiones y una tripulación de cinco, me produjo una sensación extraña. Además de que la diferencia en peso hizo que el vuelo fuera peculiar, también provocó que la aeronave no respondiera con la rapidez de costumbre. Eso me obligó a anticipar movimientos para controlarlo. Debía decidir qué maniobra efectuaría desde antes: anticipar los giros o retroceder las picadas en menos tiempo. De pronto, volar se volvió una situación amenazante y, de forma inesperada, mi helicóptero dejó de ser una nave de entrenamiento. Aquel día volé una nave que solía ser un vehículo pero se transformó en un instrumento de guerra. Entonces supe que yo también tendría que sufrir un cambio.

Una historia de la guerra

Para llegar a ser piloto entrené intensamente durante dos años en la Estación naval de Pensacola, Florida. En abril de 1971 obtuve por fin mis alas de la Marina. Fue uno de los días de mayor orgullo en mi vida. Después de la graduación atravesé todo el país en auto para llegar a California y comenzar el entrenamiento avanzado en Camp Pendleton, gigantesca base del Cuerpo de Infantería de Marina que se encuentra a 80 kilómetros al Norte de San Diego.

La mayoría de mis compañeros de la escuela en Pensacola fue asignada a escuadrones de transición con helicópteros de transporte. Los pilotos volaban muy distinto a los pilotos de artilleros como yo. Sus helicópteros eran mucho más grandes, como el Sea Knight CH-46 de doble rotor y el CH-53 Sea Stallion al que con frecuencia llamaban el "Gigante verde y feliz". Sólo a algunos de nosotros nos asignaron a la escuela de artilleros para volar los Huey Guns y los Huey Cobras.

Los primeros pilotos que conocí en Camp Pendleton acababan de regresar de Vietnam. Eran muy distintos a mi instructor de vuelo en Florida. Aquí, los instructores de artilleros eran más serios, hoscos e intolerantes. A pesar de que técnicamente yo era un aviador calificado de la Infantería de Marina, los veteranos de combate a los que ahora les correspondía enseñarme, me trataban como novato. De abril a junio me pusieron a prueba y me obligaron a arriesgarme con maniobras que yo habría jurado que eran imposibles de ejecutar. Si un piloto nuevo pasaba la prueba, le ponían ametralladoras y cañones, y comenzaba una nueva fase de entrenamiento avanzado. Pero si no lo lograba, lo mandaban a "volar en un escritorio"; es decir, le asignaban trabajo administrativo en una oficina.

La película *Top Gun* con Tom Cruise fue filmada a unas cuadras de Camp Pendleton en la Estación aérea naval de Miramar, también al Norte de San Diego y, aunque por momentos es una película demasiado comercial al estilo de Hollywood, logra registrar la intensidad del entrenamiento de combate en el aire, y el hecho de que ahí se vive un ambiente en el que, ser buen piloto, no basta para sobrevivir.

En Camp Pendleton nos entrenaron para el combate aire-tierra, lo cual significa que debíamos volar a alturas extremadamente bajas. En lugar de mantener la aeronave en el cielo, nos enseñaron a luchar contra hombres en tierra. Una de las cosas que aprendí entonces fue que, según los cálculos, el promedio de supervivencia de los pilotos de artilleros en Vietnam era de 31 días, y disminuía conforme el enemigo adquiría más experiencia y se hacía de equipo más moderno. En muy poco tiempo, el entrenamiento se tornó muchísimo más serio.

Una llamada de atención

El día que equiparon mi aeronave con ametralladoras y misiles, recibí una fuerte llamada de atención. Hasta ese momento siempre había sido un estudiante promedio. Del jardín de niños hasta la preparatoria, la escuela militar y la academia de vuelo, sufrí de mediocridad crónica.

Ahora sé que era mediocre porque estaba aburrido y tendía a la holgazanería. Asimismo, también estoy enterado de que, al calificar, el sistema escolar genera una curva estadística en forma de campana, en la que se asume que en todos los salones hay niños inteligentes, niños promedio y algunos tontos. De un lado de la curva hay unos cuantos niños listos, del otro, algunos cuantos tontos. Sin embargo, la mayoría de los niños está en medio, es decir, son chicos mediocres.

Satisfecho de pertenecer a este último grupo, rara vez estudiaba. Podría decirse que, más bien, descubrí que para permanecer en esa zona sólo tenía que hacer dos cosas:

1. Detectar quién era más estúpido que yo porque, siempre que hubiera estudiantes bajo mi nivel, me mantendría a salvo.

2. Averiguar lo que al maestro le parecía relevante para memorizarlo y pasar el examen.

Este método de estudio y observación me ayudó a mantener mi estatus de niño promedio. Era un estudiante mediocre con mucha constancia.

Y aunque debo aclarar que no estoy orgulloso de ello, ésa fue la única manera que encontré para acabar la escuela sin tener que estudiar. En junio de 1971, sin embargo, cuando me dirigía a mi aeronave llena de misiles y ametralladoras, mis días como estudiante mediocre llegaron a un abrupto fin porque sabía que, si continuaba siendo promedio, terminaría matándome a mí y a toda la tripulación.

En enero de 1972, apenas unos seis meses después, ya estaba estacionado a bordo de un portaviones en la costa de Vietnam. Unas semanas más tarde, cuando me encontraba en una misión al Norte de Da Nang, desde una colina volaron hacia mi helicóptero las primeras andanadas de fuego enemigo.

Era la tercera vuelta que el jefe de mi tripulación hacía en Vietnam. De pronto, dio unos golpecitos en mi casco, me jaló la máscara que traía en la cara, y volteó mi cabeza para hablarme frente a frente: "¿Sabes qué es lo malo de este trabajo?"

Negué con la cabeza, y le dije: "No".

Con un semblante serio, me gritó: "Que hoy, sólo uno volverá a casa. Será el vietnamita o nosotros, pero no los dos".

Empresarios: tomen nota

Cuando el empresario da un salto de fe e inicia un negocio, se parece mucho al piloto de un helicóptero al que pone ametralladoras y misiles y luego vuela hacia el combate. En ninguno de ambos casos basta con ser bueno. Por eso nueve de cada diez negocios fracasan en los primeros cinco años. Si yo hubiera continuado con mi actitud de estudiante mediocre, no estaría escribiendo este libro con Donald Trump ahora. En primer lugar, porque no estaría vivo y, en segundo, porque Donald no soporta a los "mediocres".

No estoy tratando de decir que para llegar a ser empresario primero debas convertirte en oficial de la marina y alistarte para la guerra. Mencioné la transformación de mi aeronave y de mi forma de ser, sólo porque es una metáfora de la vida real que ilustra la transición por la que atraviesan los empleados que desean convertirse en empresarios. Cuando una persona abandona la seguridad de su empleo, de los cheques de nómina quincenales, las prestaciones y los planes para el retiro, es como si se estuviera poniendo el cinturón de un helicóptero distinto y se preparara para un mundo nuevo, un mundo en el que muy pocos sobreviven y, muchos menos, prosperan.

Trabajemos en el enfoque

Otro elemento que me hizo fallar en la escuela, además de mi pereza, fue mi falta de enfoque. Si buscas en el diccionario la definición de Síndrome de atención dispersa, verás que está ilustrada con una fotografía mía. A veces tengo la capacidad de atención de una cucaracha porque, sencillamente, no me puedo enfocar en materias que no me interesan. La escuela era aburrida y yo detestaba estar ahí. Cuando llegaba la época de surfear, tomaba mi tabla y me iba a la playa porque, al menos, las olas sí lograban mantenerme concentrado.

Dejar de ser un piloto de transporte para convertirme en piloto de un helicóptero artillado, fue muy benéfico porque me vi forzado a estudiar de verdad. Era imperativo aprender. Tuve que enfocarme para resguardar mi vida y proteger la de mi tripulación y sus familias. El combate me forzó a concentrarme de la misma manera en que lo hacían las enormes olas cuando surfeaba. Porque cuando estás en la guerra, no hay segundo lugar. De cierta forma, la guerra sacó lo mejor de mí, y te aseguro que sucede lo mismo con la actividad empresarial.

Enfoque es poder

Enfoque es una palabra muy sencilla y, debido a su simplicidad, a veces la gente abusa de ella y le pierde el respeto. También se le malinterpreta porque muchas personas soslayan el hecho de que enfoque es igual a poder. Quienes pueden enfocarse tienen la capacidad de reunir todas sus habilidades y centrarlas en la tarea u objetivo que tienen frente a sí. El enfoque es esencial para el éxito, y, por ende, la gente que triunfa es aquella que puede enfocarse o concentrarse.

Es muy fácil distinguir a las personas que no tienen una dirección en la vida porque carecen de enfoque. Todos conocemos a alguien que siempre renuncia cuando las cosas se ponen difíciles, a personas que permiten que problemas menores, como quedarse sin dinero, las detenga. De hecho, hay una gran cantidad de gente que ni siquiera comienza a trabajar en sus objetivos porque deja que el miedo a fracasar le impida dar el primer paso.

Es típico conocer a alguien que dice que está a dieta, pero renuncia a ella en cuanto se corta la primera rebanada de pastel de chocolate. Sucede lo mismo con el ejercicio. Este tipo de gente se ejercita durante una semana y luego se rinde, se va de parranda para paliar el dolor muscular.

También es común conocer a personas que quieren ser ricas pero permiten que pretextos como: "No tengo dinero", las detengan. A gente que le encantaría renunciar a su empleo porque lo odia pero que con decir: "Tengo muchas deudas que pagar", se da la oportunidad de seguir sufriendo ocho horas diarias. La salud, la riqueza y la felicidad son un reflejo de la habilidad de cada uno para enfocarse, porque estos aspectos demuestran si alguien tiene la capacidad de manejar sus poderes personales para lograr lo que quiere en la vida.

Enfócate en obtener lo que quieres

La gente puede desarrollar y mejorar su capacidad de enfoque. Yo soy prueba viva de ello porque, para acabar mis estudios en la escuela de vuelo y convertirme en piloto, tuve que enfocarme. Llegar a operar un helicóptero artillado exigió de mí el tipo de concentración que ni siquiera creía poseer. La habilidad de volar en una poderosa aeronave, apenas por encima de la selva, y concentrarme en el soldado que, con una ametralladora entre los árboles, trataba de derribarnos al mismo tiempo que nosotros intentábamos matarlo, exigió que yo centrara mi atención al máximo. Si la capacidad de mi enemigo sobrepasaba la mía, entonces él regresaba a casa, y yo y mi tripulación moríamos. Actualmente hago uso del mismo tipo de capacidad de enfoque para manejar mis negocios, mi dieta y el ejercicio físico que realizo. Si digo que voy a hacer algo, lo que me permite concretarlo es la capacidad de enfoque.

Todos le prestamos atención a distintas cosas, y eso es lo que nos diferencia. Mucha gente fracasa como empresaria porque lo principal en su vida es la seguridad y la tranquilidad. Muchos estudiantes destacados se enfocan en conseguir buenas calificaciones sólo porque desean obtener la seguridad que brinda un empleo. La mayoría de los empleados anhelan la tranquilidad de horas fijas de trabajo, un salario y prestaciones definidos, de los fines de semana libres y de una garantía para cuando se retiren. La posibilidad de tener algo seguro les hace dar lo mejor de sí. Pero, para otros, es la incertidumbre lo que los obliga a esforzarse al máximo.

Regresé de la guerra en enero de 1973. El año que pasé en Vietnam había llegado a su fin. Le pedí consejos a mi padre sobre lo que debía hacer a continuación, y él me recomendó volver a estudiar, obtener una maestría, tal vez un doctorado, y tratar de conseguir un empleo en el gobierno. En otras palabras, me sugirió enfocarme en la seguridad de un empleo y de un fondo de retiro. Pero yo me negué de inmediato porque sabía que mi espíritu moriría en un ambiente así. Habría sido como estar atrapado en la escuela por el resto de mi vida, esperando que sonara la campana. Habían pasado muchos años y una guerra que no me permitirían volver a eso.

Como no acepté su propuesta, me sugirió que volara para aerolíneas comerciales como ya lo hacían muchos de mis compañeros de la marina. Pero luego se molestó cuando le dije: "Papá, eso para mí sería un retroceso. Ya sé volar y descubrí que me encanta el combate. El ambiente bélico me vigorizó como nunca y, volar para una aerolínea, sería como manejar un autobús". Sabía bien que eso no era para mí, pero el enfoque de mi padre pobre estaba fijo en la seguridad. Una vez más, se hizo evidente que teníamos visiones muy dispares.

En 2009, la película *The Hurt Locker* (*Zona de miedo*) ganó el Premio de la Academia. En el filme, un joven soldado regresa de Irak después de realizar uno de los trabajos más peligrosos en zonas de guerra: técnico en neutralización de artefactos explosivos, es decir, una persona que desactiva bombas improvisadas. En la escena final de la película se ve que el joven, después de estar en casa por algunos meses, en el supuesto mundo civilizado, se pone de nuevo su traje para neutralizar bombas y camina por un sendero en Irak.

Cuando volví a casa, también pensé en volver a la guerra, en convertirme en mercenario, ir a luchar a África o volar sobre Asia para la CIA. Eso sucedió porque no podía dejar de sentir que la aparente seguridad que ofrecían los empleos tradicionales, matarían mi espíritu y, tarde o temprano, a mí también. Por eso me convertí en empresario.

Define el enfoque

A mí me gusta pensar en la palabra ENFOQUE como el acrónimo que se forma con FOCUS en idioma inglés: *Follow One Course of Action Until Successful* (Persigue un solo objetivo hasta que tengas éxito).

Mi parte favorita del acrónimo es: "hasta que tengas éxito".

Al enfoque se le representa con el dedo índice. Es esencial para desarrollar tu toque de Midas y siempre te hace mostrar lo mejor que hay en ti.

El enfoque también se define como el poder *medido a través del tiempo*. Por ejemplo, a mí no me cuesta trabajo respetar mi dieta de la hora del desayuno a la hora de la comida, pero el verdadero poder del enfoque es lo único que me permitiría observarla durante años. Yo he estado a dieta, he perdido peso, lo he vuelto a ganar y, luego, lo he tenido que perder de nuevo. Eso se debe a la falta de enfoque que se produce a medida que pasa el tiempo.

En el mundo del dinero sucede lo mismo. La gente se vuelve rica y luego lo pierde todo. Los ganadores de loterías y las estrellas del deporte son excelentes ejemplos de la pérdida de enfoque con el transcurso del tiempo. Muchos atletas profesionales pasan años practicando con ahínco para ganar dinero en el ámbito de los deportes pero, cinco años después de retirarse, están en la ruina. Se enfocaron en los deportes, pero no en su inteligencia financiera.

En el primer capítulo del libro se habló del poder del pulgar y ahí narré algunos de los muchos fracasos que he tenido. De no haber sido por el poder del enfoque, me habría dado por vencido. Dicho de otra forma, la mayoría de los empresarios fracasan porque carecen de la fuerza de carácter que representa el pulgar, y del poder del enfoque: de la capacidad de perseguir un objetivo hasta alcanzar el éxito.

Asimismo, el enfoque también implica mantener el éxito *más allá del objetivo*. Esto significa que debes conservar tu dinero después de conseguirlo, o no volver a subir de peso una vez que bajaste.

En nuestro caso, como pilotos, teníamos que concentrarnos en el blanco a pesar de que, al mismo tiempo, el enemigo estaba haciendo todo lo posible para derribarnos a tiros. El enfoque nos daba el poder para permanecer tranquilos, pensar con claridad y actuar con decisión.

Hasta que la nave y la tripulación no estaban a salvo sobre el portaviones, no podíamos distraernos. En el ámbito empresarial es necesario hacer lo mismo porque el hecho de que un negocio genere dinero, no significa que esté a salvo.

El éxito elude a millones de personas sólo porque carecen del poder del enfoque. Cuando la gente se concentra, desaparecen de su discurso las frases: "No puedo", "Lo intentaré", "Lo haré mañana" y "Tal vez". De alguna manera, concentrarse significa "Lograrlo o morir" y "No importa cuánto tiempo tome". Muchos se angustian cuando las cosas se ponen difíciles. Se dan por vencidos y buscan algo más sencillo que hacer. Y lo peor de todo es que nunca comienzan porque permiten que frases como "Lo intentaré" y "Mañana", dominen su pensamiento.

¿Te has dado cuenta de que a la gente que carece del enfoque, con frecuencia también le falta dirección? Anda por ahí deambulando de una cosa a otra. Para colmo, en el mundo de las inversiones, los mal llamados asesores financieros le recomiendan a la gente que diversifique su portafolio de inversión en lugar de que se enfoque en los activos de alto rendimiento. Por eso muchos portafolios no son capaces de devolver rembolsos altos o, sencillamente, desaparecen en algún colapso del mercado. Una vez más reitero: carecen de enfoque.

Hecho: La vida no es sencilla

Otra de las razones por las que mucha gente fracasa, es porque tiene la terrible creencia de que la vida es sencilla, y por eso, siempre elige el camino fácil. Estas personas siguen los consejos que les causarán menos complicaciones y se fijan metas simples y menores. Por eso no crecen. Mi padre rico solía decir: "La gente de éxito se enfoca en metas que les quedan muy grandes. Alguien que tiene diez dólares, después querrá conseguir cien. Cuando tenga cien, querrá mil. Enfocarse en metas mayores, hace que la gente crezca".

Sin embargo, mi padre rico también me advirtió que tuviera cuidado y no me convirtiera en un tonto soñador. Se refería a que mucha gente se fija metas absurdas, inalcanzables. Estoy hablando de quienes no tienen noción de lo que es el dinero, pero no dejan de soñar en convertirse en millonarios. No tienen conocimiento, ni plan, pero creen que, de forma milagrosa, algún día sucederá. Padre rico decía: "La gente que sueña pero carece de educación, planes, mentores y actitud, al final sólo se queda con sus delirios de grandeza y sus ilusiones".

Cuando perdí todo en mi primer negocio, tuve que pagar casi un millón de dólares que debía a los inversionistas. Me concentré primero en los inversionistas menores y les devolví su dinero. Después, en los que habían aportado más, y así sucesivamente. Esos fueron los primeros pasos de nuestro plan. Me tomó años salir de aquel hoyo, pero valió la pena porque, a medida que fui pagando a los inversionistas mayores, aumentó mi sagacidad. Kim y yo creamos un CD y un libro de trabajo sobre esa experiencia. Se llama *Cómo salimos de la deuda mala*, y es para quienes deseen seguir nuestra fórmula.

Cuando Kim y yo nos casamos en 1986, no estábamos enfocados en ser millonarios. Por supuesto que *soñábamos* con llegar a serlo, pero en ese momento sólo nos fijamos la meta de conseguir cien dólares mensuales de flujo de efectivo como producto de nuestras inversiones. Luego nos fijamos la meta de mil, luego 10 000, y así sucesivamente. Tal vez ahora esos objetivos suenen bastante menores, casi lo contrario de lo que he estado mencionando, pero debo decir que, cuando te encuentras ahogado con una deuda de casi un millón de dólares, tener un ingreso de cien se convierte en una meta muy grande, como en nuestro caso.

El punto es que Kim y yo teníamos sueños pero nunca perdimos el enfoque y, además, continuamos incrementando nuestras metas a medida que crecíamos. Dicho de otra forma, la concentración fue lo que nos hizo madurar. La falta de enfoque es para la gente que ya está muy cómoda y así quiere quedarse o que, incluso, prefiere ir en retroceso.

El enfoque exige educación

En cuanto me enteré de que mi siguiente destino era Vietnam, me convertí, por primera vez en la vida, en un estudiante genuino. Quería aprender porque no tenía otra opción. Mi vida estaba en juego y también la de mi tripulación. Siento lo mismo ahora que soy empresario. Mi labor más importante es proteger los empleos de mis colaboradores. Si fallo en eso, lo cual ha sucedido en varias ocasiones, algo dentro de mí muere.

En la escuela era un estudiante promedio, me la pasaba jugando y rara vez estudiaba. Pero en los negocios no puedo darme ese lujo; siempre debo estudiar, leer libros, asistir a seminarios y buscar ideas nuevas. Lo más importante es que también necesito encontrar maestros y maestras.

En Camp Pendleton descubrí que no todos los instructores son iguales. Los hay de distintos tipos. Por ejemplo, en la escuela de vuelo en Florida los instructores me enseñaron a volar, en tanto que, en Camp Pendleton, me enseñaron a matar o morir porque, en ese momento, tenía que ir más allá de sólo operar un helicóptero.

Hasta la fecha llevo conmigo las lecciones aprendidas en Camp Pendleton y elijo a mis maestros con cuidado. En la secundaria no tenía la posibilidad de hacerlo, así que, si me tocaba un mal maestro o alguien por quien no sentía respeto, estaba en aprietos. Más que hacerme perder el tiempo, un maestro malo o incompetente confundía mis ideas, mis pensamientos y mis acciones. Pero ya no permito que eso suceda. Ahora que soy empresario elijo a mis maestros con toda la cautela y tengo mucho cuidado al decidir con quien convivo y de quién recibo consejos.

Donald Trump es el tipo de maestro al que respeto, de quien quiero aprender y a quien quiero emular. Por eso disfruto mucho pasar tiempo con él. A pesar de que no eran malas personas, la mayoría de mis maestros en la escuela no tenía esas características y, por eso, no me interesaba ser como ellos.

Cuando me percaté de que iba camino a Vietnam, un lugar en donde la regla era "matar o morir", también comprendí por qué los instructores que había tenido en la Infantería de Marina eran veteranos de combate que practicaban lo que enseñaban. Ellos habían participado en la guerra y, literalmente, habían vuelto de ella para hablar al respecto.

Viéndolo en retrospectiva, ahora considero que mis instructores en Pensacola me enseñaron a ser piloto de la misma manera que los profesores universitarios enseñan a sus estudiantes a ser empleados. En Camp Pendleton me enseñaron a luchar y a matar, habilidades que iban más allá de volar. Por eso, actualmente elijo maestros que son sobrevivientes en el mundo real de las inversiones y la actividad empresarial.

Una vez enfocado en los objetivos de tu vida, necesitas elegir bien a tus instructores para asegurarte de que están calificados para enseñarte lo que quieres aprender. Deben haber estado en el lugar al que tú quieres ir, y haber sobrevivido para contar su experiencia. Actualmente en mi empresa, la Compañía Padre rico, nos aseguramos de que nuestros instructores, entrenadores y mentores tengan éxito en el mundo real de los negocios. Todos ellos han tenido la experiencia adecuada y continúan viviéndola.

Una última reflexión

Convertirme en piloto de un helicóptero artillado me enseñó a enfocarme, a ir más allá de mis dudas, miedos y limitaciones. La lección que aprendí en combate, es la misma que ahora aplico como empresario. No quiero decir que no tenga miedo porque, definitivamente, temo como todos los demás, sin embargo, debes recordar que tener valor no significa carecer de miedo. Valor es la capacidad de actuar con eficacia *a pesar* del temor. El valor es un poder espiritual que todos poseemos. Es el poder que ejercemos sobre los miedos que limitan nuestras vidas. El enfoque, combinado con el valor, nos permite llegar a ser más de lo que somos, lograr lo que nos proponemos y, en ese proceso, convertirnos en quienes deseamos llegar a ser.

Francamente, yo no conozco a muchos graduados de programas de maestría en negocios que hayan llegado a ser grandes empresarios. Donald es la excepción. Sucede que la mayoría de los egresados se enfoca en conseguir un empleo que brinde seguridad y, por eso, muchos solicitan trabajo en corporaciones enormes y se fijan como meta llegar a ser directores ejecutivos o financieros. Claro que, si ése siempre fue su objetivo, entonces haber estudiado una maestría en negocios fue lo mejor.

Tal vez ya estás al tanto de que, la gran mayoría de los empresarios más connotados, no tiene maestría en negocios y, muchos, ni siquiera se graduaron de la universidad. Algunos de ellos son Bill Gates, fundador de Microsoft; Steve Jobs, fundador de Apple, Thomas Edison, fundador de General Electric; Richard Branson, fundador de Virgin; y Walt Disney, fundador de los estudios Disney y de Disneylandia.

En la actualidad, muchas universidades cuentan con programas empresariales, pero muy pocas personas abandonan la escuela de negocios y se convierten en empresarios como Donald Trump. Eso sucede porque la mayoría de los maestros de las universidades son como mis instructores de Pensacola, quienes entrenan a los futuros pilotos de aerolíneas que volarán para grandes corporaciones como United Airlines o British Airways.

Los instructores de Camp Pendleton llevaban a los pilotos imberbes más allá del vuelo. Nos conducían hasta la batalla y nos preparaban para los ambientes más hostiles del mundo. En mi opinión, muchos de los programas para empresarios que tienen las universidades, son incompletos porque, de cierta forma, las escuelas contratan a "conductores de autobuses" para que traten de enseñarles a los estudiantes a ser "pilotos de combate". Ambos saben como "volar", pero sólo uno de ellos tiene el tipo de enfoque que se requiere para entrenar a empresarios con el toque de Midas.

El poder del enfoque implacable

Donald Trump

Las referencias de Robert provienen del combate y el entrenamiento militar, y como yo asistí a una escuela militarizada, creo que tengo una visión de lo que se requiere para ser piloto del Cuerpo de Infantería de Marina. Los comentarios de Robert, sin embargo, son para todo mundo —haya pertenecido o no al ejército—, porque el enfoque resulta fundamental para el éxito y la supervivencia.

Todo esto me trae a la mente a un reportero que me visitó en las oficinas de la Organización Trump, y se refirió a su experiencia como "Un día en las trincheras con Donald Trump". Aquel reportero lo definió así porque se dio cuenta del ahínco y la velocidad con que laborábamos. Yo mismo he comparado en varias ocasiones los negocios con una zona de combate porque, en ambos casos, todos tus sentidos deben estar alerta y tú enfocado al cien por ciento.

Anteriormente mencioné que la falta de enfoque me hizo meterme en problemas financieros inmensos a principios de la década de los noventa. Tú no trates de aprender esta lección por las malas como yo lo hice. También toma en cuenta la gran paradoja respecto a este tema: para tener éxito, tu enfoque debe ser suficientemente amplio y pensar en grande al mismo tiempo. En este capítulo analizaremos cómo es posible.

La mayoría de la gente ha escuchado hablar de la Torre Trump porque es una de las atracciones turísticas más importantes de la ciudad de Nueva York pero, además, es un gran ejemplo del poder del enfoque.

La torre se inauguró en 1983, pero hay toda una historia antes de esa fecha. Como es típico en mí, estaba tan interesado en que todo saliera bien, que yo mismo fui hasta una cantera en Italia para buscar las losas adecuadas de Breccia Pernice, un raro y muy hermoso mármol de forma irregular. Con cinta de aislar fui marcando las mejores losas. Las demás, se las venderían a alguien más.

Saga de la Torre Trump: Parte I

Por supuesto, la anécdota de las losas italianas tuvo lugar mucho después, cuando la torre ya estaba en construcción. Antes de eso, hay una larga historia. Me tomó casi tres años recibir respuesta del hombre que administraba el terreno que deseaba comprar. Pero no sólo le envié una carta o le hice una llamada telefónica en ese tiempo; fueron cientos. Mi tenacidad se vería recompensada más adelante, pero pasaron casi tres años. Robert ya mencionó el "salto de fe" que deben dar los empresarios, y te puedo decir que el mío no fue tanto un salto como un periodo muy prolongado en que tuve que aferrarme al plan.

Quería construir la Torre Trump en el terreno adyacente a la joyería Tiffany's, por lo que debí convencer a su gente de que me permitiera adquirir sus derechos aéreos y sus derechos para construir un rascacielos, casi encima de la tienda, por cinco millones de dólares. Esas maniobras legales, a su vez, impedirían que alguien más pudiera demoler Tiffany's después y construir otra torre que bloqueara las vistas panorámicas desde la mía.

Luego obtuve los permisos de rezonificación. Por alguna razón, para hacer estos trámites, era indispensable contar con la aprobación para poseer los derechos aéreos, pero el señor Hoving, ejecutivo de Tiffany's a cargo de ese asunto, se había ido de vacaciones un mes. Dijo que me contactaría a su regreso. Si bien había una buena cantidad de trabajo que podía realizar durante ese mes, era imposible seguir adelante sin saber si me habían otorgado los derechos o no. Por suerte, a Hoving le agradó mi idea, me dio su palabra de que los tendría y la cumplió.

Luego surgió otro requisito en cuanto a zonificación, que le exigía al desarrollador un mínimo de diez metros de espacio abierto atrás del edificio y, debido a eso, a menos de que compráramos un fragmento del otro terreno que estaba junto a Tiffany's, tendríamos que cortar el jardín trasero del edificio que habíamos diseñado. El terreno le pertenecía a Leonard Kandell, un hombre que no tenía el menor interés en vender.

Por suerte encontré una cláusula en los contratos del acuerdo con Tiffany's en la que se les otorgaba la posibilidad de comprar la propiedad de Kandell dentro de cierto tiempo, sólo porque era adyacente a la joyería misma. Luego volví con Hoving de Tiffany´s para preguntarle si podría aceptar que yo adquiriera esa opción de compra sobre la propiedad de Kandell como parte del trato que tenía con ellos. Hoving estuvo de acuerdo, pero Kandell argumentó que esa opción le pertenecía a Tiffany's y no era transferible. Tal vez estaba en lo cierto.

Entonces me percaté de que, tal vez, yo podría demandarlo para cuestionar sus argumentos, y le expliqué a Kandell que había posibilidad de entrar a un proceso legal pero, como ninguno de los dos quería involucrarse en algo así, llegamos a un acuerdo que nos convino a ambos. Kandell estuvo de acuerdo en extender mi contrato de 20 a 100 años, lo cual me daría tiempo suficiente para que el proyecto fuera financiable y eliminar cualquier posibilidad de prohibición en cuanto a rezonificación. Por suerte, Hoving y Kandell se comportaron como caballeros, y yo tuve una suerte enorme al poder hacer tratos con ellos.

Las negociaciones con Kandell tomaron, de hecho, sólo media hora, por lo que esa parte fluyó bien; no obstante, debes considerar que antes de eso pasaron tres años para que mis solicitudes tuvieran respuesta. Durante todo ese tiempo estuve construyendo la Torre Trump en mi mente. Nunca perdí el enfoque de lo que quería hacer y, por lo tanto, mis planes siempre fueron precisos y vívidos.

En el tiempo que pasé armando el rompecabezas para construir la torre, con frecuencia recordé a Robert Moses, importante figura en la historia de la ciudad de Nueva York. Él solía decir: "No se puede hacer tortilla francesa sin romper el cascarón de los huevos". Yo sabía que todavía me quedaban varios cascarones más por romper.

Saga de la Torre Trump: Parte II

El terreno en donde quería construir la Torre Trump le pertenecía a Genesco. Bonwit Teller, la famosa tienda departamental, estaba ahí. Por suerte, soy un buen negociador. Necesité mucha experiencia para cubrir todos los requisitos de construcción. Genesco y yo mantuvimos nuestro trato en secreto durante algún tiempo, y esperábamos poder firmar los contratos en unos cuantos meses más. Pero entonces, surgieron noticias. De repente había una serie de compradores importantes interesados en Genesco. Entre ellos, algunos inversionistas árabes muy ricos del ámbito petrolero. De la misma repentina forma, supe que Genesco quería salirse del trato.

¿Recuerdas todas esas cartas que escribí durante tres años? Le llegaban a un hombre de Genesco llamado Jack Hanigan. Por suerte, él me había enviado una especie de carta-compromiso de una cuartilla. Entonces le hice saber a Genesco que, si no respetaban el trato, los demandaría legalmente y que, con eso, retrasaría cualquier intento de su parte por venderle a alguien más el terreno en donde estaba Bonwit. En realidad, no estaba seguro de que la carta los obligara legalmente a algo pero, al menos, corrían al riesgo de que me convirtiera en un tremendo dolor de cabeza para ellos. Además, para ese momento ya había demasiado en juego como para andarse con suposiciones.

Con frecuencia Robert menciona el factor riesgo que implica ser empresario. Pues lo que sucedió después en la historia de la torre, es un buen ejemplo de ello. Recibí una llamada del periódico *New York Times*. Ya se habían enterado del trato que tenía con Genesco respecto al edificio de la tienda Bonwit. A pesar de que habíamos buscado guardar el secreto, supe que había llegado el momento de hacer algún movimiento porque la gente de Genesco se estaba echando para atrás. Le dije al reportero que habíamos llegado a un acuerdo, que mi plan era construir la torre en donde estaba Bonwit, y que la tienda cerraría en unos cuantos meses. Supuse que con eso le añadiría un poco más de presión a Genesco. Era obvio que el asunto había crecido bastante. A la mañana siguiente apareció el artículo y, en cuanto eso sucedió, todos los empleados de Bonwit fueron a otras tiendas a buscar empleo. Entonces Bonwit tuvo problemas para continuar operando y, cinco días después, yo ya había firmado el contrato con Genesco. Como ya mencioné, en los negocios también puede haber un intenso combate, y no estaba bromeando. Para construir la torre yo estaba dispuesto a romper muchos cascarones.

Pasó el tiempo, presenciamos varias batallas, ¡y ni siquiera habíamos comenzado la construcción de la Torre Trump todavía! Creo que conocer algunas anécdotas te servirá para ver el nivel de enfoque requerido y para darte cuenta de que se debe luchar bastante para que los proyectos avancen. Tal como dijo Robert, la vida no es fácil, y si te convences de lo contrario, no vas a llegar a ningún lugar y, además, vas a ser bastante infeliz.

Todo empresario enfocado con seriedad en lo que hace y en lo que quiere lograr, aprenderá lo indispensable para ganar en el campo de batalla que conocemos como "negocios". Así que prepárate para levantar el rostro y arriesgarte cuando sea necesario. Actualmente, cada vez que la gente voltea hacia la Torre Trump, contempla su belleza y, a mí, eso me da gran satisfacción. Yo también puedo ver lo hermosa que es, pero, ciertamente, nunca olvidaré el infierno que atravesé sólo para comenzar a construirla. Estoy seguro de que valió la pena.

En vivo desde Nueva York... ¡Es Saturday Night!

El enfoque puede llegar de distintas formas; también desde el riesgo. Recuerdo aquella vez que fui anfitrión del programa *Saturday Night Live*, hace algunos años. Estaba muy consciente de que yo no era comediante profesional, pero me pareció que sería muy divertido participar, que representaría un reto y, ciertamente, un riesgo. De la misma manera que cuando estaba tomando la decisión de hacer *El aprendiz*, sabía que convertirme en una nueva personalidad de televisión implicaría ventajas y desventajas. De todas maneras me arriesgué y también participé en *Saturday Night Live*. Mi enfoque fue hacer un buen trabajo y divertirme. Estaba decidido a realizar mi mejor esfuerzo.

Aceptar mi participación en el programa fue una cosa, pero luego, consideré que se trataba de una emisión *en vivo*, y que no se editaría. Si mi actuación resultaba un desastre, millones de personas lo verían y yo no tendría una segunda oportunidad, ni red de protección. También tenía que ensayar y presentar varios números de comedia o *sketches*, lo cual significaba que debía enfocarme al cien por ciento y, por si fuera poco, estaría a merced de la adrenalina. Estaba acostumbrado a presentar mi propio material como conferencista y *El aprendiz* es un programa sin guión, por lo que el territorio al que me enfrentaba era verdaderamente nuevo.

El martes anterior al fin de semana en que se realizaría el programa, me reuní una hora con el equipo de escritores de Lorne Michael. Tina

Fey es la directora del equipo y, entre todos, propusieron conceptos e ideas para los *sketches*. Para el jueves ya estaban escritos y los leímos. Entonces me percaté de la rapidez y eficiencia con que trabaja el equipo.

La gente del show me presentó interpretando varios personajes satíricos: un tecladista, un hippie, un abogado, uno de los personajes de *El príncipe y el mendigo*, junto con Darrell Hammond, y como el vocero de "La casa de las alitas de Trump", *sketch* en el que aparecían varios pollos cantando. Para éste utilicé un traje de poliéster amarillo. El programa, sin embargo, siempre comienza con un monólogo, el cual define el tono y el criterio sobre lo que será gracioso, como en el caso de los comediantes que improvisan. Y como todo mundo sabe que se trata de algo difícil, entonces me pregunté: "¿Y qué pasa si no soy gracioso?", y comprendí que me había metido en algo más complicado de lo que pensaba. Además, tenía que enfocarme en los diálogos de los *sketches*, los cambios de disfraces, los escenarios y los diversos equipos de actores.

El viernes antes del show salí al *set*. Ahí estaban todos los tramoyistas y carpinteros muy ocupados trabajando; les dije: "¿Qué estoy haciendo aquí? Debería estar construyendo, como ustedes. Ése es un trabajo que conozco bien". Sentí que me había puesto al frente de las trincheras y que más me valía tener un buen plan para lo que sucedería al día siguiente por la noche.

Cada programa de *Saturday Night Live* es un verdadero maratón para todos los involucrados. Tuvimos ensayos todo el día y, temprano por la tarde, hicimos todo el programa con un público en vivo de trescientas personas. A esa presentación sólo la tomaron en cuenta como un "ensayo general con vestuario". El ensayo general también sirve para decidir cuáles *sketches* sí se presentarán, y cuáles no. Los números que gustan más al público son los que casi siempre se quedan pero, de todas maneras, yo no podría saber cuáles *sketches* se presentarían en el *show* en vivo, ni el orden, sino hasta sólo media hora antes de que comenzara el programa.

Uno de mis números preferidos, en el que aparecía como un novelista romántico, fue sacado y, además, tuve que aprenderme en cinco minutos la letra de una canción que se les ocurrió añadir de último momento. A pesar de todo, el verdadero desafío fue cumplir la orden nueva en casi nada de tiempo y prepararse para lo que viniera. Sabía que la adrenalina corría por mi cuerpo y, por lo tanto, tuve que enfocarme mucho hasta el final.

Una de las ventajas es que todo el personal de *Saturday Night Live*, de los escritores a los camarógrafos, de los vestuaristas a los actores, son profesionales de altísimo nivel. Todos fueron muy amables y, con mucha gentileza, me llevaron hasta donde tenía que estar para entrar y salir del set. Para cuando llegó el momento de hacer el programa, ya estaba muy emocionado. Encendí la televisión en mi camerino para ver algo de golf y relajarme. Todo saldría bien porque estaba enfocado y quería que todo mundo se divirtiera.

Y eso fue lo que sucedió. Ni siquiera me molestó usar el traje de poliéster amarillo y bailar y cantar con los pollos. De hecho, ése fue mi *sketch* favorito. La noche fue una buena lección y se convirtió en un recuerdo maravilloso. El poder del enfoque fue de gran ayuda en ese caso y, ¿qué si me da gusto haber corrido ese riesgo? Claro que sí. Puso a prueba mi concentración y me generó un enorme respeto por todas las personas que trabajan en el programa y en la televisión en vivo en general.

Creo que el gusto por el riesgo corre por mis venas o, al menos, el gusto por los grandes desafíos. Desde que era niño supe que quería construir rascacielos. De hecho, lo hacía con mis cubitos de juguete, y luego tomaba prestados los de mi hermano para que los edificios fueran más altos. El problema era que los unía con pegamento y, por eso, él nunca podía recuperar los suyos. Definitivamente, la construcción de rascacielos fue mi meta desde pequeño.

El edificio Trump International Hotel & Tower de Nueva York ha recibido muchos premios, incluyendo el codiciado Mobil Five-Star Award. También es reconocido como el hotel número uno de Nueva York, pero poca gente conoce su historia, la cual resulta muy interesante porque es un ejemplo del enfoque puesto en acción. En algún momento mi oferta para comprar el edificio estuvo a punto de ser rechazada, y eso fue incluso mucho después de un prolongado y arduo proceso en el que traté de adquirirlo.

El predio albergaba en ese entonces al edificio Gulf and Western/Paramount. Era un edificio de oficinas que le pertenecía a General

Electric. Cuando yo me quedé a cargo, en 1995, era una de las pocas torres altas en el West Side. Se construyó a principios de los sesenta, antes de que las leyes de zonificación prohibieran una construcción de esas dimensiones en aquella área.

Yo sabía que el edificio tenía algunos problemas antes de comprarlo. Uno de los más notorios era que tendía a inclinarse con el viento y a flexionarse en la parte superior. Ni siquiera se necesitaba de gran fuerza: con vientos de 25 kilómetros por hora, bastaba. En los días de clima más ventoso, los elevadores dejaban de funcionar y la gente que trabajaba ahí se quejaba de que el movimiento le causaba mareos. Es cierto que los edificios deben tener algo de flexibilidad, pero aquello era una locura. Además estaba lleno de asbesto, un material cancerígeno que, evidentemente, debía ser retirado. Como si eso no hubiera sido suficiente, la cortina exterior estaba fabricada con vidrio y aluminio baratos.

En cuanto me enteré de que el edificio estaba a la venta, llamé de inmediato a Dale Frey, uno de los propietarios. Tal vez te preguntes por qué estaría yo interesado en comprar un edificio con fallas tan graves. La verdad es que me interesaba porque tenía techos muy altos y porque la estructura era clásica. También sabía que con las leyes de zonificación vigentes, si llegaban a demolerlo, sólo podría ser reconstruido con 19 pisos en lugar de los 52 que ya tenía.

Muchos otros desarrolladores también mostraron interés, por lo que solicité una reunión. También comencé a hacer una investigación para saber qué tanto podíamos salvar. Asigné a gente muy capacitada esa tarea, y se descubrió que sería posible fortalecer la estructura. Eso significaba que podríamos mantener intactos sus rasgos más atractivos, como los techos altos, tan apropiados para edificios residenciales. Además, su ubicación, a la derecha de Central Park en Columbus Circle, lo hacía perfecto para venderse como edificio residencial de lujo.

Obviamente nuestra investigación fue bastante completa y General Electric reaccionó bastante bien a todo lo que presenté. Por eso me sorprendió mucho que Dale Frey me llamara para avisarme que el edificio sería subastado. Solicitaron que participaran las agencias de bienes raíces más importantes del país y, a pesar de la presentación tan minuciosa que yo había hecho, sólo me dijo que, si así lo deseaba, podía unirme al grupo de ofertantes. ¡Eso era como empezar otra vez de cero! Me sentí muy molesto y desalentado, ¿pero cuáles eran mis opciones? Definitivamente, seguía interesado, así que me tragué mi orgullo y me lance de lleno... una vez más. Tomé el tiempo que tenía y trabajé en una presentación tremendamente pormenorizada, y con una investigación muy minuciosa. Me aseguré de que cubriéramos cada pregunta y cada ángulo de forma extensiva. Si creía que ya nos habíamos esforzado, pues estaba equivocado. En esa ocasión trabajamos exhaustivamente, y mucho más. Tomamos en cuenta la rentabilidad de la propiedad y muchísimos otros detalles como el de las placas de asbesto, ¿recuerdas? Pues ése, en particular, requeriría una solución muy costosa.

A pesar de que sabía que al principio causaría una buena impresión, no quise confiarme en la buena voluntad de nadie. Cuando Robert habla de combate y de aquellos soldados que siempre vuelven por más, me identifico muy bien con el ejemplo. Yo volví por más y lo hice con gran estruendo. Fui furioso en mi enfoque.

No recuerdo bien cuánto tiempo pasó, pero después de la presentación, General Electric me llamó por fin. Estamos hablando del poderoso grupo GE al que pertenecían Jack Welch, Dale Frey y John Myers. Habían decidido aceptar mi propuesta y, como era de esperarse, me sentí muy orgulloso. El enfoque me recompensaba de nuevo.

Según nuestro plan, cuando comenzáramos a remodelar el edificio lo haríamos a partir de la estructura de acero exclusivamente. Eso fue en 1995. Philip Johnson era el arquitecto, y trabajaría en equipo con Costas Kondylis & Associates. Con eso me aseguraba de que el resultado fuera elegante y contemporáneo. También decidimos hacerlo hotel-condominio porque, en aquel tiempo, el concepto de los edificios de usos combinados resultaba innovador. No obstante, yo lo hacía más que nada porque mi sentido común así me lo dictaba. Desde entonces, ese formato se ha replicado en todo el mundo. Ha tenido muchísimo éxito y puede servirle a los empresarios como un ejemplo de las ventajas de hacer uso del sentido común. Recuerda que el sentido común te puede ahorrar muchísimo tiempo y conducirte a ideas bien fundamentadas.

La historia es prueba de que, si lo intentas una vez, entonces debes volver a hacerlo. Mantén tu enfoque justamente en donde debe estar:

en ganar. Fue de esa manera que el edificio Gulf and Western/Paramount se convirtió en el hotel número uno de Nueva York, y el Trump International Hotel & Tower en el número uno de Central Park West.

Actualmente tengo muchos campos de golf, pero ahora te voy a contar una historia especial que va de la mano con el Trump National Golf Club de Los Ángeles. La anécdota complementa bien este capítulo porque tiene mucho que ver con los objetivos, el enfoque y la visión. El campo de golf del que te hablo compite en belleza con Pebble Beach. Está frente al Océano Pacífico y es espectacular de verdad. Sin embargo, el problema que tuve para adquirirlo, fue proporcionalmente enorme: el hoyo 18 se había deslizado hasta el mar, lo cual dañó bastante los tres hoyos adyacentes. Este campo de 18 hoyos ahora sólo tenía 15 y necesitaba una rehabilitación impresionante; además, los propietarios estaban en bancarrota. Yo sabía que sería una labor titánica, pero quería convertir el campo en lo que imaginaba que podía ser. Le veía potencial y sabía que, a pesar de que tendría que aprender algunas lecciones en el camino, no podía irme y dejarlo atrás.

Pague 27 millones por el campo de golf. Eso incluía el terreno y la casa club. En un artículo de la revista *Fairways and Greens* se habló del trato, y se describió al hoyo 18 como "La zona cero más 61 millones" porque es lo que costaría reparar el daño que había ocasionado el deslizamiento de tierra que involucraba 17 acres de terreno. Por si fuera poco, las líneas del agua bajo la calle, habían cedido, situación que provocó un desastre mayor.

La reconstrucción del campo implicaba que se debería diseñar una capa estructural extendida por el acantilado hasta la playa, una serie de muros construidos con roca Palo Verde, y una plataforma de acero como refuerzo cada tres metros. Sería un procedimiento bastante complicado, y 61 millones de dólares eran demasiado para rescatar un hoyo. Sin embargo, yo quería que se hiciera y que se hiciera bien, y esa actitud me permitió omitir las dudas surgidas en aquel prolongado y arduo proceso.

Por otra parte, también tenía la opción de elegir entre reparar el hoyo 18 y mantener el campo como era originalmente —lucía muy bien, debo decir—, o volver a diseñarlo por completo y hacer que quedara fabuloso. Como ya habrás adivinado, escogí que quedara fabuloso, aunque el costo sería de unos 265 millones de dólares (incluyendo la reconstrucción del hoyo caído). Quise hacerlo a pesar del precio porque de esa manera el campo se vería tan bello como podía y debía ser.

Yo quería cascadas, una zona de prácticas, y granito triturado para las trampas de arena. Pete Dye, una de las leyendas en el diseño de campos de golf, hizo algo de su magia. Todo era de primera clase y costoso. Por lo general sucede así con los artículos que tienen una calidad superior pero, si no usáramos ese tipo de artículos, Trump no sería mi marca. El Trump National Golf Club es de una belleza asombrosa y se ha convertido en un éxito tremendo. ¿Por qué? Porque era la visión que yo tenía y porque me enfoqué durante todo el proceso.

El hecho de tener una visión para algo, puede significar contar con una fuerza muy poderosa para lograrlo. Asegúrate de que tu visión se mantenga intacta. Verte a ti mismo como un campeón significa un primer paso muy importante, y, por lo tanto, es una sensación que debería acompañarte para siempre. Quienes perseveran y se arriesgan, son quienes tienen la oportunidad de desarrollar el toque de Midas. Y lo más importante: nunca te des por vencido. Tampoco te olvides de tomar en cuenta la curva estadística del aprendizaje. Trata de aprender algo nuevo cada día. Es lo que yo hago.

Desglose: Enfoque

La gran prueba para todo empresario consiste en averiguar lo siguiente: ¿Puedes perseguir un solo objetivo hasta tener éxito? Aun cuando la situación se torne muy difícil, a nosotros nos ha sucedido, ¿puedes mantenerte enfocado en lo correcto? Muchos empresarios débiles terminan diciendo: "Esto no funciona", y luego se enfocan en algo más. Es porque no tienen el toque de Midas.

Los líderes tienen visión y ésta es la capacidad para mirar hacia el futuro. Los empresarios son distintos porque necesitan algo más que visión: requieren de enfoque. Lo que estamos diciendo es que los empresarios deben ser capaces de ver hacia el futuro y, además, convertir esa visión en realidad rentable. Ya te darás cuenta de que muchos empresarios, nueve de cada diez, fracasan a pesar de su gran visión. Fallan porque carecen del poder para convertir lo que ven en un negocio que genere ingresos. Fíjate en la enorme cantidad de compañías dedicadas hoy a producir software gratuito para aplicaciones (las famosas *apps*). Son gente que puede ver el potencial que tienen sus productos, pero no sabe cómo hacer que esa visión se convierta en un negocio rentable. Algunos trabajarán con ahínco y llegarán a tener éxito, pero la mayoría, no.

Las anécdotas que hemos relatado deberían forzar a todos los empresarios a preguntarse: ¿Qué tan desarrollada está mi habilidad para tener enfoque (o FOCUS, Persigue un solo objetivo hasta tener éxito)? Tómate unos minutos y contesta las preguntas de la siguiente prueba de autoevaluación:

- ¿Cuánto tiempo puedes continuar esforzándote si la situación se torna difícil?
- ¿Con cuánta facilidad te distraes?
- ¿Qué tan sencillo te resulta vender tus ideas a otros?
- ¿Puedes convencer a otras personas de que inviertan tiempo y dinero en una simple visión, en algo que no existe?
- Piensa en algunos proyectos desarrollados a partir de la nada.
- ¿Qué tan preparado estás para el mundo de los empresarios?
- ¿Puedes continuar trabajando aun cuando dudas de ti mismo?

Sin enfoque es casi imposible tener éxito en algo, sin importar lo que sea. Piensa en el golf. ¿Cuántos excelentes golfistas aficionados conoces que puedan tirar, de vez en cuando, encima de los 60 y apenas por arriba de los 70 golpes? No a muchos, pero seguramente conoces a un par. Lo más probable es que esas personas tengan una habilidad natural y vayan al campo de golf varias veces a la semana, pero lo que los separa de los profesionales es el enfoque. Los golfistas profesionales tienen tanto enfoque que, cuando se están alistando para golpear la pelota, pueden visualizar mentalmente cómo se eleva. Con frecuencia, cuando potean, incluso "ven" en el *green* la línea que se traza entre el hoyo y la pelota, a pesar de que dicha línea sólo está en sus mentes. La diferencia entre los golfistas aficionados y los profesionales es la habilidad de estos últimos para que la pelota real describa lo mismo que la pelota que aparece en la visión del golfista cuando la ve elevarse o rodar hasta un hoyo. Los empresarios deben desarrollar ese mismo poder de enfoque en el juego de los negocios.

El dedo índice es el más cercano al pulgar por una razón: necesita la fuerza emocional del pulgar para maximizar su poder. El pulgar brinda a los empresarios la fuerza para mantenerse de pie. El dedo índice los mantiene enfocados en consolidar una visión. La gente que tiene visión pero carece de la fuerza del pulgar, no logra sus objetivos. Además, tener visión sin respaldo, sólo conduce a sueños, ilusiones e, incluso, alucinaciones. Seguramente conoces personas que han caído en esto.

¿En dónde está tu enfoque?

La escuela es el lugar ideal para enseñarnos a participar en el mundo real como empleados. De hecho, los chicos asisten a la escuela para que el sistema los programe y les enseñe que deben enfocarse en obtener un trabajo en cuanto salgan de la preparatoria o la universidad. Por eso muchos padres dicen a sus hijos: "Debes estudiar para que después consigas un empleo bien pagado". O tal vez los maestros les advierten: "Si no sacas buenas calificaciones, no tendrás un buen empleo". Incluso llegamos a verlo y escucharlo en los medios de comunicación. Por eso muchas personas se enfocan en llegar a ser empleados: enfermeras, policías o ejecutivos en alguna empresa. Algunos estudiantes con las mejores calificaciones eligen carreras muy bien pagadas, como medicina, leyes, ingeniería o contabilidad. Sin embargo, la idea de tomar otro camino ni siquiera les cruza por la cabeza porque, a menos de que sus padres u otros miembros de la familia sean empresarios, muy pocos se enteran de que esa opción existe. Sencillamente no piensan en ella.

El Cuadrante del flujo de efectivo redefine el enfoque de la gente:

El padre pobre de Robert fue un maestro que en repetidas ocasiones le recordó que debía enfocarse en obtener un buen trabajo en una compañía grande (es decir que se convirtiera en un E, o empleado), o que tratara de tener buenas calificaciones para que, más adelante, pudiera ejercer como profesionista (o sea, convertirse en un A muy bien pagado. Recuerda que A significa autoempleado o profesionista.

El padre rico de Robert, en cambio, le sugirió enfocarse en establecer su propio negocio (D) y en invertir (I). El padre de Donald lo motivó más o menos de la misma manera y, por ello, nunca quiso trabajar para alguien más. Ni siquiera lo consideró una opción. Su enfoque estaba en hacer negocios (D) y en invertir (I) a un nivel muy alto, desde el principio.

Entonces, ¿qué significa todo lo anterior? Pues que no resulta sorprendente que tantos empresarios fracasen en sus intentos. Finalmente, fueron educados y entrenados en la escuela para convertirse en empleados y, en el caso de los más "inteligentes", para ser especialistas. Piénsalo bien: a casi todos nos educaron así. Nadie nos preparó para pertenecer a los grupos D o I.

Ahora vamos a definir E, A, D e I con más detalle, y podrás notar que en algunos cuadrantes resulta muy difícil tener éxito en los negocios, especialmente si lo que deseas es ser un empresario con el toque de Midas.

La E significa EMPLEADO. Los empleados pueden ser cualquier cosa, desde intendentes hasta recepcionistas de una organización, gerentes o directores ejecutivos. Los empleados buscan un "trabajo seguro y con prestaciones". Es la definición de la "estructura mental del empleado", y dicha estructura provoca que se concentren en la garantía que implica pertenecer a una nómina, les paguen constantemente, asegurarse algo de tiempo libre, prestaciones y que los asciendan de puesto.

Problema: Es difícil convertirse en empresario enfocado si tu estructura mental continúa fija en el cheque quincenal de nómina y en la seguridad a futuro. Dadas las lecciones que aprendimos en la pasada recesión y durante otros descalabros económicos recientes,

¿qué tan seguro y constante crees que será tu pago de nómina ? ¿No será acaso otra ilusión ?

La A significa AUTOEMPLEADO, DUEÑO DE NEGOCIO PEQUEÑO O ESPECIALISTA. Cuando la mayoría de la gente renuncia a su empleo y comienza su propio negocio, casi siempre se mueve al cuadrante A. Son personas que lograron modificar con éxito su enfoque y pasaron del cheque constante de nómina, la seguridad y las prestaciones (enfoque en E), a ser su propio jefe y hacer las cosas de la manera que a ellas les gusta. El mantra de casi todos los que trabajan en A, es: "Si quieres que salga bien, entonces tienes que hacerlo tú mismo".

Robert siempre dice que A también significa "avezado", y por eso, muchos doctores, abogados y contadores se convierten en los típicos habitantes con buenos ingresos del cuadrante A. Otros profesionales, que comúnmente viven y se desempeñan en ese cuadrante, son corredores de bienes raíces, consultores para corporaciones, restauranteros, propietarios de salones de belleza y quienes tienen su negocio en casa. Una de las razones por las que la gente del cuadrante E nunca se mueve a A, es porque este cuadrante no garantiza un cheque constante ni prestaciones.

Problema: En el cuadrante A, cuando la gente deja de trabajar, también deja de ganar dinero. Los E disfrutan de algunos días libres pagados; se pueden enfermar o salir de vacaciones y, de todas formas, recibirán su pago de nómina. Los A no tienen ese lujo o, al menos, no al principio. Para lograr que un negocio despegue se requiere de un enfoque diario de 24 horas. Además, no hay garantías. Muchos nuevos empresarios pasan años sin disfrutar de tiempo libre. Otro problema es que las personas del cuadrante A pagan los impuestos más elevados en comparación con la gente de los otros tres cuadrantes. Quienes pagan la mayor cantidad de impuestos, en segundo lugar, son los E.

La D significa DUEÑO DE NEGOCIO GRANDE, con más de 500 empleados. La gente del cuadrante D es la que, por lo general, paga menos impuestos, si es que acaso llega a pagarlos. A diferencia de los A que prefieren hacer todo el trabajo por sí mismos, los empresarios de D buscan personas confiables que puedan realizar distintas labores por ellos. Siempre buscan a la gente que es excelente en su campo, porque ellos mismos no se consideran necesariamente excelentes en todos los ámbitos. Buscan profesionales que puedan hacer lo que ellos no pueden. Se esfuerzan para utilizar el talento ajeno, así como el tiempo de otras personas (OPT, por sus siglas en inglés). Los empresarios del cuadrante D pasan la mayor parte del tiempo buscando al mejor personal entre los cuadrantes E o A, para que esos especialistas los ayuden a operar sus negocios.

Problema: Muy poca gente logra que su negocio crezca lo suficiente para pertenecer al cuadrante D porque dicha posición requiere de habilidades distintas y de un cambio importante de enfoque. El cambio no es sencillo pero, cuando se lleva a cabo con éxito, ante nosotros se puede abrir un mundo de riqueza ilimitada. Debido a esta atractiva posibilidad de ser millonaria, mucha gente trata de pasar directamente del cuadrante E a los cuadrantes D e I. Estas personas creen que pueden saltarse A, pero nosotros estamos totalmente en contra de hacer una transición tan grande.

A pesar de que ambos tuvimos padres ricos que fueron excelentes mentores y modelos a seguir, la verdad es que, cuando empezamos, lo hicimos poco a poco. Luego tratamos de acumular experiencia y movernos gradualmente a los cuadrantes D e I. A los empresarios en ciernes siempre les recomendamos: "Conserva tu empleo actual del cuadrante E, y trata de iniciar un negocio de medio tiempo en el cuadrante A". Con frecuencia favorecemos la idea de organizaciones de calidad en el área de mercadeo de redes. Estas empresas, cuando son confiables, ofrecen a muy bajo costo un entrenamiento sólido para fortalecer las habilidades necesarias en los negocios. También te permiten poner a prueba y afinar tus inteligencias interpersonal e intrapersonal, las dos más importantes para el éxito empresarial.

La I significa INVERSIONISTA. Muchos empleados del cuadrante E cuentan con un plan de retiro incluido en su paquete de prestaciones. En los Estados Unidos, el plan más popular es el que se conoce con el nombre 401(k). La mayoría de los autoempleados del cuadrante A tiene una cuenta individual para el retiro (IRA) u otro tipo de plan diseñado para los propietarios de negocios pequeños. A pesar de que la participación en este tipo de planes implica técnicamente que los E y los A tienen inversiones, eso no los convierte, según la definición de Robert, en inversionistas. Existe una dramática diferencia entre las habilidades de inversionista requeridas para desarrollar tu toque de Midas y las necesarias para poner dinero en un plan 401(k) o IRA. Con estos últimos dos vehículos, tú estás invirtiendo y, con suerte, haciendo algo de dinero con *tus propios recursos*. La inversión con el toque de Midas, por otra parte, se lleva a cabo con el dinero de otras personas (OPM, por sus siglas en inglés). Ahí radica la diferencia, y es lo que separa a los ricos de la clase media. Una de las razones por las que nosotros dos comenzamos nuestros negocios con la adquisición de pequeñas propiedades de bienes raíces, fue para practicar la inversión con el uso de OPM, en este caso, el dinero de los banqueros. Saber cómo pedir dinero prestado para generar más dinero y sentirse cómodo en el proceso, es esencial para que los empresarios desarrollen su toque de Midas en los cuadrantes D e I. Por medio de la práctica, los errores y las lecciones aprendidas, nosotros hemos adquirido las habilidades necesarias para conseguir dinero de alguien más. Sabemos cómo detectar negocios en los que otras personas estén dispuestas a invertir, e incluso, también aprendimos a llevar esos negocios a la bolsa de valores. Ambos hemos usado el dinero de otras personas (OPM) para generar recursos para nosotros y para más gente. Esta habilidad es el sueño dorado de muchos empresarios.

Problema: Por desgracia, a los empresarios que construyen sus negocios en el cuadrante A, les cuesta trabajo reunir capital. Con mucha frecuencia ni siquiera hablan el lenguaje de los negocios pero, incluso si lo hacen, los verdaderos inversionistas del cuadrante I no se inclinan por los negocios del cuadrante A, a menos de que sus dueños estén preparados para expandirse a D. En caso de que así sea, a los inversionistas de I les encantará prestar su dinero o convertirse en socios del negocio mismo. Sin embargo, si el negocio no está listo, lo cual es bastante común, el empresario no tendrá otra opción que pedirle dinero prestado a sus amigos, familiares y al gobierno a través de las instituciones de préstamo para pequeñas empresas. Debido a lo anterior, su capacidad para crecer será demasiado limitada.

En contraste, ¿En dónde crees que los dirigentes de los planes 401 (K) y los IRA invierten los miles de millones de dólares que consiguen a través de los planes de retiro de los E y los A? Adivinaste. Los invierten en los negocios de los D y los I. Dicho de otra forma, los E y los A ahorran dinero en el banco o en una sociedad de inversión. Luego, los D y los I piden prestado ese dinero a través de dichas instituciones, y se hacen ricos con él. Sucede lo mismo con los fondos de pensión tradicionales. A través de esas asociaciones, los E financian muchos de los proyectos de los D y los I.

En cuanto hayas entendido lo que implica cada sección del Cuadrante de flujo de efectivo, verás con mucha facilidad por qué todo empresario debería aspirar a dar el salto a los cuadrantes D e I. Y, por cierto, todo lo anterior es exactamente lo contrario a lo que nos enseñan en la escuela.

Enfócate en el capitalismo

Estados Unidos se enorgullece de ser una economía capitalista. El modelo le ha funcionado por mucho tiempo a nuestro país y, en realidad, cuando tú mismo te enfocas en las habilidades de los cuadrantes D e I, lo que estás haciendo es concentrarte en lo que se requiere para ser capitalista. Los verdaderos capitalistas no trabajan para obtener dinero, más bien utilizan OPT y OPM (el dinero y tiempo de otras personas) para generar más dinero. Al usar el tiempo y los recursos ajenos, las leyes fiscales te brindan más beneficios, en tanto que, a los cuadrantes E y A, los siguen explotando en este aspecto. Esto significa que, cuanto más trabajen los E y los A para ganar dinero, más impuestos van a pagar. Por otra parte, cuando los D y los I utilizan el tiempo y el dinero de otras personas para generar más dinero, reciben más beneficios fiscales. No se trata de ningún truco, es sólo la forma en que nuestro gobierno estimula a la gente para que cree negocios y nuevos empleos.

Tal vez estés pensando ahora: "Espera un minuto, yo conozco a algunos empleados que ganan muchísimo dinero. Mi vecino, el cirujano plástico, se revuelca en billetes", y quizá tengas razón. Es perfectamente posible que los E y los A ganen mucho dinero en sus respectivos cuadrantes pero, como ya lo demostramos claramente, las cantidades fuertes de verdad, la magia económica, la genuina alquimia del capitalismo, la crean los empresarios que se enfocan en desarrollar sus habilidades en los cuadrantes D e I. Cuando piensas en los verdaderos hechiceros del capitalismo, individuos como Steve Jobs, Bill Gates, Richard Branson, Sergey Brin y Mark Zuckerberg, verás que todos ellos construyeron su fama y fortuna en los cuadrantes D e I. Crearon negocios de tamaño descomunal en el cuadrante D, y luego, el cuadrante I los recompensó con una lluvia de dinero por todo su esfuerzo.

¿Tienes un enfoque demasiado estrecho?

Entre más tiempo pasas en la escuela, más estrecho se hace tu enfoque porque comienzas a aprender más acerca de una materia en particular y a especializarte. Ahora piensa lo siguiente: te gradúas de la preparatoria, luego de la universidad y luego de algún posgrado. Con cada título que obtienes, te vuelves más y más especializado. Si eres bueno en matemáticas, tal vez te enfoques en la contabilidad. Si tus cualidades tienen que ver con la lectura y la escritura, tal vez termines en la escuela de derecho y estudies para ser abogado; o tal vez vayas a una escuela de periodismo y llegues a ser periodista o bloguero. Y si acaso eres un genio en ciencias, puedes elegir medicina, y tendrás que estudiar y entrenarte aún más en una especialidad que, al final, al sumar el tiempo, te habrá llevado unos diez años o más. Si lo que te interesa son los negocios, entonces lo más natural, en el mundo de hoy es pensar que debes estudiar una maestría en administración, como mínimo, para poder tener éxito.

Para cuando tienes tu diplomado, maestría o doctorado, ya entraste al grupo de gente que más sabe en el mundo acerca de muy poco. Eres un especialista, es decir, lo contrario de un generalista.

Nosotros, como empresarios, vivimos y respiramos una vida diferente. Sabemos algo acerca de muchos temas, y podemos operar exitosamente en muchos ámbitos. Tenemos la sabiduría del generalista en vez del profundo conocimiento del especialista.

¿No puedes ver el panorama completo?

Estamos mencionando el concepto del generalista *vs* el especialista porque queremos señalar que, cuando te especializas demasiado, resulta muy difícil ver el panorama completo de un negocio. Cuando las personas toman su conocimiento especializado y lo combinan con lo aprendido en la escuela respecto a "obtener un buen empleo", no resulta difícil darse cuenta por qué no les pasa por la mente la noción de hacer un negocio o convertirse en inversionistas. Estas personas están demasiado ocupadas viviendo y trabajando en los cuadrantes E y A para siquiera concebir que D e I existen. Se pierden una noción más completa. Si esta descripción te queda, entonces debes sentirte afortunado porque, aunque eres como la mayoría de las personas, al menos, ahora tendrás una visión más amplia.

Cómo aplica lo anterior a los empresarios

Lo que hemos tratado de transmitir con nuestra experiencia es que los empresarios con el toque de Midas son generalistas que encuentran y contratan a los mejores especialistas para que realicen un trabajo. Como generalistas, les ayudan, tanto a los especialistas como al negocio, a hacer que todos prosperen.

El Triángulo D-I ilustra los ocho elementos integrales de un negocio. Los empresarios con el toque de Midas, es decir, los generalistas, deben trabajar en la construcción del perímetro de este triángulo y contratar especialistas para que trabajen dentro del triángulo.

Estamos hablando de la persona que, por ejemplo, tiene una receta maravillosa para preparar galletas con chispas de chocolate. A todos les encantan y, como quieren comprarlas, la cocinera decide iniciar su negocio. Ella las hornea muy bien, pero no está preparada para hacerse cargo de la contabilidad, las ventas, el *marketing* y los asuntos legales

—todos elementos importantes de un negocio— y, por lo tanto, deja de disfrutar su trabajo. Lo único que quiere es seguir horneando galletas pero, de pronto, ya no es sólo una cocinera. Se tiene que convertir en contadora, abogada y distribuidora, además de hacer otras cosas que, por cierto, no le salen muy bien. Sucede lo mismo con una contadora que abre un despacho y descubre que también debe ser publicista y representante de ventas. O al abogado que se enfoca demasiado en los aspectos legales del negocio y, por eso, limita el crecimiento del bufete mismo. Creo que ya me entiendes. Independientemente de lo inteligente que seas o de lo bien que te haya ido en la escuela, es casi imposible "hacer todo bien" y, por eso, los negocios fracasan.

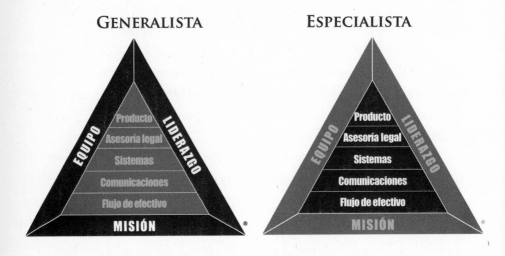

Este diagrama muestra con claridad por qué nueve de cada diez negocios fracasan. Se debe a que a los E y los A que migran hacia los cuadrantes D e I, los terminan abrumando los ocho elementos integrales del triángulo.

Nosotros dos aprendimos a vivir y a trabajar en el perímetro del triángulo gracias a que asistimos a escuelas militares. Ahí conocimos lo necesario respecto al liderazgo. Ese tipo de entrenamiento le sienta muy bien al empresario porque tiene que definir una misión, formar al equipo, inspirarlo y, por supuesto, guiarlo. La escuela militarizada nos enseña a trabajar en los elementos integrales exteriores del triángulo, y la escuela tradicional a vivir y trabajar en los elementos interiores.

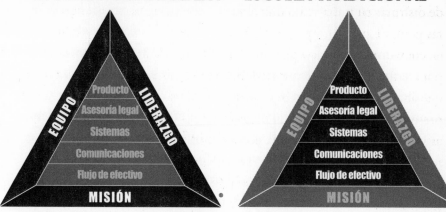

ESCUELA MILITARIZADA

Producto
Asesoría legal
Sistemas
Comunicaciones
Flujo de efectivo
EQUIPO
LIDERAZGO
MISIÓN

ESCUELA TRADICIONAL

Producto
Asesoría legal
Sistemas
Comunicaciones
Flujo de efectivo
EQUIPO
LIDERAZGO
MISIÓN

Los tres elementos que forman la estructura del negocio

Entonces, ¿cuáles son exactamente las aptitudes que aprendimos en la escuela militarizada? Las siguientes definiciones, que escribimos basados en la experiencia, te darán una idea. Vamos a analizarlas:

Misión

La misión es la razón espiritual de existir del negocio. Lo primero que te enseñan en la escuela militarizada es la importancia de la misión. Y si lo piensas tiene mucha lógica. Los misioneros religiosos tienen una y se enfocan en ella. Las empresas, por desgracia, no reconocen su importancia. Con frecuencia crean frases insulsas y poco inspiradoras, y por eso pierden la tremenda oportunidad de definir el propósito espiritual del negocio.

Equipo

Algunas personas piensan que la escuela militarizada enseña a los jóvenes a seguir a otros, a conformarse y a obedecer órdenes. Nosotros dos entendemos que la capacidad de seguir órdenes es, en realidad, la capacidad de enfocarse, y cuando todos los integrantes aprenden a enfocarse, entonces ya tienes las bases de una organización excelente. En la escuela militarizada el trabajo en equipo no es sólo una materia más, es un estilo de vida que se debe practicar cada minuto, todos los días.

En contraste, las escuelas tradicionales promueven lo contrario. Tal vez existe un elemento de trabajo en equipo en el caso de los deportes pero, ciertamente, en el salón, todos compiten para obtener las mejores calificaciones. Ahí cada alumno está por su cuenta; es un sistema de ganadores y perdedores, donde los estudiantes con las mejores calificaciones y, hasta cierto punto, los que están un poco debajo de ellos, les dan una paliza a los mediocres y a los que siempre reprueban. Incluso si se forman grupos de estudio en los que los estudiantes cooperan y aprenden juntos, cuando llega la hora de los exámenes, el equipo se desarma y todo vuelve a ser una competencia. Trata de "cooperar" en un examen, ¡y te acusarán de estar copiando!

En el ámbito militar, la cooperación en los equipos es esencial para la supervivencia. En los negocios, también es fundamental porque en este mundo no se puede lograr gran cosa por uno mismo, y eso incluye el problema de sobrevivir y tener éxito. Es por ello que, irónicamente, en lugar de fomentar la cooperación, las escuelas fomentan la competencia. Los empleados entran a la fuerza de trabajo con una estructura mental competitiva que no deja espacio para el trabajo en equipo. Todos compiten por los ascensos, los aumentos, las oficinas más grandes, los títulos más prestigiosos, lo que sea. Uno de los grandes desafíos que enfrentan los empresarios es acabar con la mentalidad competitiva de ganar o perder de los empleados, y remplazarla con un esquema que privilegie el trabajo en equipo. La misión ayuda mucho a conseguir ese objetivo; también el liderazgo sólido.

Liderazgo

En la escuela militarizada, cada vez que obedecíamos y dábamos órdenes, estábamos desarrollando nuestras habilidades de liderazgo. La vida es así en ese ámbito. Quienes no podían hacerlo, al final fracasaban. Era en un ambiente de disciplina y no había excepciones para nadie.

Tal vez ya conoces el dicho que reza: "No hay soldados malos, sólo malos oficiales". Esta frase ilustra la filosofía que se mete en la cabeza a todos los soldados que se convertirán en oficiales militares. El dicho también se puede aplicar a los negocios, porque no hay empleados malos, sólo malos líderes.

Piensa en las compañías para las que has trabajado. Si un negocio tiene problemas financieros, moral baja, productividad y ventas decrecientes, así como gastos en aumento, lo más probable es que se deba a un mal liderazgo. Los verdaderos líderes asumen la responsabilidad del éxito del equipo y entienden que también deben asumir el fracaso en caso de que se presente. Muy a menudo los empresarios culpan a los empleados, a la economía o a sus competidores, del mal desempeño del negocio. Sin embargo, lo primero que hacen los empresarios genuinos, es mirarse a sí mismos para detectar errores y aprender de ellos.

Entonces, ¿estamos diciendo que para aprender de liderazgo debes renunciar a tu empleo, cerrar tu negocio y asistir a una escuela militar? No. El liderazgo, la construcción de equipos y las demás habilidades que inspiran a todos a cumplir la misión, se pueden aprender en muchas otras instancias de la vida. Creo que ya mencionamos el ámbito deportivo. Llegar a ser el capitán de un equipo de la liga local de voleibol o baloncesto, te puede ayudar. También ser el líder de algún comité de tu iglesia, participar en el manejo de una organización profesional o planear un suceso para tu causa preferida. El hecho de colocarte en posiciones de liderazgo te proveerá las habilidades necesarias para trabajar con equipos, lo cual siempre es bueno para los negocios.

Nosotros te recomendamos que tomes un empleo de medio tiempo en algún negocio de mercadeo de redes porque eso te puede ayudar a tener más entrenamiento de liderazgo. Todas las oportunidades anteriores te forzarán a conocer más gente y comunicarte con ella. A muchas personas les resulta bastante difícil hacer eso, pero es un requisito indispensable para todo empresario exitoso. Es mucho mejor tratar de crecer e intentar cosas que te cuestan trabajo cuando no tienes mucho que perder, que cuando tu vida depende de ello. Tal vez descubras que todo este asunto de ser empresario en realidad no sea para ti, pero no te preocupes, no hay problema. Lo que sí debemos advertirte es que las habilidades de relacionarse con otras personas, no son opcionales. Son fundamentales para llegar a tener éxito en D o I.

Aprender a obedecer órdenes también es básico para el buen liderazgo porque, antes de convertirte en un buen líder, debes aprender a seguir a otros. Sólo entonces podrás comunicarte de manera efectiva con la gente que quieres que te siga. Hay muchos A bastante inteligentes que no logran convertirse en D o en I porque no pueden comunicarse bien con los demás. No saben hacer amigos ni construir relaciones. Tal vez puedan interactuar con diez o 20 personas parecidas a ellos, pero no son capaces de manejar a grupos más grandes de gente con distintos tipos de habilidades y antecedentes diversos. Ciertamente se pueden comportar bien en una entrevista con otra persona, pero jamás podrán enfrentarse a cien, mil, ni a un millón. Gracias a nuestro entrenamiento de liderazgo, hemos podido influir en millones de personas en todo el mundo.

Los cinco elementos de la operación del negocio

Los tres elementos integrales en el perímetro del triángulo D-I dan poder a los cinco elementos del interior, que se aprenden gracias a la educación tradicional. Si al menos uno de los elementos integrales del exterior —misión, equipo o liderazgo— no es sólido, entonces los elementos del interior no pueden mantener la forma que deben. Es inevitable que surjan problemas, pero cuando eso sucede, por lo general se producen varios escenarios: los negocios se estancan, tropiezan o van directo al fracaso. Cuando un negocio está en dificultades, es necesario inspeccionar el triángulo porque, casi en todas las situaciones, es posible señalar la fuente del problema en alguno de los ocho elementos.

Producto

Es muy común escuchar a los empresarios novatos decir: "Tengo una gran idea para un nuevo producto". Pero como habrás podido ver en el diagrama del triángulo D-I, el producto ocupa la parte más pequeña. Si bien es cierto que el producto es importante para un negocio, carece de mayor valor como elemento integral. Tal vez esto te sorprenda, pero analízalo bien. El mundo está lleno de buenos productos, muchos de los cuales jamás llegan siquiera al mercado o, si lo hacen, no duran en él. Es innegable que en el mundo hay montones de ideas para crear buenos productos, supongo que hasta tú has tenido algunas. Sin embargo, lo que hace falta son empresarios valiosos que puedan darle vida a esos productos.

La mayoría de los empresarios novatos sólo se enfocan en el producto. Se pasan todo el tiempo afinando sus ideas, e incluso contratan compañías que les prometen asesoría y desarrollo de prototipos. Esa labor requiere de mucho tiempo y dinero y, al final, los prototipos terminan olvidados en cajas que ni siquiera llegan a las tiendas. Un buen empresario sabe cómo convertir una idea en un gran producto por medio del desarrollo del triángulo D-I. El triángulo no es sólo un concepto, es una herramienta que muchos empresarios exitosos han utilizado para darle forma a sus negocios.

No olvides la importancia de la palabra "enfoque" y de aquello en lo que muchas personas se concentran.

Asesoría legal

Robert aprendió muy pronto que un producto no protegido legalmente es un producto de todos, es decir, no te pertenece. Su idea de las carteras de velcro fue copiada una y otra vez. Los contratos legales son importantes porque sirven para proteger derechos. En el caso del negocio de las carteras, los contratos legales habrían protegido la propiedad *intelectual*. En el ámbito de los bienes raíces en el que se mueve Donald, los contratos legales definen la pertenencia *real* de una propiedad, los derechos y las obligaciones.

Cuando se hacen negocios es imposible operar sin contratos legales, son fundamentales para definir y crear productos. Las compañías construyen los bienes que poseen por medio de patentes, marcas registradas, licencias y acuerdos por servicios. Asimismo, todo lo anterior le añade valor y protección al negocio. En caso de que no existan contratos ni un equipo de asesoría legal fuerte en una compañía, siempre habrá confusión, caos e incluso delitos, y todo eso cuesta dinero y debilita al negocio.

Sistemas

Un negocio es un sistema de sistemas. Tiene que ser así porque, de otra manera, ninguno crecería más allá de las capacidades de su fundador y de, tal vez, algunas cuantas personas clave. Si el negocio crece sin los sistemas correspondientes, será cada vez más frágil. Nuestros cuerpos o los autos, por ejemplo, también son sistemas de sistemas. En el caso del cuerpo, ya sabemos que está conformado por sistema esquelético, nervioso, digestivo, endócrino, etcétera. El auto tiene sistemas de frenos, combustible, encendido, eléctrico y escape, entre otros. Todos tienen una función específica, e idealmente trabajan de manera simultánea.

En el caso de los negocios necesitas sistemas de contabilidad, comunicaciones, asesoría legal, distribución en cadena, manufactura, y varios más. El punto es que la compañía, el cuerpo y el auto, dependen de sus sistemas para funcionar de manera eficiente. Basta con que uno de ellos falle para que impida el trabajo o provoque que todo el cuerpo, auto o negocio, colapse. Imagina lo que significa correr kilómetro y medio para una persona que fuma dos cajetillas diarias de cigarros. Ahora imagina cómo sería hacer que creciera un negocio dirigido por contadores que, para ahorrar, se niegan a invertir dinero en publicidad. Si llegara a fallar algún sistema, en cualquiera de los dos casos, el resultado sería desastroso.

Comunicaciones

Los empresarios deben ser muy buenos comunicadores y hablar varios idiomas. Pero cuidado, no me refiero necesariamente a hablar francés, español, alemán o mandarín; estoy hablando de los lenguajes de los negocios. Los empresarios deben conocer el lenguaje legal. También los de contabilidad, bienes raíces, mercadeo, Internet y demás disciplinas que manejan en sus compañías. Asimismo, deben entender y hablar el lenguaje de sus clientes, porque sólo de esa manera podrán entablar conversaciones provechosas y tomar decisiones sólidas.

¿Alguna vez has trabajado para una compañía cuyo líder estaba completamente "perdido" y no tenía ni idea de qué estaban haciendo? Pues ése es un ejemplo de líder que no se tomó el tiempo necesario para aprender a hablar el lenguaje de tu especialidad, y eso es un gran error en los negocios.

Familiarizarse con los distintos lenguajes de los negocios es un proceso igual al de aprender otro idioma. Toma tiempo y práctica; y, de la misma forma en que, para aprender otro idioma, lo mejor es viajar al extranjero e imbuirte en la cultura respectiva, para aprender los lenguajes de negocios también es necesario practicar. Sólo lánzate y comienza a experimentar, a escuchar y a hablarlo. Como líderes que son, los empresarios tienen que motivar a su equipo a promover la comunicación y el entendimiento, dentro y fuera del negocio.

Flujo de dinero o de efectivo

Con mucha frecuencia a este elemento se le denomina "la base" y, precisamente por eso, está en la base del triángulo. El flujo de dinero o de efectivo es similar a la corriente sanguínea en un cuerpo, o al flujo de combustible de un auto. Sin dinero, sangre o combustible fluyendo, negocio, cuerpo y auto, dejan de funcionar. Asimismo, un cuerpo puede tener una hemorragia, el auto una fuga, y el negocio también corre riesgo de sufrir pérdidas. Como si el empresario no tuviera suficiente trabajo siendo líder, también tiene la obligación de asegurarse de que el efectivo fluya a través de los ocho elementos integrales (se le conoce como gasto) y que, de todas formas, la compañía siga siendo rentable.

Para este momento ya habrás comprendido que, con todas estas actividades de alto nivel, los empresarios con el toque de Midas que quieren hacer crecer a sus compañías, no pueden darse el lujo de quedarse empantanados en alguno de los cinco elementos integrales mencionados. A pesar de que tal vez se sientan mejor trabajando en el área de su especialidad, deben actuar como líderes y esforzarse para que los especialistas de las cinco áreas trabajen en equipo. Hay muchas personas con bastante preparación que, a pesar de todo, se niegan a reconocer lo anterior y, por lo tanto, fallan en la actividad empresarial o nunca alcanzan su verdadero potencial. Estas personas no están capacitadas para hablar los ocho lenguajes, creen que su área es la más importante, y no comprenden que las ocho áreas deben trabajar en equipo porque son esenciales para el crecimiento y la rentabilidad de cualquier negocio.

En caso de preguntarte por qué se llaman los "ocho elementos integrales", y no las "ocho áreas", las "ocho especialidades" y algo más, aquí la respuesta: porque la palabra "integración" significa "total y completo". El empresario debe enfocarse en todo el negocio, en los ocho elementos que lo integran, no sólo en el área de su especialidad.

Cómo prepararse

Ser empresario es una tarea monumental y nada sencilla. Entonces, ¿qué puedes hacer para prepararte?

Para empezar, lo más importante es que expandas tu enfoque. En el ejemplo que di en este mismo capítulo, mencioné que, si quieres tener una compañía de galletas, debes expandir tu enfoque más allá de hornear galletas. La mayoría de los empresarios tienen una visión muy estrecha. Tú debes adentrarte en tu proyecto —y en el ámbito de los negocios en general— para estudiar y aprender el lenguaje de los ocho elementos integrales del triángulo D-I. Durante ese proceso aprenderás a hacer negocios de la mejor manera posible: en el mundo real.

Asimismo te recomendamos obtener experiencia antes de comenzar tu propio negocio. Con todo lo que has aprendido acerca de los ocho elementos integrales, consigue un empleo en el cuadrante E y observa cómo funciona el Triángulo D-I. En caso de trabajar para una compañía que no está haciendo bien las cosas, aprenderás incluso más que si trabajaras en una que opera adecuadamente.

Tal vez parezca una locura, pero voltear hamburguesas en un asador de McDonalds es uno de los mejores empleos que puedes conseguir para observar el Triángulo D-I. Esta compañía domina a la perfección los ocho elementos integrales de los negocios. McDonald's tiene uno de los mejores sistemas del mundo. Ya sea trabajando para ellos, o en otro lugar, observa el triángulo, la forma en que los elementos integrales funcionan al unísono. Cuando surge un problema en el negocio, usa el Triángulo D-I como guía y busca identificar las áreas que no funcionan. Después de pasar un año haciendo esto, incluso en un empleo de medio tiempo, tendrás una ventaja importante sobre el empresario que sólo tiene un sueño pero no experiencia en la vida real. Recuerda que no buscas una carrera, sino el mejor campo de entrenamiento. No trabajes para ganar dinero sino para aprender.

Incluso si no trabajas para McDonalds, puedes ir a uno de sus restaurantes, ordenar una Big Mac con refresco y papas, y fijarte cuánto tiempo tarda la comida en llegar a ti, y tu dinero en cambiar de manos. Luego siéntate y, mientras comes, piensa en todo lo que tuviste que hacer para entrar a ese lugar, y luego, en todo lo que tuvo que suceder para que te entregaran el producto. Si puedes construir un negocio, de cualquier tipo, que funcione con tanta eficiencia (es decir que distribuya productos como carne, bollos, papas, refrescos, servilletas, popotes y más materias primas de todo el mundo, y luego te permita combinar todos los elementos para beneficiar al empleado que todavía estudia la preparatoria), entonces habrás desarrollado tu toque de Midas. Habrás ingresado al cuadrante D, algo que muy pocos empresarios logran.

¿Cuál cuadrante es el mejor para ti?

El toque de Midas se puede desarrollar en cualquiera de los cuadrantes. Muchos empleados suben por la escalera corporativa y llegan a tener mucho éxito y satisfacción. Sucede lo mismo en el cuadrante A porque hay profesionales cuyas carreras tienden a ser bastante lucrativas cuando se ejercen, como en el caso de abogados, doctores, consultores o especialistas en negocios pequeños. Tu misión en este momento es enfocarte en el cuadrante más adecuado para ti y pensar: ¿cuál te permitirá cumplir tus sueños? Si te sientes atraído hacia los cuadrantes D e I, entonces ambos tenemos algo para ti. Donald ya cuenta con su tremendo programa, *El aprendiz*. Este show de televisión es como un curso intensivo sobre el Triángulo D-I. El ganador del concurso tiene la oportunidad de trabajar para uno de los empresarios más importantes de todos los tiempos.

Asimismo, la Compañía Padre Rico, la organización de Robert, está desarrollando un ambicioso programa llamado Organización Global de Empresarios (Global Entrepreneurs Organization o GEO). Se trata de un programa de entrenamiento que dura de uno a tres años, dirigido a personas que se toman la actividad empresarial muy en serio y desean adquirir las habilidades necesarias para ingresar a los cuadrantes D e I. En el primer año aprenderás a construir un negocio en el cuadrante A. En el segundo año, o cuando estés listo, aprenderás a expandir dicho negocio hacia el cuadrante D. Y en el tercer año, o nuevamente, cuando estés preparado, aprenderás acerca del cuadrante I.

Obviamente, el programa GEO de Padre Rico no es para cualquier persona porque presenta desafíos e implica una inversión de tiempo y dinero, de la misma forma que sucede con cualquier programa avanzado de entrenamiento. GEO provee maestros, herramientas, entrenamiento y tareas, pero, lo que hagas con ellos, depende de ti. Si tienes una maestría en administración, entonces te habrás dado cuenta de que tu título no te garantiza automáticamente un lugar en la junta directiva. Tienes que ganártelo, así como también se debe trabajar para desarrollar el toque de Midas. Para alcanzar el éxito no hay atajos ni garantías.

Una última reflexión

Todo lo que vale la pena en la vida, se tiene que ganar. Para Robert fue muy difícil ingresar a la escuela de vuelo de la Marina, por ejemplo. Las estadísticas muestran que sólo aceptan a uno de cada 3000 solicitantes. En los dos años que dura el curso, muchos estudiantes fracasan antes de recibir su insignia de alas del Cuerpo de Infantería de Marina, porque no cuentan con el enfoque adecuado.

La transición de piloto de transporte a piloto de combate descrita por Robert, requirió aún de más enfoque. El día que subió a su aeronave, ya equipada con ametralladoras y misiles, comprendió que debía efectuar un cambio. A continuación, él te contará un poco más acerca del proceso:

Después de acostumbrarme a volar un helicóptero artillado en misiones reales de combate, mi instructor ejerció más presión sobre mí. En el penúltimo entrenamiento de vuelo colocó dentro de la cabina un bate de beisbol para niños hecho de plástico. Luego, cuando volaba la aeronave hacia los blancos en el desierto, el instructor comenzó a pegarme con el bate en casco, piernas, brazos y cara. Volteé a verlo y le pregunté gritando: "¿Qué demonios está haciendo?"

"Estás muerto", contestó en tono de burla. "Nos mataste a todos."

"¿De qué está hablando?", pregunté al mismo tiempo que remontaba el vuelo de nuevo sin haber disparado un solo tiro.

"Perdiste el enfoque", me contestó el instructor. "Cualquier persona puede disparar ametralladoras y misiles en el desierto, pero en un mes, cuando estés en Vietnam, los blancos te van a estar disparando a ti también. Este bate de plástico me ayuda a simular lo que se siente que las balas atraviesen la aeronave y la vayan desgarrando. En cuanto golpeé tu casco y la mascarilla, perdiste el enfoque y… nos mataste a todos."

Lección aprendida. Durante el vuelo final con ese mismo instructor, no importó cuán duro me golpeó con el bate de plástico, yo mantuve el enfoque todo el trayecto hasta que di en el blanco y lo destruí con cuatro misiles y una ametralladora, antes de remontar el vuelo.

El juego había cambiado de la misma manera en que mudarse de cuadrante cambia todo para un empresario. No es una transición fácil, de hecho, puede ser muy incómoda porque cada cuadrante exige diferentes tipos de habilidades y equipos, más experiencia y un enfoque mayor. Cuando abandones la seguridad del cuadrante E, debes mantener tu enfoque sin importar los embates. Si sobrevives, continúa concentrado y, en el momento adecuado, esfuérzate por ingresar a los cuadrantes D e I. Ahí encontrarás la riqueza, el éxito y el poder que muy pocos empresarios logran. Lleva tiempo y es bastante difícil; muy pocos tienen éxito pero, si tú eres un empresario genuino, ¿qué otra cosa querrías hacer con tu vida?

Puntos a recordar | Acciones para llevar a cabo

- La especialización no es buena. Puede ser que te hayas especializado demasiado y, si es el caso, esfuérzate por involucrarte en más aspectos de los negocios y de la vida. No tienes que aprender todo, sólo es necesario que te expongas a ellos. Trata de deshacerte de esa tendencia a permanecer en tu zona de comodidad y no permitas que los detalles te abrumen.

- Con frecuencia, mientras más tiempo permaneces en la escuela, más especializado te vuelves. Aprendes más y más acerca de menos y menos temas. Libérate: involúcrate en proyectos diversos, realiza trabajo voluntario y lleva a cabo todas las acciones necesarias para expandir tus horizontes.

- La actividad empresarial favorece a los generalistas. A medida que lees, ves, escuchas y haces más, tu experiencia de vida se incrementa. Debes comenzar a pensar que, saber un poco acerca de muchos temas, te puede favorecer.

- Contrata a especialistas para que lleven a cabo las tareas. Tu trabajo es guiarlos. Utiliza el Triángulo D-I como estructura base para organizar tu compañía y ejercer tu liderazgo. Debes convertirte en un as en lo que se refiere a delegar trabajo dentro del triángulo para que tú puedas llevar a cabo la labor de guiar la misión y al equipo.

- Establece tus objetivos y apunta bien alto. Nunca podrás saber de lo que eres capaz hasta que te enfoques en lograrlo. Pregúntate lo siguiente con honestidad: Si no tuvieras obstáculos, ¿qué tan grande te gustaría llegar a ser? En este mundo tan conectado, ya todo es posible si te enfocas y te das permiso de lograrlo.

- Antes de establecer tu propia compañía, trata de adquirir experiencia. Trabaja para aprender, no para ganar dinero, y estudia a las empresas que implementan el Triángulo D-I de la mejor manera. Analiza por qué a veces las cosas funcionan, y por qué a veces no.

- Conviértete en un empresario que habla muchos lenguajes. Aprende la forma en que se habla en cada ámbito, imbuyéndote de lleno. Eso te permitirá ganar fluidez en poco tiempo y te ayudará a ser un mejor líder, uno que puede asesorar y guiar a otros a cualquier nivel dentro de la compañía.

EL DEDO MEDIO
MARCA

> *La marca es en una compañía, lo que la*
> *reputación para una persona.*
> *Y la reputación se gana tratando de hacer bien lo que*
> *resulta difícil.*
>
> —*Jeff Bezos*

¿Eres un Rolex genuino o un Rolex pirata?
Robert Kiyosaki

—¿Cuándo te compraste el Rolex?— me preguntó padre rico.

—La semana pasada en Hong Kong —contesté con mucho orgullo.

—¿Y es un Rolex genuino?

—Bueno, sí —contesté vacilante—. Es real.

Con una sonrisita burlona, padre rico sujetó mi muñeca y se acercó el reloj a la cara para verlo mejor.

—¿Y cuánto te costó?

—Eh, eh, me dieron muy buen precio.

—¿Cuánto te costó? —volvió a preguntarme.

—Cinco dólares —contesté tartamudeando—. Es pirata.

—Eso pensé —dijo padre rico en voz baja. Nos quedamos un largo rato en silencio. Me di cuenta de que él estaba reflexionando.

—¿Y por qué compraste un Rolex pirata? —me preguntó finalmente—. ¿Por qué no compraste uno genuino?

—Porque son muy caros —contesté.

—¿Sabes por qué los piratas hacen copias baratas de un reloj costoso?

—¿Por el precio? ¿Porque la gente lo quiere más barato? —contesté, pero Padre rico negó con la cabeza y continuó.

—¿Sabes cuánto cuesta la marca Rolex?

—No —contesté.

—¿Sabes lo que representa la marca Rolex?

—Representa éxito —le dije—. Significa que ya llegaste, alcanzaste la cima. Al menos, eso representa para mí. Por eso compré un Rolex pirata. Quería verme más exitoso.

—¿Y qué dice de ti un Rolex pirata? —me cuestionó padre rico al mismo tiempo que me miraba directo a los ojos.

—Que quiero ser exitoso —contesté—. Que algún día tendré un Rolex genuino.

—Vuelve a intentarlo —agregó con una sonrisita—. Lo que dice de ti es que eres falso porque sólo alguien que no es genuino utilizaría un producto de este tipo. Eso representa un Rolex pirata.

—Pero el Rolex verdadero cuesta demasiado dinero —contesté en tono de protesta—. Yo sólo quería usar un Rolex pero no tenía ganas de gastar demasiado dinero en un reloj. Por eso compré uno de cinco dólares. ¿Quién se va a dar cuenta?

—Tú —contestó padre rico—. Tú te das cuenta. En el fondo conoces muy bien el valor de la marca Rolex. Sabes lo que significa, y por eso estás dispuesto a engañar y usar un producto pirata.

—No estoy de acuerdo —interpuse—. Nadie se puede dar cuenta. Lo sé porque inspeccioné el reloj antes de comprarlo. Se ve real.

—Pero tú sabes que no lo es —dijo con aire muy severo—. Tal vez creas que estás engañando a casi todo mundo, pero faltas tú. Lo importante es lo que tienes que decir acerca de ti mismo y, en este momento, lo que estás diciendo es: "Soy pobre. No tengo éxito y no puedo darme el lujo de comprar un Rolex genuino, por eso compré uno pirata. Porque soy falso".

—¿Por qué me tratas con tanta severidad? —le pregunté—. Sólo se trata de un reloj barato.

—Es mucho más que un reloj barato —dijo padre rico con algo de impaciencia—. Es un reloj pirata, una copia, propiedad robada. Si estás dispuesto a comprar artículos robados, ¿qué tan bien habla eso de ti?

Yo todavía no entendía por qué mi padre rico hacía tanta alharaca por un reloj. Sabía que era falso y que era una copia pirata, ¿y qué?, ¿cuál es el problema?, ¿a quién le estoy haciendo daño?

Luego, padre rico dijo:

—Si vas a ser un empresario exitoso, más te vale empezar a conocer el valor de una marca y respetarlo. Con suerte, tal vez algún día tú mismo tengas una marca. Quizá algún día tu negocio se convierta en algo como General Electric, Coca-Cola o McDonald's. Pero si eres un fraude, tu negocio también lo será y, ciertamente, jamás tendrás una marca.

Yo no estaba de acuerdo con él y no me gustó la forma en que me habló, pero tenía edad e inteligencia suficientes para saber que debía quedarme callado y permitirme asimilar el mensaje con el tiempo. A mí ya no me hacía falta seguir sufriendo por su ira, pero luego vi que él aún no había terminado.

—Si no eres una marca, entonces sólo eres un producto más sin rostro, de los muchos que navegan en un mar de objetos impersonales.

—¿Y cuál es el problema de ser un producto más? —pregunté.

—Nada. Si a ti no te molesta, entonces no hay problema —contestó padre rico—. Sin embargo, es la diferencia entre ser Hamburguesas Bobby y ser McDonald's. La marca McDonald's vale miles de millones de dólares, en tanto que, Hamburguesas Bobby no vale un centavo. ¿Para qué pasar toda tu vida construyendo un negocio si no te interesa crear una marca?

Padre rico dejó pasar un momento para recobrar el aliento, o tal vez, para reflexionar más a fondo. Yo había entendido: deseaba que aprendiera a respetar las marcas y lo que representaban, y también deseaba que, algún día, llegara a ser un empresario con la capacidad de convertir a su negocio en una marca importante. Padre rico no quería que me convirtiera en un empresario mediocre.

—¿Sabías que tan sólo el nombre de Coca-Cola vale más que el negocio completo de la compañía? Es más valioso que todo el equipo, los bienes raíces y los sistemas de negocios combinados —dijo padre rico, esforzándose para que aprendiera bien la lección—. No importa a dónde vayas en el mundo, Coca-Cola sigue siendo una marca reconocida.

—Entonces, si utilizo un Rolex pirata, ¿le estoy robando a Rolex? ¿Es eso lo que tratas de decir?

Padre rico asintió diciendo:

—Sí, y cada vez que le compras productos a la gente que le roba a Rolex, es como si dijeras: "Yo compro artículos robados. Además, robé el buen nombre de una compañía." ¿Y quién quiere hacer negocios con alguien deshonesto, barato, artero y fraudulento?

—Sólo quienes también son deshonestos, baratos, arteros y fraudulentos —contesté con reticencia.

—Si te enteraras de que tu vecino, el que tiene varios autos de lujo y un bote, en realidad es un criminal, ¿cómo te sentirías?

—Decepcionado —contesté—. Trataría de evitarlo.

—Ése es el tipo de juicio que se hace en el mundo de los negocios todos los días —dijo padre rico—. La gente honesta no hace negocios con timadores. Tu reputación es el cimiento de tu marca y, por lo tanto, debes protegerla con tu vida. En los negocios, la reputación es más importante incluso que el negocio. —Y después de decir eso, padre rico extendió su mano hacia mí con la palma mirando para arriba.

Me quité el reloj y se lo entregué. Padre rico lo puso en el piso, colocó su zapato encima y lo hizo añicos. Y como sólo costaba cinco dólares, fue bastante sencillo. Entonces entendí.

Eso sucedió hace muchos años. En la actualidad, las falsificaciones, las copias y los artículos piratas se encuentran por todos lados. Es un negocio de mega miles de millones de dólares. Incluso existen productos piratas en la industria farmacéutica, muchos de los cuales... ¡son verdaderamente peligrosos! ¿Puedes imaginar lo que debe sentirse perder un ser amado porque ingirió una medicina pirata pensando que era auténtica?

En todas las ciudades importantes del mundo hay, por lo menos, una calle donde se pueden encontrar marcas falsificadas y productos piratas. Por ahí puedes comprar bolsos Louis Vuitton, zapatos deportivos para baloncesto Nike, jeans Armani y gafas para sol de Prada: todos falsos.

Los piratas también son empresarios sólo que, en lugar de crear sus propias marcas, roban las de alguien más. Mientras siga habiendo gente que compre este tipo de productos, seguirán existiendo los piratas. Si los clientes fueran honestos, no existiría la posibilidad de que se mercadearan productos pirata. Sólo la gente deshonesta vende artículos robados, y sólo la gente deshonesta compra marcas robadas. La gente íntegra no hace eso.

Mientras recogía los trozos de mi Rolex pirata, padre rico continuó con su lección y me dijo:

—Muy pocos empresarios logran convertir su negocio en una marca. Una marca es algo invaluable. Es la promesa del empresario para sus clientes. Una verdadera marca comienza en el alma de su creador y se conecta con la del cliente. Más que una transacción, se trata de un vínculo. En muchos casos es casi como un romance, una dulce relación que puede durar años.

—Si el alma del empresario es deshonesta, avariciosa o si sólo le importa el dinero del cliente, pero no el cliente en realidad, el negocio jamás se convertirá en una relación. Perdurará sólo como una transacción, y una transacción no es más que un intercambio impersonal.

Cuando las piezas de mi reloj pirata estuvieron en el cesto de basura, padre rico añadió:

—La razón por la que muy pocos negocios se convierten en marcas, es porque, en general, sólo están interesados en hacer dinero. Dicen que quieren lo mejor para el cliente pero, por supuesto, es una falsedad. No lo dicen de corazón. Cuanto más te interesas por tu cliente, más oportunidades tendrás de que tu negocio se transforme en una marca. E incluso si no crece hasta convertirse en algo como Coca-Cola o McDonald's, si tú te preocupas por tu cliente, éste llevará tu marca en el corazón.

La creación de mi propia marca

El día que padre rico hizo añicos mi Rolex pirata, comenzó mi educación acerca del poder de una marca. Sentí mucha curiosidad. Yo no quería iniciar un negocio nada más; estaba interesado en crear mi propio sello y, para hacer eso, tendría que escudriñar otras marcas y, al mismo tiempo, comenzar a buscar lo que yo mismo representaba, lo que mi cliente quería y lo que yo quería para mis clientes. Supe entonces que, para lograrlo, tendría que indagar en mí mismo y en mi negocio. Tendría que enfocarme más en dar que en recibir. De pronto, buscar en mi alma se convirtió en una prioridad y tuve que preguntarle a mi corazón qué deseaba brindarle a los clientes. En cuanto descubrí de qué se trataba, supe que no tardaría en encontrar el alma de mi negocio y, tal vez, mi marca.

El primer negocio que tuve fue el de las carteras de nylon y velcro para surfistas. El producto se llamaba "Rippers". Al principio creí que Rippers era un gran nombre y estaba seguro de que se convertiría en una marca. Pensé que la palabra era fresca, original, inconfundible y, además, atraería la atención de los surfistas jóvenes: el tipo de gente que conocía y me encantaba. Los surfistas eran como yo, y por eso me sentía identificado con ellos.

Pero Rippers nunca se convirtió en una marca. Era el nombre de mi negocio, una línea de productos y una palabra registrada, pero nunca se transformó en una marca. Tal vez ése es el punto: nunca hicimos nada para que eso sucediera.

Con esto no quiero decir que no la comercializamos. Para colocar a Rippers, nuestro original y nuevo producto, en el mercado, mis socios y yo viajamos a convenciones para surfistas, muestras de artículos deportivos y de ropa para jóvenes. Nos esforzamos por llevar el producto a tiendas de todo el mundo. Sin embargo, estábamos gastando dinero a mucha más velocidad de lo que lo ganábamos. Fueron tiempos difíciles y nuestro carácter fue puesto a prueba. En aquel momento sólo teníamos capacidad para manejar el negocio, pero, ¿quién se iba a hacer cargo de la marca?

Yo estaba tan desorientado que mi propia incompetencia terminó abrumándome. Rippers jamás tuvo la oportunidad de convertirse en una marca y, a pesar de que la palabra tenía las características para serlo, tiempo después comprendí que un gran nombre sin una compañía sólida que lo respalde, jamás se transformará en marca.

En la actualidad las carteras de nylon y velcro para surfistas se venden en todo el mundo. El producto que creamos fue un éxito, pero jamás se transformó en marca. Así pues, hasta la fecha, las carteras no son más que productos ordinarios, una línea de un producto global para el que no existe un líder de marca.

Salvado por la banda

Las buenas noticias son que, a pesar de que no pude transformar Rippers en una marca, sí era capaz de identificar buenas marcas cuando me topaba con ellas. En un esfuerzo para salvar el negocio, me involucré accidentalmente en la industria del *rock and roll*, un ámbito repleto de marcas asombrosas.

En 1981, Pink Floyd, la banda de rock, contactó a mi compañía para preguntar si nos interesaba una licencia de la banda (o tal vez debería decir, de la marca Pink Floyd). Como yo estaba desesperado por conseguir cualquier oportunidad de negocio, escuché con cuidado lo que me propuso el agente de la banda. Él no lo sabía entonces pero, al venderme la marca de una banda de *rock and roll* famosa a nivel mundial, acababa de salvar mi negocio.

Yo no estaba familiarizado con esa industria, por lo que, de inmediato, volé de Hawai a San Francisco para reunirme con los agentes de licencias de Pink Floyd. La reunión resultó ser un regalo caído del cielo; con ella comenzó mi educación acerca del negocio del *rock and roll*. En ese momento descubrí que una marca no sólo puede ser de gran valor para los propietarios, sino que, mediante las licencias, también puede generar muchísimo dinero para otros.

En cuanto vi la luz, conseguí que otros grupos y artistas me ofrecieran tratos similares. Entre ellos se encontraban The Police, Duran Duran, Boy George, Ted Nugent y Judas Priest. Los grupos más antiguos como The Grateful Dead y The Rolling Stones, también estaban en pláticas con nosotros. Por desgracia, el nombre de The Beatles no estaba disponible como marca para licenciar entonces.

Así como padre rico me lo hizo ver con mucha claridad, puedes ser una marca o, simplemente, un producto más. Para ser marca debes crear una relación con tu cliente y, por supuesto, aquellas bandas de *rock* tenían excelentes vínculos con sus seguidores. Los agentes de licencias nos ofrecieron la oportunidad de formar parte de esa relación entre fanáticos y renombrados artistas a los que adoraban.

Desde la primera reunión que tuve con la gente de Pink Floyd, el negocio de Rippers se salvó gracias al acceso que tuvimos al mercado del *rock and roll* en todo el mundo. Fue como abrir la puerta a un mundo nuevo de negocios, un ámbito que yo ni siquiera sabía que existía. Nos salvamos porque Rippers se asoció con algunos de los nombres más influyentes de bandas de la industria.

Venimos con la banda

Para 1982 ya no mencionaba la palabra Rippers en mis conversaciones. En lugar de presentarme así: "Hola, soy Robert Kiyosaki de Rippers", sólo decía: Represento a The Police y sus productos licenciados. Nadie sabía quién era Robert Kiyosaki o qué significaba Rippers pero, ciertamente, todo mundo reconocía a The Police, la famosísima banda de *rock*. De hecho, una de las primeras ocasiones que salí con Kim, en 1984, fuimos a un concierto de ellos. Fue muy agradable decirle: "Tengo pases VIP para ir al concierto de Police y conocerlos tras bambalinas. ¿Te gustaría ir conmigo?" En otras palabras, el poder de una marca incluso me ayudó a conseguir una cita con una hermosa mujer que, más adelante, se convertiría en mi esposa. Claro, tal vez lo único que ella quería era conocer a Sting, pero como yo orquestaría la reunión, iba a quedar bastante bien ante sus ojos.

El poder de las marcas reales

El negocio de Rippers comenzó en la industria del surf y de los artículos deportivos. El problema fue que, en muy poco tiempo, ese ámbito se retacó de productos similares a los míos. No obstante, todos eran ordinarios, y no había un líder de marca. En cuanto te conviertes en un producto ordinario, entonces el precio se vuelve lo más importante. Como mis competidores eran exactamente iguales a mí, los vendedores al menudeo nos apalearon a partir de los precios. ¿Por qué habrían de pagar más dinero por mi producto si podían conseguir lo mismo de otro tipo que cobraba un dólar menos?

Sin embargo, cuando nos involucramos en el negocio del *rock and roll*, y comenzamos a capitalizar las marcas, la gente estuvo dispuesta a pagar el precio que pedíamos. Lo único que nos preguntaban en las tiendas, era: "¿En cuánto tiempo nos pueden traer los productos?" Pink Floyd no le daba la licencia de su marca a cualquier persona y, en consecuencia, un artículo que portaba el nombre de la banda, valía más que uno que no.

El hecho de convertirnos en licenciatarios de reconocidísimas bandas de rock, nos proveyó exclusividad dentro de un mercado masivo a nivel mundial. Nuestros únicos competidores eran los piratas, los delincuentes que se paraban afuera de los conciertos y les vendían a los fanáticos productos sin licencia cuando salían de ver a su banda preferida. Esos piratas no eran muy distintos a la persona que me había vendido el Rolex falso. Los piratas ofrecen sus productos llenos de nerviosismo, al mismo tiempo que voltean por encima del hombro para cuidarse de que los guardias no los atrapen y les quiten la mercancía antes de que logren ganarse unos dólares. Por supuesto, como criminales que son, siempre están a la espera de que los detengan.

Al mismo tiempo, mi compañía estaba vendiendo productos con licencias legales de las bandas de *rock*, dentro de las salas de concierto. También distribuíamos nuestros productos en tiendas de música y departamentales en todo el mundo. Éramos un negocio legítimo porque nosotros también lo éramos. No éramos piratas. De repente, mi Rolex de cinco dólares volvía para recordarme la lección fundamental sobre la importancia de ser legítimo, de obedecer las reglas del juego y aprender a controlar el poder de las marcas reales.

No se trataba solamente de dinero

Trabajar con las bandas de *rock* me dio una visión profunda de la relación entre un grupo, su música y sus seguidores. Se trataba de un vínculo personal, no sólo de una transacción monetaria. Como las bandas ya tenían una relación con sus fanáticos, vender sus productos licenciados fue muy sencillo. De hecho, ni siquiera tuvimos que esforzarnos en hacerlo porque la gente estaba sumamente interesada en comprar. En los conciertos, los fanáticos se formaban para comprar cualquier artículo que tuviera impreso el nombre de la banda. Bueno, "se formaban" en realidad no es una descripción muy precisa porque, más bien, tendrías que imaginarte el frenesí que se apodera de un tiburón hambriento. Los fanáticos se amontonaban alrededor de las mesas, agitaban sus tarjetas de crédito o nos entregaban un montón de billetes, y exclamaban: "Quiero uno de esos, dos de aquellos y… ¿te quedan todavía de los otros? En ese caso, los quiero". La gente quería llevarse a casa un pedacito de Pink Floyd, Duran Duran, The Police y de otros artistas a quienes adoraban. Su deseo era que esas bandas y sus marcas, se convirtieran en parte de sus vidas.

Las distintas bandas tenían diferentes tipos de seguidores. Eran clientes únicos con quienes los músicos debían ser genuinos. Por ejemplo, los fanáticos de Duran Duran no eran iguales a los de Judas Priest, Van Halen o Boy George. Vestían de manera diferente y usaban un lenguaje distinto. La cuestión es que actuaban y se comportaban de otra manera. Asimismo, si una banda se traicionaba a sí misma, a su música y a sus clientes, el negocio se desplomaba de inmediato. Las ventas se dificultaban y las ganancias iban en decremento. Si la banda sacaba un álbum que confundía a los seguidores, nosotros lo notábamos. También nos dábamos cuenta cuando el siguiente disco contenía canciones que se volvían éxitos inmediatos entre los fanáticos y, con eso, los músicos se reivindicaban y el negocio remontaba de nuevo. ¡Justamente a eso me refería al hablar de la retroalimentación que te da el mercado!

Go-Go's, la banda de chicas, era una de mis favoritas. Me encantaba su música, su apariencia sexy y sus seguidores. Sin embargo, el problema fue que las fanáticas de Go-Go's no compraban mis productos: estaban dirigidos a chavos y hombres jóvenes, y por eso dejé de trabajar con ellas a pesar de que adoraba su música y la marca en sí.

El fin del rock and roll

Mi romance con el mundo del *rock* llegó a su fin en 1984. A pesar de que yo seguía encantado con la música, el negocio ya había dado de sí. Algo en mi interior estaba cambiando. Me sentía inquieto, irritable e impaciente. Creí que había aprendido la lección del poder de las marcas y llegaba el momento de moverme.

Un día, en una visita a las fábricas que tenía en Corea y Taiwán, una experiencia cambió todo para mí. Fue algo que noté y ya no pude continuar. Descubrí que ahí trabajaban niños y niñas en húmedas y calurosas maquilas para manufacturar los productos del *rock and roll* que tan rico me habían vuelto. Comprendí que para producir toda esa riqueza, los jóvenes llevaban mucho tiempo mermando su salud.

El capataz había construido, en un cuarto de dimensiones ordinarias, dos pisos. Debido a eso, en lugar de que los trabajadores tuvieran un espacio de poco más de dos metros, se veían forzados a trabajar en cuclillas en apenas un metro veinte. Los muchachitos estaban agachados, colocando los logos de las bandas sobre la tela con serigrafía. Eso los obligaba a inhalar los gases tóxicos que emitían las telas y las tintas, a unos cuantos centímetros de sus rostros. Respirar aquellos gases era mucho peor que inhalar pegamento o pintura en aerosol, como hacen algunos jóvenes en Occidente para drogarse. Por si fuera poco, aquellos niños trabajaban entre ocho y diez horas diarias. Todos los días.

En otro cuarto, había varias hileras de chiquillas cosiendo sombreros y billeteras para convertirlos en artículos de bandas de *rock*. Cuando el capataz de la maquila me ofreció tomar a cualquiera de las muchachas para tener relaciones sexuales con ella, la música murió para mí. En ese momento me salí del negocio de manufactura.

Al ver que las vidas de cientos de niños estaban siendo destruidas a cambio de un cheque, me pregunté: "¿Estoy haciendo algún bien? ¿Mis productos ofrecen algún beneficio? ¿De qué manera hacen que el mundo sea un mejor lugar para vivir? ¿Qué valor le añaden a la vida?" Y como no tuve respuestas positivas, comprendí la verdad.

Comprendí que era tiempo de encontrar lo que yo representaba y me importaba. Había llegado el momento de saber quién era y por qué valía la pena que estuviera vivo.

En diciembre de 1984, Kim y yo abandonamos Hawai con dos maletas y nada más. Nos mudamos a San Diego, California. Era el comienzo de nuestra vida como maestros. Enseñaríamos a otras personas a convertirse en empresarios y a dejar de ser empleados, como aquellos niños de las maquilas. Kim y yo seríamos maestros, pero no pensábamos pertenecer al sistema educativo tradicional. Eso significaba que no contaríamos con apoyo gubernamental ni credibilidad. Las escuelas tradicionales no nos respaldarían y, por lo tanto, dependeríamos de nuestra reputación, de realizar un buen trabajo y brindarles a los estudiantes lo que requerían. Si lo hacíamos bien, ellos serían nuestra publicidad, y si no, no tendríamos ingresos.

Recuerdo que 1985 fue el peor año de nuestras vidas. Fue cuando nuestras almas, sueños y planes, fueron puestos a prueba. En diciembre de ese año, recibimos beneficios de nuestra nueva compañía de educación por primera vez. Antes de eso, de diciembre de 1984 a diciembre de 1985, sobrevivimos con muy poco. Vivimos la vida un día a la vez y, lo único que sé, es que funcionábamos con base en la fe. Casi siempre, cuando ya estábamos en las últimas, algo bueno sucedía y nos permitía seguir adelante aunque con recursos muy escasos.

Ahora que lo pienso, creo que se estaba poniendo a prueba nuestra fe. Dios, o quien quiera que dirija el show, quería saber si estábamos comprometidos con llegar a ser quienes realmente éramos. Es decir, ¿éramos confiables?, ¿seríamos fieles a nuestra marca o nos daríamos por vencidos en cuanto las cosas se pusieran difíciles y nos quedáramos sin dinero?

Si lees con atención biografías de empresarios, podrás ver que muchos sobrevivieron a momentos difíciles, tribulaciones y pruebas de fe. Creo que una marca nace sólo después de pasar por todo eso.

Bill Gates de Microsoft fue puesto a prueba cuando el gobierno de Estados Unidos acusó a su compañía de ejercer prácticas monopólicas. La prueba de Steve Jobs llegó cuando lo despidieron de Apple, que él mismo había fundado. Fue remplazado por un director ejecutivo que estuvo a punto de destruir la empresa. Cuando Steve volvió a su puesto, Apple despegó como compañía y como marca. Mark Zuckerberg, fundador de Facebook, enfrentó una de sus mayores pruebas cuando en la película *Red social* (*The Social Network*) se sugirió que había robado la idea para crear Facebook. Ignoro si Mark Zuckerberg robó Facebook, pero sé que, independientemente de cuán rico seas, ser acusado de robar un negocio que te pertenece, no debe ser nada fácil.

La prueba de los cuatro millones de dólares

En el año 2000, después de aparecer en el programa de Oprah, recibí la llamada de una famosa compañía que vende fondos mutualistas. Su gente quería que anunciara sus productos. Yo me negué amablemente y expliqué que la marca Padre Rico no era compatible con los fondos mutualistas. Entonces el agente de la compañía puso mi fe a prueba con el siguiente ofrecimiento: "Si anuncia nuestro producto, le podemos dar cuatro millones de dólares durante cuatro años".

Un millón de dólares anuales durante los siguientes cuatro años era una oferta muy tentadora, pero la rechacé porque respaldar a un fondo mutualista sería una traición para la marca y para la gente que cree en el mensaje de Padre Rico.

De haber aceptado, yo mismo me habría considerado un timador, un hipócrita, un hombre que haría cualquier cosa por un millón de dólares al año, incluso vender su propia compañía y su alma. Habría sido como volver a usar un Rolex pirata.

Las pruebas nunca se acaban

La marca Padre Rico ha enfrentado muchas pruebas. La primera vez fue en 1997 cuando se publicó *Padre rico, Padre pobre* con la siguiente afirmación: "Tu casa no es un activo". A muchos agentes de bienes raíces dejé de simpatizarles después de hacer ese comentario, y además, comencé a recibir amenazas por correo. Fui acusado públicamente de no saber de qué estaba hablando. Muchos expertos financieros me llamaron "charlatán". Pero ahora, después de que millones de personas perdieron sus casas o enfrentaron deudas mayores que el valor de sus inmuebles, creo que muchos comprendieron al fin que yo tenía razón.

No hice aquella afirmación para ganar un concurso de popularidad porque, sencillamente, no soy un político que quiere conseguir tu voto ni un agente de bienes raíces que trata de venderte una casa. Lo hice porque era una acción congruente con la marca y conmigo. Yo estoy en el negocio de la educación financiera y quiero que conozcas la diferencia entre activos y pasivos porque, si adquieres los primeros antes que los segundos, podrás vivir en cualquier casa que desees.

La siguiente prueba se presentó después de que escribí *La profecía de Padre rico*, libro que se publicó en 2002. En él predije que se avecinaba la mayor caída del mercado de valores en nuestra historia. También señalé por qué creía que la industria de los fondos mutualistas iba a ser la causa de la caída, y por qué millones de inversionistas jamás podrían retirarse.

En cuanto salió *La profecía*, se me echaron encima las publicaciones que se benefician de la publicidad de las compañías de fondos mutualistas. *Smart Money*, una revista financiera, envió a una persona para que me viera dar una clase en una enorme iglesia en Atlanta. La joven reportera asistió a todas las actividades de los dos días que duró el encuentro. Unos meses después afirmó en su artículo que yo había asistido a una iglesia de negros pobres en Atlanta y recibido dinero de ellos. La mujer escribió eso a pesar de que sabía que ese fin de semana reuní 385 000 dólares que, por cierto, se quedaron en la iglesia. Yo no tomé ni un centavo para cubrir mis viáticos, ni el costo de los productos que se vendieron. Después de que salió el artículo de *Smart Money*, me sentí todavía más feliz de no haber aceptado los cuatro millones de dólares para respaldar a la compañía de fondos mutualistas.

Como ya sabes, la industria de servicios financieros es una poderosa fuerza que opera desde la parte trasera de la actual crisis financiera y, además, se beneficia con ella. La gente que trabaja en esa industria tiene la posibilidad de ser rescatada con el dinero de los contribuyentes, y salir airosa después de cometer errores y prácticas fraudulentas. Los brazos de la industria son muy largos y anchos, y todo parece indicar que lo mejor es no meterse con su gente. Para ser franco, me alegra mucho no depender de los fondos mutualistas para sobrevivir. Si tuviera que escoger entre comprar fondos mutualistas y un Rolex pirata, preferiría el Rolex.

En 2006 se publicó el primer libro que Donald y yo escribimos juntos: *Queremos que seas rico*. Lo escribimos porque nos preocupa la desaparición de la clase media en Estados Unidos. En el libro afirmamos que las malas inversiones y los pésimos manejos de nuestro gobierno, estaban destruyendo las vidas de muchísima gente. También escribimos acerca de la crisis económica que se avecinaba, y dimos consejos para que la gente pudiera protegerse. Asimismo, señalamos que la inflación les estaba dificultando la vida a millones de personas, y volvimos a apoyar la idea de que la educación financiera era una de las maneras de superar la crisis.

Por supuesto, la industria de los servicios financieros volvió a arremeter contra nosotros. En esa ocasión fue el *Wall Street Journal*. La cita textual, es: "No te equivoques, se trata de un asunto provocador, pero no vayas corriendo a tirar a la basura tus fondos [mutualistas] todavía". Ésa fue la respuesta al comentario que hicimos Donald y yo acerca de que los fondos mutualistas eran inadecuados para respaldar el retiro de casi todos los estadounidenses. La gente del periódico hizo su declaración el 11 de octubre de 2006 y, al parecer, no creía que hubiera razón para preocuparse. Un año después, el mercado se desmoronó. Ahora, yo predigo que no será la última vez que suceda.

El 18 de marzo de 2008 aparecí con Wolf Blitzer en CNN. Él quería saber si la crisis financiera ya había terminado y yo, en lugar de decir lo que a él le habría gustado: "Todo va a estar bien, ya pasó lo peor", predije que Lehman Brothers estaría en tremendos apuros. El 15 de septiembre de 2008, Lehman se declaró en bancarrota. Ha sido la quiebra más grande de la historia.

Sé fiel a ti mismo

He compartido contigo los desafíos que enfrenté con la industria de los servicios financieros porque quiero motivarte a que seas fiel a ti mismo. Créeme que no fue sencillo para mí renunciar a cuatro millones de dólares que me habrían dado por anunciar fondos mutualistas. Tampoco fue fácil afirmar: "Tu casa no es un activo". No fue fácil predecir la mayor caída del mercado de valores en la historia. Tampoco fue sencillo decir, junto con Donald, que la clase media estaba desapareciendo debido a nuestro gobierno y a su incompetencia financiera. No fue fácil decir, en televisión mundial, que la crisis financiera todavía no había terminado y que Lehman Brothers estaba al borde del colapso.

Pero si no lo hubiera dicho y realizado las acciones correspondientes, no habría sido fiel, ni a mí mismo, ni a mi marca. Seguramente ya te diste cuenta de que Donald también respeta su marca. Al entrar a sus oficinas de Fifth Avenue, en Nueva York, uno nota de inmediato que son parte de la marca. Donald Trump no se disculpa por ser quien es, ni por lo que representa. Tú tampoco debes hacerlo.

La mayoría de los empresarios fracasan al tratar de convertir sus negocios en una marca, porque creen que el dinero es más importante que ésta. Casi todos te dirán lo que esperas escuchar, con tal de agradarte y de comprar sus productos o servicios.

Pero se necesita mucho valor para ser una marca. Se requieren muchos bríos para defender aquello en lo que crees, aun cuando a mucha gente no le agrade. Si quieres ser una marca, recuerda que no puedes satisfacer a todos.

Únete al Cuerpo de Infantería de Marina

A finales de la década de los sesenta, el ejército de Estados Unidos necesitaba pilotos para la guerra de Vietnam. La gente se enteró de que los servicios armados organizarían una reunión mixta para reclutar a posibles pilotos. Tres de mis amigos y yo asistimos a aquella reunión en Long Island, Nueva York, para escuchar a los representantes de las distintas ramas. Cada uno trataría de convencernos de unirnos a la entidad que representaba.

El primero en hablar fue un piloto de la Fuerza Aérea. Se dirigió a varios cientos de jóvenes universitarios y explicó que la Fuerza Aérea contaba con el mejor entrenamiento y las aeronaves más sofisticadas. También nos mostró fotografías de las hermosas bases de la institución, con campos de golf y albercas. A mí me dio la impresión de que nos estaba tratando de vender un nuevo desarrollo turístico en lugar de un entrenamiento para llegar a ser pilotos.

Luego siguió el piloto de la Marina. Nos habló de la emoción de volar en un portaaviones. Fue adrenalina pura.

El piloto de la Armada habló de enormes helicópteros de transporte en Vietnam. Incluso mencionó la nave conocida como Sky Crane. Nos mostró fotografías de varios de estos helicópteros levantando tanques por encima del campo de batalla.

El piloto de la Guardia Costera compartió varias anécdotas acerca de cómo había salvado vidas en el mar con su helicóptero. También nos mostró fotografías, pero en esta ocasión, eran de gente cuyos botes naufragados eran levantados por los confiables helicópteros de la Guardia Costera.

El último en participar fue el piloto del Cuerpo de Infantería de Marina. Se puso de pie y todo lo que dijo, fue: "Miren, si quieren salvar gente, únanse a la Guardia Costera. Si quieren matar gente, únanse a la Infantería de Marina". Luego bajó del podio y ni siquiera nos enseñó fotografías.

Tres años después, estaba yo en un portaaviones, haciendo despegar mi helicóptero artillado del Cuerpo de Infantería de Marina para ir a mi primera misión en Vietnam. La institución cumplió su promesa de marca, como siempre lo habían hecho desde 1775.

Rolex y el Cuerpo de Infantería de Marina

Entonces, ¿qué tienen que ver un Rolex pirata y la Infantería de Marina con el poder de una marca?

La respuesta es: todo. Después de que padre rico hizo pedazos mi baratija y yo comencé a estudiar las marcas en lugar de piratear sus productos, comprendí lo mucho que éstas siempre habían afectado mi vida. Entonces comprendí por qué manejaba motocicletas Harley-Davidson, autos Ferrari, Porsche y Bentley, y por qué prefería Prada en vez de Brooks Brothers. Entendí por qué había elegido al Cuerpo de Infantería de Marina en lugar de la Guardia Costera o la Fuerza Aérea, y por qué jamás volvería a usar un Rolex pirata ni una camisa polo Ralph Lauren que no fuera auténtica.

La marca le habla a esa persona única, diferente y auténtica que hay dentro de cada uno de nosotros. Si yo robo una marca, entonces yo mismo me convierto en el pirata que la usa.

En la actualidad, la Compañía Padre Rico (Rich Dad Company) es una marca internacional. No posee fábricas para manufactura, ni salones. Padre Rico es una marca que se dirige a un grupo específico de individuos que buscan lo mismo que yo.

Cumple tu promesa

Donald Trump es fiel a sí mismo y a su marca. Por eso ésta vale tanto. El nombre Trump al frente de un edificio, incrementa el valor del mismo en 40 o 50 por ciento.

La marca Trump y la marca Padre Rico son similares porque ambas valoran la educación financiera como una herramienta para conseguir una mejor calidad de vida. No sólo para los supermillonarios, sino para cualquier persona dispuesta a aprender.

Una marca es algo más que un nombre. Una verdadera marca no se puede copiar porque es mucho más que un producto. En realidad es una promesa, un reflejo del cuerpo, la mente y el espíritu del empresario.

Recuerda: no puedes agradarle a todo mundo. Nunca se puede hacer feliz a todos, así que, lo mejor será que te hagas feliz a ti para empezar. Sé feliz por ser único, diferente. Por brindarle a otros lo que te gustaría para ti mismo, y por hacer lo que viniste a hacer a esta Tierra.

Si cumples tu promesa y le das a la gente lo que a ti te gustaría recibir, tal vez podrías convertirte en uno de los pocos empresarios que han logrado convertir su negocio en una marca.

¿Qué hay detrás de un nombre?
Donald Trump

Desde que me involucré en los desarrollos de bienes raíces, el nombre de mi padre ya era conocido en todos los barrios de la ciudad de Nueva York, excepto Manhattan. Él se había dedicado a construir complejos de viviendas y llegó a tener mucho éxito.

Siendo adolescente se interesó en la construcción y comenzó a tomar clases de carpintería. A los 16 construyó su primera estructura: un garaje para dos autos. Luego estableció un negocio de garajes prefabricados que vendía a 50 dólares. Le fue muy bien con eso. Un año después de salir de la preparatoria, construyo su primera casa. A partir de ahí comenzó a irle muy bien con la construcción de casas de ladrillos de bajo costo. El nombre Trump empezó a ser reconocido por productos de alta calidad a bajos precios.

La reputación de mi padre era muy sólida. Para mí, él era un ejemplo de lo que debía ser la calidad y cómo conseguirla: con una atención escrupulosa al detalle, e imprimiendo integridad a todos los niveles. Trabajé con él en aquellos años en que se empezó a abrir camino, y jamás olvidaré las lecciones que me enseñó. Trabajaba todos los días y, los fines de semana, nos llevaba a inspeccionar el progreso en las obras. Como tenía entrenamiento de carpintero, siempre podía distinguir un trabajo de calidad de uno mediocre, y le gustaba explicarnos las diferencias. Un día me dijo: "Debes saber todo lo que puedas acerca del negocio al que te dedicas", y yo sabía que me lo decía por experiencia.

La marca representa tu reputación. Mi padre estaba consciente de ello, y Robert también lo está. Tiene mucha razón al decir que la marca es algo más que un producto, que es una promesa. La marca Trump representa el estándar más alto de calidad en todo el mundo, y ése es un compromiso que trabajaremos para cumplir, de la misma forma en que lo hizo mi padre. El enorme esfuerzo de Robert para establecer el producto adecuado, también le tomó algún tiempo, pero fue sincero en sus intentos por presentar los mejores productos posibles. Creo que cumplió su objetivo.

Con la experiencia que adquirí al trabajar con mi padre, recibí un entrenamiento temprano acerca de las marcas. Eso me sirvió para establecer el nombre Trump en Manhattan, y luego darlo a conocer a nivel nacional e internacional. De la misma manera en que padre rico de Robert le señaló algunas nociones de gran importancia, Fred C. Trump, mi padre, se encargó de guiarme. Con frecuencia hacía mucho énfasis en la importancia de amar lo que haces y decía que, si no es así, lo más probable es que no triunfes. También era un hombre eficiente y me brindó su fórmula de cuatro pasos para alcanzar el éxito.

1. Entra.
2. Haz el trabajo.
3. Hazlo de la manera correcta.
4. Sal de ahí.

Ésa era exactamente su forma de trabajar y, desde siempre, su abarcador enfoque para los negocios me ha acompañado. El hecho de trabajar con él en aquellos primeros años, y verlo en acción, fue un gran entrenamiento que jamás podrá ser sustituido. De esa manera me comprobó que tener un ejemplo a seguir, es una de las mejores maneras para aprender y, por eso, yo trato de ser el ejemplo para mi organización. La gente aprende cuando observa y cuando escucha.

En la actualidad, la marca Trump está firmemente establecida y representa la más alta calidad en cualquier lugar. Cada vez que piensas en Trump, piensas en un nivel altísimo de desempeño. Pero eso no sucedió por accidente. Fue resultado, desde el primer día, de una decisión consciente y de un esfuerzo que realizamos de forma cotidiana. Por ejemplo, cada vez que trabajamos en un proyecto nuevo, hacemos una investigación. En Escocia no sólo contratamos especialistas en geomorfología para que estudiaran las dunas de arena, también mejoramos de manera significativa el plan para proteger la vida silvestre local: establecimos medidas para proteger a los tejones, erigimos cajas de nidos para aves y murciélagos; creamos estanques, tres nuevas guaridas para nutrias y hábitats para los pájaros. Asimismo, trasladamos plantas y hábitats, y recolectamos semillas para mantener los hábitats vegetales de los estanques en las dunas jóvenes. Sin embargo, la anterior es tan sólo una breve lista de cuán minuciosos tuvimos que ser para alcanzar la mejor calidad posible. En ese proyecto, calidad significó involucrarnos de manera tan sensible con el aspecto ambiental, que cada rubro tuvo la misma importancia: de las aves de patas largas, hasta las gaviotas de cabeza negra.

Es cierto, ser el mejor implica atención y compromiso de tiempo completo. Si cometes un error, quedará prueba de ello en los diarios. El hecho de que a los medios les interesen mis actividades, da como resultado que mi nombre esté en circulación todos los días. Siempre van a escribir algo de mí en los periódicos y, por lo tanto, mi trabajo y el de mis colaboradores es continuar enviando un mensaje de alta calidad.

El programa *El aprendiz*, es otro factor que mejora el reconocimiento de la marca Trump, incluso en países donde no contamos con desarrollos inmobiliarios. En general, siempre tengo mucha publicidad, tanto buena como mala, pero todo eso es parte de ser famoso. El hecho de convertirte en un objetivo de los medios es un asunto con el que siempre debes lidiar, pero si yo no fuera exitoso, no sería uno de sus objetivos, para comenzar. La verdad es que, después de algún tiempo desarrollas un caparazón que te defiende de las críticas, sin importar si se trata del edificio que acabas de construir o de tu cabello. Cualquier empresario que llega a tener mucho éxito, siempre estará sujeto a las críticas y al escrutinio de los demás. En muy poco tiempo aparecerán tus detractores y te juzgarán por todo lo que hagas y también por lo que dejes de hacer. Así que prepárate. La ventaja es que la gente se familiarizará con tu nombre y, al mismo tiempo, la marca se va estableciendo, siempre y cuando ofrezcas productos de la mayor calidad.

Gracias a las experiencias que he tenido con los medios de comunicación llegué a comprender que, si quieres continuar siendo fiel a ti mismo, debes operar desde una base muy sólida para soportar los embates. Es algo que vale la pena repetir: ¡Sé fiel a ti mismo!

Cuando Robert utilizó el ejemplo del Rolex pirata, me acordé de los programas tipo *El aprendiz*, que trataron de aprovechar nuestro éxito inicial. Siempre que algo tiene éxito, de inmediato aparecen las copias, y es algo para lo que tendrás que prepararte. En el caso de *El aprendiz*, ninguna de las imitaciones prosperó. Su fórmula nos funcionó a nosotros, a la marca Trump, pero, por alguna razón, bajo otros mandos no obtuvo respuesta. En mi opinión, el formato no iba bien con la imagen que la gente tenía de los otros empresarios. Tampoco les sentaba bien a sus marcas y, por supuesto, queda el hecho de que era un concepto que nosotros ya habíamos manejado. Los otros programas no tenían originalidad suficiente para construir sus propias marcas. A diferencia de ellos, *El aprendiz* se desarrolló con la marca y la organización Trump en mente, y nosotros respaldábamos al programa en todos los aspectos. Eso fue lo que le brindó tanta solidez. Cada vez que hacemos un episodio de *El aprendiz*, nuestro equipo, además de estar perfectamente bien organizado, mantiene una actitud abierta a la creatividad y lo espontáneo. Es uno de los grandes beneficios de hacer un programa sin guión. Lo único predecible es el profesionalismo de los equipos, en este caso, del nuestro y del de Mark Burnett.

En una de las primeras temporadas, durante una junta en la sala de reuniones, surgió un conflicto entre varios jugadores. El problema me obligó a pedirle al equipo que ya se había retirado, que volviera a la sala. Para ser honesto, no recuerdo bien de qué se trataba, pero ciertamente era un asunto que no se podía quedar desatendido. La situación debía aclararse, y nos tomó varias horas hacerlo. Por supuesto, el proceso se editó y en televisión apareció como si sólo hubieran pasado algunos minutos aunque, en realidad, fue muy arduo. No había manera de continuar con el programa si no solucionábamos el problema, y por eso, nos tomamos el tiempo necesario. Yo habría preferido irme a casa a cenar, pero era imposible. Ahí estuvimos, cuatro largas horas arreglando el desacuerdo. Se quedó todo el equipo y cada persona estaba enfocada en seguir haciendo su trabajo. Todo lo que hacemos, lo hacemos con cuidado porque entendemos que, aunque el programa debe ser entretenido, también debe mantenerse fiel a sí mismo y a su objetivo. Lo que muchos críticos no alcanzan a ver es que nuestro trabajo tiene un subtexto educativo que le brinda una dimensión mayor a la que tienen otros *realities*. La educación es y seguirá siendo un elemento fundamental del programa; tanto así, que ya hemos recibido muchas cartas de escuelas que lo utilizan como una herramienta en sus clases de negocios.

Un hombre con una misión

La gente con frecuencia me pregunta si tenía una misión en mente cuando fundé la Organización Trump. No sé si lo pude haber llamado misión en aquel momento, pero definitivamente sabía que quería establecer una base sólida para operar. Sabía que dicha base sería un aspecto muy importante para mi éxito porque me permitiría trabajar de la manera más efectiva posible. Muy al principio, si hubiera tenido una frase para sintetizar la misión, habría tenido que ser muy concisa: "Ser el mejor, en todos los aspectos". Eso incluye mis edificios, programas de televisión, campos de golf, es decir, todo. Ser el mejor siempre ha sido mi objetivo personal y mi enfoque, y para lograrlo debo renovar mi compromiso cotidianamente.

Tener cimientos firmes para tu marca es fundamental, también lo es contar con una frase que sintetice la misión pero, definitivamente, contar con el mejor personal para sostenerlo todo, es igual de importante. Cada vez que Robert menciona a sus socios, pienso en mis empleados y en mis colaboradores, y en la manera en que todos han ayudado a que la marca Trump se convierta en sinónimo de lo mejor.

A través de los años he descubierto que, para construir una marca, la gente que la rodea debe trabajar en sincronía absoluta. La longevidad también ayuda bastante. Yo tengo colaboradores que han estado conmigo durante 30 años. Mi organización se hizo más grande a medida que la marca se fue expandiendo y, a pesar de que tengo fama de decir: "Estás despedido", en realidad no me gusta correr a la gente. Prefiero mantenerla cerca de mí, siempre y cuando realice un buen trabajo. La ética también es muy importante porque el proceso de construir una marca es constante, nunca termina. Yo he tenido la suerte de atraer gente que comparte mi ética de trabajo. Son personas que entienden que no pueden dejar que se caiga la marca.

A continuación te daré un ejemplo de lo que digo. Un día recibimos la llamada de una señora que vivía frente a uno de mis edificios. Dijo que nuestros porteros la estaban volviendo loca porque, cada vez que se asomaba, pulían algo y a ella le parecía excesivo e innecesario. A mis edificios se les conoce por tener un alto nivel de mantenimiento, y nuestra teoría era que la señora sólo estaba celosa porque no vivía en uno de ellos. Los porteros y los trabajadores de intendencia comprenden a la perfección la importancia de sus empleos. Mantener el edificio en perfectas condiciones es crucial para nuestra marca pero, además, es justamente lo que nuestros inquilinos y huéspedes esperan. Para ser francos, no los íbamos a decepcionar sólo porque a una señora le incomodaba el movimiento.

Es un ejemplo sencillo, pero muy importante de lo que estoy tratando de decir. Nuestro equipo va más allá de lo esperado, para servir de la mejor manera posible. Existen muchas labores que no tenemos que realizar en nuestros proyectos, pero preferimos hacerlas porque nos parece conveniente. Por ejemplo, no era necesario que rediseñáramos por completo el campo de golf de Los Ángeles para que fuera verdaderamente espectacular. Pudimos sólo haber reparado el hoyo 18 que se había deslizado hasta el mar. Tampoco era necesario que nos esforzáramos tanto por conservar el ambiente que rodeaba las dunas de los campos de golf en Escocia y, sin embargo, lo hicimos. Pudimos haber cumplido los requisitos mínimos en el aspecto ambiental y ya, pero decidimos esforzarnos al máximo. Lo hacemos porque a eso nos referimos con dar lo mejor. Esto nos hace ser quienes somos; es parte de nuestra marca. Y la gente que trabaja en la Organización Trump se enorgullece del altísimo estándar que manejamos y del papel que desempeña en la credibilidad de la marca.

Si todo mundo trabaja con la misma energía, lealtad y enfoque, es mucho más sencillo navegar. Por supuesto yo estoy a cargo, pero siempre espero que la gente se responsabilice de manera individual de la parte que le corresponde. No soy el tipo de jefe al que le gusta hacerla de niñera. La compañía ha crecido mucho pero la ética fundamental sigue siendo la misma: debemos mantener un estándar de cinco estrellas. Hace algún tiempo salió un anuncio con mi fotografía tenía el siguiente encabezado: "Sólo trabajo con los mejores". Y es porque, en nuestra compañía, la gente tiene que esforzarse al máximo. Si llegan a entenderlo, entonces nos manejamos sin ningún problema. Yo lo hago y espero lo mismo de los demás. Ésa es una de las razones por las que quiero que cualquier persona que se involucre con mi marca, también se desempeñe al nivel del estándar de cinco estrellas que tenemos.

Si tú apenas estás construyendo tu marca o pensando en hacerlo, debes entender que su integridad tiene que hablar por sí misma. Pero eso es algo que debe quedar claro desde el principio. Por ejemplo, si tienes en la mano un huevo de Fabergé auténtico o el diamante Hope, realmente no es necesario dar un discurso tremendo para vender. Porque si te empeñaras demasiado en describir productos así, la gente comenzaría a preguntarse si en verdad son genuinos. Siempre debes tratar de que haya un control de cantidad en la publicidad que haces de tu marca porque la desesperación da muy malos resultados.

Desde que comencé en este negocio tenía la actitud de "sólo lo mejor". Creo que siempre estuvo en mí y, por lo tanto, me esforcé para estar a la altura. Porque la reputación no se puede comprar. Yo sabía que quería establecer mi marca de la mejor manera posible y de inmediato, pero no fue sencillo. La renovación que hicimos del viejo hotel Commodore para convertirlo en el hermoso Grand Hyatt, dio a conocer mi nombre como una persona que realizaba un buen trabajo. La Torre Trump fortaleció esa reputación en 1983 y, si la visitas ahora, te darás cuenta de que continúa siendo un edificio de una belleza extraordinaria.

Construir una marca es como construir un rascacielos: primero se colocan los cimientos que, por cierto, deben ser proporcionales al tamaño del edificio. Como te habrás dado cuenta, a mí me ayuda mucho pensar en términos de la construcción. Por ejemplo, ¿ya tienes los planos de tu marca? ¿Los cimientos son suficientemente fuertes y profundos para sostener una estructura monumental? No dejes nada al azar. A la gente le agrada la seguridad y eso lo brinda una marca fuerte. Cada vez que una persona compra en Gucci, sabe que obtendrá materiales y diseño de la más alta calidad. No es un riesgo. Sucede lo mismo con la gente que se hospeda en algún hotel Trump: sabe bien que su habitación tendrá una sofisticación absoluta y recibirá un servicio excelente. Desde la perspectiva de los empleados, una marca fuerte significa orgullo y seguridad. También los clientes tienen una perspectiva similar porque piensan en el orgullo de poseer un gran producto, en la seguridad y la calidad que éste conlleva. Recuerda que Robert dijo que el nombre de una marca, sin una gran compañía que lo respalde, no sirve para nada.

Pon el ejemplo

Yo tengo que poner el ejemplo. Mis empleados y socios se dan cuenta de lo mucho que trabajo todos los días, y del ahínco con que lo hago. Están al tanto de mis estándares. Eso permite que la marca florezca desde el interior de nuestra compañía. Por lo general no tenemos largas reuniones de ningún tipo, porque creo que no son necesarias. Si alguien necesita enterarse de algo, él o ella pueden acercarse a mí para preguntar. Tengo una política de puertas abiertas que me mantiene accesible porque me gusta estar al tanto de lo que sucede. La gente entiende que mi tiempo es limitado, así que trata de ser concisa e ir al grano. Yo trabajo rápido y mis empleados también deben hacerlo. Digamos que es un sistema tan eficiente, que la gente que me visita se sorprende al ver que mi equipo más cercano es bastante pequeño. Todo mundo colabora para que el trabajo se lleve a cabo. Es un equipo que valora mucho la responsabilidad individual. Este sistema me ha permitido descubrir que la gente trabaja con más ganas cuando confías en ella por completo. Además, la confianza que tiene en sí misma, se incrementa. Por esta razón considero que soy un maestro y debo desafiar a los demás para que den su máximo esfuerzo. Es algo que vale mucho la pena recordar cuando estás tratando de construir tu marca. Lo sé porque la gente responde a los desafíos, pero también a la confianza que adquiere cuando alguien cree lo suficiente en su capacidad para incrementar sus responsabilidades. Pienso que nunca se debe juzgar a alguien por el puesto que ocupa. Te sorprendería descubrir los talentos que pueden tener muchas personas. Varios de mis empleados han superado por mucho lo que el título de sus puestos implicaba originalmente.

Otro aspecto que debes considerar es que es muy posible que tú mismo termines representando a tu marca. Yo lo hago todo el tiempo y me agrada mucho poder compartir con la gente los esfuerzos que realizamos. Digamos que, de cierta forma, también soy vocero de la Organización Trump y de nuestros proyectos. Es un trabajo que se me facilita muchísimo porque siempre estoy muy emocionado por lo que hago y porque sé que mi marca es la mejor. El desafío consiste en asegurarse de que absolutamente todo lo que esté vinculado contigo y con la marca, esté en la misma frecuencia de lo que ésta representa. En nuestro caso, esto se refiere a ser los mejores. Me costaría mucho trabajo creer que no todas las compañías, incluyendo la tuya, quisieran destacarse por una buena labor. Por eso mismo, trata de recordar que todos y todo lo que tenga que ver con tu marca, te representan, y que tu reputación está en riesgo todo el tiempo. Podría haber un intendente que hace un esfuerzo adicional y, al mismo tiempo, podría haber otra persona que no lo hace. La gente critica mucho y, en buena cantidad de los casos, lo hace con razón. El servicio es una parte muy importante de mi marca. Los clientes pagan por lo mejor y merecen recibirlo en todos los niveles. Cada error que se comete, sin importar lo trivial que sea, es un reflejo de tu marca y de ti mismo. Cada vez que cometas uno, aprende de él para que no vuelva a suceder. Recuerda que para mantener un nivel de excelencia es necesario ser diligente todo el tiempo.

La necesidad de ser fiel a ti mismo y a tu marca

Me agrada mucho cuando Robert dice que debes ser fiel a ti mismo y a tu marca. Creo que también está en lo correcto cuando señala que, si quieres ser una marca, no puedes complacer a todo el mundo. Primero decide por qué rasgos quieres ser identificado, y tienes que ser fiel a ti mismo y a la marca. Lo más importante es que debes complacerte a ti antes que a los demás. Ya sé que es una frase muy trillada, pero si no, ¿entonces por qué haces las cosas? Te repito que es necesario tener cuidado porque no todo mundo estará de acuerdo con tu posición. Hay mucha gente a la que agrado, y mucha a la que no. A mí no me molesta eso porque mi marca es sólida y yo también lo soy. Puedo enfrentar los comentarios negativos porque las impresiones positivas que causo, son muy superiores a las de mis detractores. Sin embargo, siempre estoy preparado para aclarar una situación cuando algún comentario amenaza con dañar mi marca o mi reputación. La gente sabe bien que, en ese sentido, soy un luchador y, por lo tanto, pensará muy bien las cosas antes de atacarme. Porque cuando me defiendo, lo hago con todo. Tú también marca los límites en lo que se refiere a construir tu marca y protegerla. Robert mencionó que siempre hay periodos de problemas y tribulaciones, y yo no podría estar más de acuerdo. Lo único que debes hacer es aceptar que estás destinado a vivir esas experiencias, particularmente conforme tu éxito aumente. También recuerda que debes enfrentar cada problema de manera individual porque, ser una marca, implica una actitud tanto táctica como estratégica.

Hace muchos años, en la revista *New Yorker* apareció una crítica feroz en mi contra. Yo me enojé muchísimo y estuve a punto de llamar al editor para quejarme. Pero luego me di cuenta de que si lo hacía, la revista aumentaría sus ventas porque la nota se convertiría en una gran historia en lugar de quedar como un articulito mal escrito que la gente podría olvidar en pocas semanas. Cuando los reporteros me llamaron para preguntar acerca de la nota, les dije que era tan larga y aburrida, que ni siquiera había podido terminar de leerla. En ese caso, lo mejor fue no reaccionar ante el ataque. Finalmente, le escribí una carta al editor después de algún tiempo, cuando la revista ya ni siquiera estaba a la venta, y le aclaré que me había decepcionado mucho la "larga y aburrida historia". Le dije que era tan mala, que había preferido ver el juego de los Knicks por televisión en lugar de terminarla. También le sugerí que jamás me volvieran a pedir que colaborara con ellos para que pudieran escribir otro artículo sobre mí.

Más adelante, alguien volvió a escribir un artículo malo y creí que, en esa ocasión, valía la pena responder. Así que envié una carta que terminó ganando el premio a Mejor Carta de *The New York Times Book Review*, según la revista *New York*. Al final de la misiva, señalé que tal vez algún día, los reporteros que habían escrito el pésimo y mediocre artículo sobre mí, pudieran sorprenderme con un texto de mayor relevancia. A veces tienes que dejar pasar las cosas y, en otras ocasiones, lo más útil es dar una ligera cachetada con guante blanco.

Robert también mencionó a los distintos socios que ha tenido al paso de los años. En mi caso, los proyectos pueden llegar a ser enormes e involucrar a muchísima gente: contratistas, diseñadores, arquitectos, gerentes, personal para labores generales, etcétera. Tal como señaló Robert, es muy importante estar de acuerdo con los colaboradores. Por ejemplo, cuando le pido a alguien que diseñe un campo de golf, me parece importante compartir la misma visión. Porque la capacidad técnica de la otra persona es esencial, por supuesto, pero si no hay química entre nosotros, podríamos terminar gastando una buena cantidad de tiempo y dinero de manera innecesaria. Lo anterior sucede con todas las personas y a todos los niveles de trabajo en la compañía.

En el punto que me encuentro de mi carrera, la verdad es que ya no necesito hacer más dinero. Me encanta lo que hago y me interesa mucho la marca Trump, pero el dinero ya no es lo que me mueve. Por eso ahora tengo la posibilidad de mantener relaciones de trabajo por más tiempo. Mis clientes y la gente que colabora conmigo me interesan mucho y creo que eso es fundamental porque, como ya dijo Robert, si no hay un vínculo, entonces no construyes relaciones con los demás y todo se vuelve una transacción monetaria. Los vínculos son un factor esencial para construir tu reputación, la cual debe ocupar un lugar privilegiado en tu mente desde que comienzas a darle forma a tu marca.

Como mucha gente sabe, tengo fama de ser muy honesto y, en ocasiones, crudo. Soy así porque nunca le he encontrado sentido a comportarse de una manera muy diplomática si, finalmente, el problema es que estás equivocado. Yo digo lo que pienso, y eso tal vez me resta popularidad en algunos círculos, pero la verdad es que no puedo ser hipócrita. Pero ojo, no estoy diciendo que me gusta llevar la contraria sólo por gusto. Soy reconocido por ser un gran negociante, y eso significa que soy capaz de ponerme en los zapatos de la otra persona con el objetivo de llegar a un acuerdo que sea benéfico para todas las partes. Así que hay una línea muy delgada por la que tienes que caminar cuando eres empresario, y esa situación también es aplicable a la vida y a cualquier otro tipo de negociación. Por todo lo anterior, siempre trato de ser muy cauteloso.

Te daré un ejemplo. En el número 40 de Wall Street, en el Distrito Financiero, tengo un edificio genial. Es el más alto de la zona sur de Manhattan y su belleza es extraordinaria. Tuve el ojo puesto en ese edificio durante muchos años antes de intentar comprarlo, y cuando lo hice, pagué un millón de dólares por él. Esperé mucho tiempo para que llegara el momento indicado, pero ahora se le considera uno de los mejores tratos de bienes raíces hechos en Nueva York. Debo decir que no fue una historia de éxito instantáneo. Pasó tanto tiempo que me desesperé, y en algún momento pregunté a los dueños, quienes lo habían comprado a principios de los noventa, si les interesaba asociarse conmigo. Sin embargo, lo que ellos querían era convertir el edificio en el equivalente, en esa zona, de la Torre Trump. Incluso tenían el plan de construir un atrio igual al de la torre, pero nunca se pusieron a pensar qué harían con las columnas de acero que sostenían los 72 pisos. La estructura del edificio de Wall Street requería de las columnas para sostener el peso, por lo que la idea de un atrio no era factible. Sin embargo, el hecho de que estuvieran tan confundidos, me dio algo de esperanza. Era demasiado obvio que no sabían lo que estaban haciendo.

Como era de esperarse, los dueños quisieron vender tres años después, en 1995, y eso me colocó a mí en posición privilegiada. Aceptaron mis términos sin un solo pero, y el edificio en el número 40 de Wall Street pasó a ser de mi propiedad. Entonces viajé a Alemania para reunirme con Walter Hinneberg y restructurar el contrato de renta que los dueños tenían con él. Había muchos detalles. Uno era decidir si el edificio sería una propiedad residencial (todo mundo me aconsejó eso), o si debía mantener su estatus como edificio de oficinas. Mi instinto me sugirió ir por el camino de las oficinas, y resultó ser un gran éxito. Además, es un lugar precioso; el edificio más alto del sur de Manhattan. Desde el principio supe que sería una adición genial al grupo de rascacielos de la marca Trump, y con el tiempo descubrí que estaba en lo correcto.

Debo mencionar que se requiere de mucho trabajo y enfoque para conocer bien tu marca y mantenerla intacta aun con el paso del tiempo. Yo, en lo personal, tengo una gran capacidad de enfoque porque, en el descalabro financiero que sufrí en la década de los noventa, la lección más importante fue que debía mantener mi concentración. El enfoque fue el tema del capítulo anterior, lo que representa el dedo índice. En aquel entonces yo había perdido el enfoque y los resultados fueron demasiado obvios. Me la pasaba asistiendo a los desfiles de modas en París, viajando por el mundo y socializando, pero no trabajaba como debí hacerlo. Digamos que me hice un poco holgazán. La última llamada de atención fue cuando *Wall Street Journal* y *New York Times* presentaron sendos artículos que predecían mi caída, en primera página y… ¡el mismo día! Como era de esperarse, los artículos se leyeron en todo el mundo en cuestión de horas. Jamás olvidaré aquel día. Sin embargo, me puse a la altura de la situación y comencé a trabajar con mucho ahínco. Ahora tengo más éxito que en aquel tiempo porque mi enfoque, en todos los aspectos —personal, profesional y de marca— se encuentra justamente donde debe estar. Ya no me permito más distracciones y, debido a eso, tengo la capacidad para manejar varios negocios de manera simultánea. La marca Trump se mantuvo intacta durante tiempos difíciles y, a partir de ahí, seguimos avanzando y nos expandimos con un vigor renovado.

Más, ¿es mejor?

Hablemos acerca de la expansión de una marca. Creo que tu marca debe expandirse, sin embargo, la integridad debe mantenerse inmaculada. Yo he extendido la marca Trump hacia el ámbito del entretenimiento, el desarrollo de campos de golf, el negocio hotelero y muchos otros rubros, pero el común denominador siempre ha sido: calidad con un estándar de cinco estrellas. Siempre debes mantener en mente el estándar de tu marca para que la expansión resulte viable y gratificante. Claro, lo anterior no significa que será sencillo. Por ejemplo, el desarrollo de las dunas para jugar golf en Escocia, llegó a ser un proyecto demasiado abrumador porque, tan sólo el hecho de trabajar en otro país implicaba una problemática importante, sin contar muchos otros factores que complicaban la labor. Pero todo nos lleva al punto de partida: ser fiel a ti mismo y a tu marca. Ahí yacen los sólidos cimientos que soportarán el paso del tiempo y las tribulaciones, y permitirán que tu marca crezca.

El trabajo necesario para la marca

Yo siempre he fungido como vocero de mi propia marca. En cuanto tu marca comience a crecer, surgirán oportunidades de recibir mayor reconocimiento. En mi caso, desde muy temprana edad estuve en el ojo del público como desarrollador en Manhattan. Tenía proyectos grandes e importantes que a veces sorprendían a la gente y generaban el interés de los medios. Por eso me acostumbré a captar la atención tanto en sentido positivo como negativo. De cualquier manera, la atención que recibía me ayudó a establecer la marca Trump. Sirvió para que la gente se enterara de quién era yo y comenzara a reconocer el nombre Trump. Con el paso del tiempo, también llegué a ser popular fuera de Nueva York.

En 1987 se publicó *The Art of the Deal*, mi primer libro. Se convirtió en *bestseller* y mi fama se acrecentó en gran medida. Mark Burnett lo leyó en aquel tiempo y, más adelante, comentó que fue el catalizador que lo hizo esforzarse para alcanzar el éxito. También sé que a Robert le impactó mucho su lectura. Mark trabajaba en aquel tiempo como cuidador de niños y vendía camisetas en Venice Beach, en California. Muchos años después, se acercó a mí en la pista de patinaje Wollman. Estaba realizando un episodio de la serie *Survivor* y, de hecho, había rentado la pista para la filmación. Cuando habló conmigo mencionó la posibilidad de hacer un *reality* sobre mí. Me preguntó si podíamos reunirnos en mi oficina, y yo acepté. Mark llegó a la cita y me explicó el concepto de *El aprendiz*. Su propuesta me intrigó desde el principio, sin embargo, como yo me dedico a los negocios, me preocupaba que el programa requiriera demasiado tiempo. Mark me dijo: "Te prometo, Donald, que no serán más de tres horas a la semana". Y, por raro que parezca, ¡le creí! ¿En serio? ¿Tres horas para un programa en horario de alta audiencia? Bueno, de cualquier forma, me agradaban mucho Mark y su concepto, así que cerramos el trato con un apretón de manos. Mis asesores me dijeron que era muy riesgoso y podría dañar mi reputación y mi imagen, o la marca. Pero ya había aceptado y tenía una buena corazonada respecto al programa. En ese momento no estaba al tanto de que 95 por ciento de todos los programas nuevos de televisión, fracasan. Me da gusto no haberlo sabido porque tal vez no habría accedido con tanto entusiasmo.

Por fortuna, el programa fue el número uno de la temporada y el aspecto de celebridad con que ya contaba mi imagen, se expandió muchísimo. Me hice famoso a nivel internacional, y eso tuvo un impacto muy positivo en mi negocio. También le brindó a la Organización Trump reconocimiento como una compañía en que las cosas se hacen y se hacen bien. El programa representó una oportunidad maravillosa para la marca y, en este momento, vamos por la doceava temporada.

Casi desde el principio de mi carrera me han solicitado actuar como orador en reuniones, pero, después del éxito que tuvo *El aprendiz*, también me pidieron participar en comerciales de televisión, e incluso, ser anfitrión del programa *Saturday Night Live*. Las invitaciones para ser orador, ahora me llegan por decenas y decenas a la semana. También se acercaron a mí algunos editores para escribir más libros. *El aprendiz* fue una tremenda oportunidad para que mi negocio se expandiera y creciera como nunca antes. Lo que te quiero decir con todo esto es que participé activamente en todas estas oportunidades porque sabía lo mucho que podrían significar para la marca. Tener un producto increíble no sirve de gran cosa si la gente no lo conoce. El nombre se tiene que divulgar y los clientes deben llegar a reconocerlo de forma instantánea.

Siempre que te lleguen oportunidades similares para que tu marca adquiera mayor reconocimiento, pondéralas y aprovecha la oportunidad para darla a conocer a otro nivel. Recuerda que debes afrontar riesgos. Si no estás seguro acerca de la calidad de tu marca, entonces debes arreglar esa situación antes de comenzar a hablar demasiado. Debes asegurarte de que tu marca sea la mejor y de que, anunciarla a nivel mundial, se convierta en un deleite, no en una tortura.

¿Eres un comunicador?

Yo soy extrovertido por naturaleza. Me gusta comunicarme, ya sea con dos personas en la oficina, o con miles, y me agrada contar anécdotas para ilustrar lo que quiero decir. Si este aspecto te causa problemas en lo personal, podrías superarlo enfocándote en la audiencia. ¿Qué es lo que a tu público le gustaría saber? ¿Qué podría ser interesante y divertido para la gente? De cierta forma, comunicarse con otros es como negociar. Trata de descubrir los antecedentes de la gente que te va a escuchar, de esa manera, el enfoque en ti es menor y eso permitirá que tu nerviosismo desaparezca o, por lo menos, te dará oportunidad de apaciguarte.

La habilidad de hablar en público es fundamental para el desarrollo de tu marca. Si no lo puedes hacer, entonces debes encontrar un vocero que ocupe tu lugar hasta que puedas hacerte cargo del asunto. Yo por lo general relato anécdotas personales. Por ejemplo, me gusta mucho contar la historia de un amigo que estaba en el negocio equivocado. Por medio de esa historia puedo enfatizar la importancia de amar lo que haces para alcanzar el éxito. Aquel amigo era un gran ejemplo. Trabajaba en Wall Street porque ésa era la tradición en la familia y le pareció adecuado continuarla. El problema fue que mi amigo era muy malo en el aspecto financiero y, por lo tanto, siempre se veía enfermo e infeliz. Yo tengo fama de ser demasiado franco y, claro, finalmente le dije que tenía apariencia de perdedor. Fue una declaración muy fuerte, pero la hice porque lo estimaba. Le pregunté qué le gustaba hacer en la vida, y mencionó que le encantaba cuidar el césped en su club de golf. Entonces comenté que el golf podría ser un buen negocio para él. Después de algún tiempo, mi amigo decidió dedicarse al golf como negocio, tuvo éxito y, claro, ahora se ve muy sano y feliz.

En una ocasión, debido a causas de fuerza mayor, me retrasé varias horas para dar un discurso y, después de volar en avión, la policía nos tuvo que escoltar en medio del tránsito y la lluvia. Aquella aventura se convirtió en un espectáculo para el paciente público formado por miles de personas que nos esperaban. Me acompañaba un equipo de *El aprendiz*, y se nos ocurrió filmar el viaje y los sucesos para que el público se sintiera parte del *reality* que, evidentemente, estaba siendo improvisado. Cuando por fin llegué al lugar, el anunciador informó: "Donald Trump acaba de entrar al edificio" y, a pesar de la prolongada espera, en lugar de molestia por parte del público, se produjo un agradable ambiente de celebración. Todo mundo se divirtió mucho, y mi marca y mi nombre me ayudaron para que el público me disculpara a pesar de haber llegado tarde. Transformar una situación negativa en algo positivo, para mí y para la gente que me invitó a participar, fue una experiencia conmovedora.

Creo que la posibilidad de que tú mismo representes a tu marca, es lo mejor que te puede pasar porque nadie conoce tan bien el producto como tú mismo. Piénsalo, si tú no lo puedes vender, ¿entonces quién lo hará? Toma en cuenta que debes ser capaz de representar a tu marca tanto en reuniones como en la vida cotidiana. Ése es el secreto para una marca a prueba de todo. Los empresarios que desean alcanzar el éxito también deben aprender a ser persuasivos porque, cada vez que representas a la marca, se debe notar que tu entusiasmo es genuino.

La imagen es importante y dice más que las mil palabras de elogio que acompañan al producto. Piensa en la asociación de palabras que se produce cuando mencionas una marca. Porque, de hecho, si llevas a cabo exitosamente el proceso de construcción, la asociación de palabras llegará a convertirse en la imagen misma. Trata de que la gente te reconozca de inmediato. Si la marca se ha ido armando de manera correcta y bien pensada, su nombre debería poder hablar por sí solo. Por ejemplo, si dices "Channel", habrá una imagen que precede a cualquier otra palabra. Sucede lo mismo con marcas como "Gucci" y "Trump".

En el momento en que sucede lo anterior, puedes pensar que tu marca empezará a trabajar para ti. Porque, finalmente, la marca trabaja desde el momento en que, con sólo mencionarla, en la mente de las personas aparece un anuncio instantáneo o un estímulo visual reconocible. Tal vez ahora te encuentras todavía al nivel de los cimientos, o quizá ya están bien construidos. Pero en cuanto las cosas comiencen a funcionar, tú mismo lo notarás. El hecho de que una marca sea reconocida con una mención, te puede ahorrar mucho tiempo porque las presentaciones y explicaciones saldrán sobrando. Cuando tengas una marca bien establecida, ya tampoco tendrás que andar como loco persiguiendo oportunidades. Éstas vendrán a ti. ¿Qué es lo que hay detrás de un nombre? ¡Muchísimo! Y lograr construirlo es parte del toque de Midas.

Desglose: Marca

Muchos empresarios trabajan arduamente en su negocio, pero muy pocos logran construir una marca. Para hacer que el tuyo lo logre, es necesario desarrollar el toque de Midas. Te des cuenta, o no, la marca puede llegar a ser mucho más valiosa que el negocio entero. Por ejemplo, la marca Coca-Cola vale mucho más que todas las plantas embotelladoras, el equipo y los bienes de capital que conforman el negocio. Coca-Cola solía ser la marca más valiosa, pero Google la desplazó. ¿Será Facebook capaz de hacerle lo mismo a Google? ¿Quién puede saberlo?

Si tu negocio no es una marca, entonces sólo continúa siendo un producto ordinario o, si acaso, una especie de bien tangible para ti. Hay muchos negocios de hamburguesas pero sólo hay un McDonald's.

Hay muchas cafeterías, pero sólo un Starbucks y, adores estas marcas o no, debes reconocer que su éxito es innegable. Una marca es poder. Antecede tu presencia y trabaja a tu favor. A eso se le llama apalancamiento, una herramienta que representa grandes ventajas para cualquier empresario. Un negocio que no es marca, sólo representa una manera de mantenerte ocupado. Puede ser un empleo para ti y tus empleados, y siempre te dará algo que hacer, pero, al final del día, mes, año, etcétera, lo único que te queda para demostrar tu esfuerzo es el trabajo y, si acaso aprovechaste bien tus recursos, tendrás algunas ganancias. No hay nada de malo en ello, pero los empresarios con el toque de Midas siempre quieren algo más.

Lo anterior nos conduce a la siguiente realidad acerca de la creación de una marca: detrás de cada una, se encuentra el ADN del empresario que lo inició todo. El ADN es un preciado y valioso activo que muy pocas compañías logran identificar antes de perderlo. Por eso muchas marcas mueren cuando el empresario le vende su compañía a una corporación de grandes dimensiones. Dos ejemplos recientes de la muerte del ADN de un empresario, son AOL y Myspace.

¿Qué representas?

Muchas personas se involucran en la actividad empresarial con el único objetivo de obtener dinero y, por eso, hay muy pocos empresarios que realmente pueden hacer la diferencia. ¿Tú qué tipo de empresario eres? Sería bueno que te lo preguntaras desde ahora porque es un asunto que tendrá gran relevancia a lo largo de tu búsqueda del éxito.

Para escribir sus secciones del libro, Robert trabajó con Kathy Heasley, empresaria enfocada en el desarrollo de marcas y, a través de Heasley & Partners, su negocio, tiene la oportunidad de colaborar con empresarios novatos y de renombre, así como con distintas compañías, para enseñarles cómo lograr que sus negocios se conviertan en marcas. A través de los 20 años de experiencia que tiene guiando a empresarios, Kathy ha creado lo que llama el sistema Heart & Mind (Corazón y mente), método que su compañía utiliza para la creación de marcas. Con este sistema las compañías aprenden a infundirle corazón —un objetivo mayor, espíritu y alma— a todo lo que comunican y hacen.

En este sentido, la creación de la marca va más allá del *marketing* y las comunicaciones porque, de hecho, llega a envolver a todo el negocio.

Una de las numerosas historias de éxito de Kathy, es la de su colaboración con Doug Ducey, empresario cuyo talento era la fuerza detrás del éxito de Cold Stone Creamery. Esta compañía continúa siendo, hasta la fecha, una importante marca internacional de helado.

En 1999, cuando Kathy aceptó a Cold Stone Creamery como cliente, la compañía era una incipiente franquicia que contaba con unos 12 empleados, 35 tiendas y apenas unos cuantos millones de dólares en ingresos brutos. Para cuando Cold Stone fue adquirida, a menos de diez años de la intervención de Kathy, el negocio había crecido tanto, que contaba con 1400 tiendas y obtenía más de 500 millones de dólares en ingresos brutos.

Kathy piensa lo siguiente acerca de empresarios, negocios y creación de una marca: "Muy a menudo, la gente cree que una marca es un logo. Muchos piensan que se trata de promoción de ventas o de una campaña de publicidad, pero no es así. Una marca es dos cosas: la 'Promesa' en apenas unas palabras, y la 'Experiencia' que brindas. La marca se sostiene gracias a aquello que representa el empresario y por eso, cada vez que la gente ve tu marca, escucha tu nombre o usa tus productos, todos estos símbolos y experiencias deberían detonar en ella lo que representas. Iré un poco más lejos: tú, tu nombre, tus productos y tu servicio, deberían generar en el cliente, tanto una respuesta intelectual como una emocional. Heart & Mind tiene su fundamento en el hecho de que todos compramos con el corazón y justificamos con la mente. Dicho de otra forma, una marca debe ser, primero emotiva y luego lógica".

Algunas preguntas que debes hacerte

Kathy cree que los negocios exitosos poseen ese algo especial, esa magia que encenderá la mecha de la marca. Al trabajar con Cold Stone Creamery descubrió que a ellos les apasiona hacer feliz a la gente, y les interesa ser los mejores y brindar la sensación más sofisticada que se pueda tener al consumir un helado. Fueron precisamente esos rasgos a los que les inyectaron vitalidad en la marca.

Los líderes necesitan tener fuego en el corazón y una buena razón de ser. Kathy le llama a esta razón de ser: "La historia detrás de la historia", y cree que los empresarios deben tener la capacidad de vincularse con esa historia y permitir que la gente se entere.

Para comenzar a desarrollar una verdadera marca al estilo Heart & Mind, los empresarios tienen que hacerse las siguientes tres preguntas fundamentales que contemplan el panorama general.

Pregunta #1 del panorama general: ¿Por qué haces lo que haces?

¿Sabes cuál es el "porqué" detrás de tu "qué"? Dado que la gente se conecta con el *por qué*, es importante tener una buena razón para hacer lo que haces. Asimismo, la vitalidad de tu marca debe estar impregnada con esa autenticidad. Es muy importante que a los empresarios les apasione lo que hacen porque la característica más importante de una marca Heart & Mind es su autenticidad. No se trata de hacer dinero. Esa capacidad podría ser suficiente para mantenerse en el cuadrante A, sin embargo, para llevar tu negocio al cuadrante D, necesitarás algo más.

Kathy dice que cuando la gente conoce a Robert y a Donald, de inmediato se da cuenta de que hay un enorme "por qué" detrás de lo que cada uno de estos hombres hace. Finalmente, ambos son empresarios avezados y excelentes negociadores; también son muy exitosos. Además, piénsalo: ninguno de los dos tiene necesidad de seguir trabajando y, sin embargo, lo hacen. A pesar de que ambos están en el negocio de hacer dinero y disfrutan mucho de este juego, su objetivo principal no es ser más ricos. El dinero no es su "por qué". El hecho es que, si te fijas bien, verás que ambos son, en realidad, maestros. Disfrutan genuinamente de enseñar a la gente a ser lo mejor que pueda y a tener la mejor vida posible. Ese "por qué" subyace en cada libro que escriben, en cada proyecto, en cada inversión. Robert y Donald escribieron su primer libro, *Queremos que seas rico*, con el único propósito de iluminar a la gente acerca de cómo funciona el mundo y de la amenaza que encaramos todos hoy en día. Hablaron del deterioro de la clase media, por qué está sucediendo y qué puedes hacer para asegurarte de pasar al nivel de la gente adinerada en lugar de caer en la pobreza. A eso se le llama enseñanza y es lo que a ellos les apasiona. Ambos quieren que la gente goce de una mejor vida.

Ciertamente, muchas personas han escuchado sobre Donald Trump y el libro *Padre rico, Padre pobre*, de Robert. Si exploras un poco los ámbitos de negocios y la actividad empresarial, en muy poco tiempo sabrás con exactitud quiénes son ellos. De inmediato percibirás que tienen un espíritu y representan algo mucho más importante que la capacidad de generar dinero. Ambos se rigen por lo que dice la conocida frase: "No me interesa lo que piensas de mí". Es decir, ellos no necesitan tu aprobación para existir. En el aspecto social se manejan con respeto y cortesía, pero resulta evidente que sus corazones arden. Son hombres intensos, fuertes y, además, les apasiona su misión.

Donald y Robert poseen las cualidades de una marca Heart & Mind. La gente sabe quiénes son más allá de su imagen y de la forma en que su espíritu está vinculado a sus compañías. También es muy evidente el nivel de enfoque de ambos, su fuerza emocional y su dedicación al trabajo arduo. La creación de una marca es una suerte de maratón, pero también implica el aprovechamiento del impulso que tiene un negocio. Los líderes no pueden solamente entrar y salir del juego a discreción.

Para expandir la búsqueda de tu marca, hazte las siguientes preguntas:

- ¿Qué es lo que quieres conseguir con tu negocio?
- ¿Qué te hace levantarte por la mañana?
- ¿Alguna vez has fracasado?
- ¿En dónde te ves en cinco años?
- ¿Cuál quieres que sea tu legado?

Llama a algún amigo en quien confíes plenamente y conversa con él o ella acerca de las preguntas. Generen retroalimentación y escriban todo. Las preguntas son muy importantes, así que repitan el proceso varias veces. Kathy recomienda hacerlo hasta que te quede más claro quién eres, por qué haces lo que haces, y si tienes el fuego que se requiere para convertir tu negocio en una verdadera marca Heart & Mind. El proceso te ayudará a investigar a fondo lo que representas. También será útil que hagas preguntas similares a tus clientes y empleados porque, cuando se trata de descubrir la autenticidad del empresario y de su compañía, todo mundo debe opinar.

Pregunta #2 del panorama general: ¿Qué problema quieres resolver?

El único propósito de un verdadero negocio es resolver un problema y hacer que la vida sea mejor. Si lo que tú haces no beneficia a otros, entonces carece de sustancia. Según Kathy, las grandes marcas no sólo deben ser genuinas, también deben significar algo importante.

Las marcas de Robert y Donald se llevan bien porque trabajan para resolver los mismos problemas. A pesar de que estos hombres son muy diferentes y nacieron en extremos opuestos de los Estados Unidos (Nueva York y Hawai), ambos tuvieron padres ricos. Uno de ellos proviene de una familia adinerada y, el otro, de una de clase media; sin embargo los une, desde el fondo del corazón, su deseo de ser maestros. A veces comparten el escenario para dirigirse a nutridos públicos, para alentar a los asistentes a no abandonar sus sueños. Los dos tienen programas de televisión educativos: el de Donald es el popular *show*, *El aprendiz*, y Robert aparece en sus programas de la cadena PBS. Ambos cuentan con juegos y libros, y dirigen compañías que promueven la educación financiera. Asimismo, se esfuerzan por llenar la laguna que existe por la falta de este tipo de educación en nuestras escuelas. Robert y Donald saben que éste es uno de los problemas más importantes en nuestra sociedad. Al sumarse a otras carencias, la falta de educación financiera va ocasionando un creciente vacío entre ricos y pobres, así como la disminución de la clase media. Los estadounidenses están siendo socavados por el desempleo, los salarios castigados, los altos impuestos, el decremento en el valor de las casas, la inflación en aumento, el cuidado médico incosteable y la falta de ahorros para su retiro. Robert y Donald quieren ser parte de la solución, y por eso enseñan y comparten su conocimiento: para que más gente pueda disfrutar de una vida mejor.

Sus principios han sido puestos a prueba en varias ocasiones, pero Robert y Donald jamás compartirán el escenario con los expertos financieros que sugieren "Vive por debajo de tus posibilidades". Ellos quieren que la gente posea conocimiento financiero para, incluso, cumplir sus sueños más desorbitados. Tanto a Mark Burnett, productor de *El aprendiz*, como a Robert, el libro de Donald, *The Art of the Deal*, los inspiró a ir más allá de sus sueños. Como dijo Donald anteriormente: "Mark trabajaba en aquel tiempo como cuidador de niños, y vendía camisetas en Venice Beach, en California. Fue entonces que leyó mi libro". Actualmente Mark Burnett es el líder del formato de *reality* en televisión, y es mucho más rico de lo que jamás imaginó.

Kim, la esposa de Robert, dice: "En 1987 todavía nos encontrábamos en dificultades financieras porque Robert acababa de liquidar la deuda de casi un millón de dólares que tenía debido al negocio de las carteras. Estábamos en ceros porque, aunque ya no teníamos deudas, tampoco contábamos con ingresos. En cuanto nos enteramos del libro de Donald, corrimos a comprarlo. Luego lo leímos, lo estudiamos y lo analizamos a profundidad. Ese libro cambió nuestras vidas porque, con él, Donald nos permitió ver a través de sus ojos. No nos dio las respuestas que buscábamos, sólo nos brindó la oportunidad de conocer un mundo lleno de opciones y, eso, es lo que hacen los grandes maestros".

Las marcas Trump, Kiyosaki y Burnett tienen gran relevancia en el mundo actual porque resuelven problemas, generan empleos y nos permiten avanzar en sincronía con lo que sucede en el ámbito nacional y global. Tanto Kiyosaki como Burnett son marcas vinculadas con Trump, y los resultados de esa asociación son benéficos para todos. Las marcas individuales pueden ser muy poderosas, pero cuando se unen, crecen de forma exponencial.

Por medio del análisis de las siguientes preguntas, Kathy te recomienda entender qué hace que tu negocio tenga substancia:

- ¿Qué problema quieres resolver?
- ¿Por qué es un problema?
- ¿Qué lo causa?
- Si tu negocio desapareciera mañana, ¿qué perdería el mundo?
- ¿Qué te hace pensar que puedes resolver el problema?
- ¿De qué forma lo resuelve tu producto o servicio?
- ¿Cómo logran tu producto o servicio que las vidas de tus clientes sean mejores?
- ¿Qué crees que realmente necesiten los clientes de una compañía como la tuya?

Es importante que dediques tiempo suficiente para responder estas preguntas. Luego pídele a tu amigo o amiga que te las vuelva a hacer, y repitan el proceso hasta que te quede claro qué te da sustancia. Recuerda que el segundo rasgo de una gran marca Heart & Mind, es que sea significativa.

Pregunta #3 del panorama general: ¿Quién o qué es tu competencia?

Debido a que todos los negocios tienen competencia, Kathy sugiere: "Para construir una marca tienes que ser diferente a los demás. De hecho, es la tercera característica de una gran marca: la originalidad. Hay muchos negocios que solamente son 'uno más' y nunca lograrán sobrevivir a la batalla y dar el gran salto. Cuando alguien dice: 'Mi producto no tiene competencia porque soy único', de inmediato me doy cuenta de que, lo que tengo frente a mí es un soñador, no un empresario. La competencia siempre está ahí. De hecho, tu competencia podría incluso ser el hecho de que el cliente no sepa que existes. Recuerda que la ignorancia también puede operar como un factor de oposición".

La mayoría de la gente tiene un enfoque demasiado limitado porque cree que su producto o servicio está en la cima del Triángulo D-I, y por eso, no llega a darse cuenta del alcance total de los ocho elementos integrales de un negocio. Si un empresario no puede reconocer lo que implica el triángulo, entonces existirán puntos ciegos en la visión que tiene del mundo, y eso le impedirá crear rasgos originales.

"Con frecuencia, el hecho de ser fiel a quien eres y significativo para quienes sirves o deseas servir" dice Kathy, "te hace diferente de manera natural.

Las compañías que dominan este aspecto son muy pocas, y eso te dará ventaja y oportunidad de destacar. El "por qué" detrás de mi "qué" no es vender más productos sino hacer que las vidas de las personas sean mejores, como una buena marca Heart & Mind siempre debe hacerlo. La cuestión de vender más también sucederá porque es el resultado natural de actuar cabalmente. Además, trabajar en una compañía que tiene un propósito, es más divertido, sustancioso y satisfactorio. Ése es el factor que te puede diferenciar en este caso.

Para detectar el rasgo que diferencia a una compañía de las demás, Kathy sugiere entender los siguientes aspectos:

- ¿Por qué la gente debería elegir a tu compañía por encima de las otras?

- ¿Podrías describir, con menos de 25 palabras, qué te hace diferente?

- ¿Tus empleados pueden señalar la diferencia? ¿Están de acuerdo entre sí al respecto?

- ¿Cuál es tu estilo de presentación?

- ¿Confías en tu solidez en lo que se refiere a ventas?

- ¿Te desenvuelves bien en escenarios?

- ¿Qué cosas "le pertenecen" a tu compañía solamente, y a nadie más?

- ¿Estás, como Kathy diría, "listo para Google"? Cuando la gente usa Google para buscar a tu compañía, ¿los resultados benefician a tu marca?

- ¿Qué tan dispuesto estás para cambiar y adaptarte?

- ¿Con cuánta rapidez pueden cambiar tú y tu organización?

Pregúntate todo lo anterior y trata de encontrar tus propias respuestas. Después, tal vez puedas invitar a un amigo a releerlas contigo y a proveerte retroalimentación. Es fundamental que repitas el proceso hasta que sientas que las respuestas te quedan claras.

También puedes realizar el ejercicio si eres empleado. Responde las preguntas pensando en los líderes de la compañía en que trabajas. Es decir, ¿tus jefes tienen lo necesario para sobresalir o son anticuados? Si no te gustan las respuestas, entonces tal vez debas comenzar a buscar un nuevo empleo porque, de todas formas, es probable que lo necesites muy pronto.

La forma en que la tecnología avanza en el mundo actual, provoca que cada vez haya más competencia que busca ganarse atención, tiempo y dinero de tus clientes. Recuerda que Internet creó un nuevo sistema en que todo es "gratis". ¿Cómo puedes competir con los demás si todo mundo está regalando u ofreciendo a precios inigualables los mismos productos que tú vendes? Tal vez quienes nacimos antes de 1970, contamos con sagacidad para los negocios, pero, a pesar de usar el correo electrónico y tener una cuenta de Facebook, corremos el riesgo de carecer de pericia en el aspecto tecnológico. Asimismo, la gente que nació después de 1970 es, por lo general, más avezada en este sentido, pero carece de la sabiduría necesaria para aprovechar la tecnología que maneja. Kathy dice que, en la actualidad, contar con las dos habilidades brinda una enorme ventaja competitiva.

Robert señala muy a menudo que el mundo cambió en 1989, el año en que cayó el Muro de Berlín e Internet comenzó a extenderse. Ambos sucesos marcaron el fin de la Era Industrial y el comienzo de la Era de la Información. Hoy en día tu competencia se encuentra en todos lados: en la casa, oficina o teléfono celular de cualquier persona. El ciberespacio y la posibilidad que brinda de regalar productos, está ocasionando que muchas revistas que llegaron a ser mega-marcas, se desmoronen porque no tienen idea de cómo competir en este mundo nuevo. Para colmo, la tecnología disminuye el tiempo en que se realizan transacciones. En la actualidad hay multimillonarios de 20 años y personas que, a pesar de su sólida preparación académica, están desempleadas a los 50, porque los negocios en el ciberespacio pueden vender a más gente, con más rapidez, a precios más bajos y utilizando una cantidad menor de empleados. Los veinteañeros ya saben cómo hacerse de un nombre en Internet para sí mismos, para sus compañías y para sus productos. Jamás había sido tan sencillo y, paradójicamente, jamás había sido tan difícil. Internet nos brinda acceso al mercado pero, como también lo brinda a todo mundo, el campo de juego se llena de opciones. Kathy dice: "Se requiere de mucha energía y trabajo constante para lograr objetivos, pero, si no cuentas con una marca, entonces estás perdido en un enorme mar sin fondo".

Internet puede ser un lugar muy peligroso y, debido a eso, muchos consumidores terminan siendo presas de delincuentes. Las marcas nos brindan seguridad en medio de este universo tan desquiciado. Si tu marca puede fluir con facilidad entre el ciberespacio y el mundo real, mejor aún. De hecho, esa fluidez te otorgará credibilidad porque, una marca que se vincula, compite y lleva a cabo transacciones en los dos ámbitos, tiene mayor potencial.

Marcas Heart & Mind

Las marcas Heart & Mind están por encima de todas las demás porque son:

- Genuinas
- Significativas
- Diferentes

Ser genuino se refiere a practicar lo que predicas: vivir tus palabras, manejarte obedeciendo tu discurso y hablar de lo que haces. Un Rolex pirata indica que eres falso en tu aspecto, y por lo tanto, lo más seguro es que en tu interior también lo seas. Y cualquiera que piense que las personas no detectan la falsedad, se engaña a sí mismo. Si tus clientes no se dan cuenta de inmediato, no cantes victoria porque, tarde o temprano, lo harán. Recuerda el antiguo dicho: "Puedes engañar a algunas personas por algún tiempo, pero no puedes engañar a todo mundo todo el tiempo".

En la economía actual la gente es muy sensible a las promesas que hacen las marcas, a los precios y al valor. Esto significa que tus clientes tratarán de asegurarse de que, más que tratar de venderles algo, tu propósito sea cuidar de ellos. Según Kathy, lo primero que tienen que hacer tú, tu negocio y tu marca, es hacerle saber a las personas qué es lo que te importa, y que el objetivo de tu compañía es ver por su bienestar. Si tú no lo haces, tu competidor lo hará a fin de cuentas: un negocio no es para hacer dinero, sino para preocuparte por los demás. Sin embargo, si lo haces, si de manera genuina cumples la promesa de tu marca y brindas a la gente una mejor experiencia, las 24 horas del día, los siete días de la semana, y desde cualquier lugar, te aseguro que el dinero de todas formas te va a llover.

Las marcas Heart & Mind nacen del corazón de la compañía y, a partir de ahí, envuelven a toda la gente que trabaja para ellas. Luego salen y se dirigen al público.

Robert ha mencionado que nuestras distintas ramas militares (Armada, Marina, Fuerza Aérea, Guarda Costera e Infantería de Marina) son grandes marcas. A pesar de que cada una de estas instituciones tiene un mensaje diferente, todas ellas son marcas Heart & Mind. En cuanto una persona decide unirse a alguna rama del sector militar, él o ella hacen algo más que ponerse un uniforme. Porque, antes de entregarle una prenda nueva al futuro soldado, se le separa del mundo y se le despoja de su identidad, creencias, pensamientos y hábitos anteriores. Sólo entonces, libre de todo aquello, el joven se convierte en un integrante de la Marina, Armada, Guardia Costera o Fuerza Aérea. Los servicios armados se aseguran de *marcar* a toda su gente a un nivel mental, físico y espiritual, antes de hacer cualquier otra cosa.

Este proceso se lleva a cabo de una forma muy profunda en el caso de los marinos que pertenecen al grupo SEAL (SEAL son las siglas en inglés, de mar, aire y tierra). Los Navy SEAL, como se conocen en Estados Unidos, son una unidad de combate fuera de lo común. Son en realidad el grupo de élite más prestigioso del mundo. Estos soldados son considerados los elementos más finos de combate. De hecho, antes de llegar a ser un SEAL, el soldado debe cursar un programa de entrenamiento extremadamente arduo que dura dos años. Ese tiempo sirve como filtro para que entre 75 y 90 por ciento de los aspirantes, abandone el programa. Como parte del mismo, los soldados tienen que participar en varios ejercicios que ponen a prueba su voluntad. El llamado "examen de profundidad" consiste en amarrarles un pie y una mano y lanzarlos a lo profundo del mar; los soldados deben volver por sí mismos a la superficie y tratar de contener la respiración todo el tiempo. Luego nadan 50 metros, aún atados. A pesar del rigor de esta prueba, el peor desafío es el llamado "Semana infernal". Es un periodo en que los soldados permanecen despiertos 20 horas al día, llevando a cabo, incesantemente, tareas que implican un extenuante esfuerzo físico. Durante todo el tiempo de la Semana infernal, se les invita a rendirse, y al final, si todavía perseveran, les dan un baño de agua helada con mangueras para producirles hipotermia. Luego nadan dos millas marinas. Cuando salen, el instructor les entrega una taza de chocolate caliente, pero les dice que sólo pueden beber de ella si aceptan que fracasaron, y abandonan el entrenamiento. Muchos SEAL han dicho que devolver esa taza de chocolate caliente es lo más difícil que han hecho en su vida.

Las organizaciones militares tienen un nivel de sofisticación importantísimo en lo que se refiere a la creación de marcas. Kathy dice que una verdadera marca comienza desde el centro del corazón y, de ahí, surge para permear los corazones y mentes de todos los integrantes de la organización. Después se extiende hacia el mundo exterior. Las mejores marcas se convierten en parte de nuestro ADN.

Por ejemplo, cuando el Equipo 6 de los SEAL (ST6) asesinó a Osama Bin Laden, el poder de su marca tuvo resonancia en todo el mundo. Mucha gente que jamás había oído hablar de los SEAL, comenzó a preguntar: "¿Quiénes son esos individuos?" Lo curioso es que ellos se manejan con un código de secrecía absoluta, y es precisamente ese código de silencio absoluto, lo que le ha otorgado mayor poder a la marca. ¿Qué nos dice eso acerca de los negocios que sólo nos bombardean con publicidad superflua, ruidosa y repugnante? Nos dice que no están construyendo una marca, que sólo son un fuerte dolor de cabeza.

Atila, el huno, fue uno de los mayores constructores de marcas de todos los tiempos. Su marca lo antecedía de una forma tan sólida, que los ejércitos enemigos a menudo se rendían antes de intentar enfrentarse a él. A pesar de que fue líder de los hunos de 454 a 453 a.C., la gente aún continúa hablando de él hasta la fecha. A eso se le llama poder de marca, y es también prueba de que una marca puede dejar un legado.

Empresarios como Steve Jobs de Apple (q. e. p. d.), Mark Zuckerberg de Facebook y Sergey Brin de Google, son los modernos Atilas de la construcción de marcas y legados. Han creado algunas de las más poderosas de la historia mundial y, cada vez que alguno de ellos se mueve, el mundo se sacude y los negocios se ven forzados a renovarse o morir.

También las organizaciones criminales tienen marcas. El simple nombre de la Cosa Nostra genera miedo en todos lados. Sucede lo mismo con los Yakuza de Japón. En el ámbito de las drogas, el cártel de Cali y el cártel de Medellín, en Colombia, son reconocidos como líderes en el comercio de cocaína.

Incluso los timadores construyen marcas. Por ejemplo, el nombre de Bernie Madoff alguna vez fue muy importante en el ámbito de la gente rica y las celebridades, pero ahora, se le reconoce por haber realizado el esquema Ponzi más grande de la historia. ¿Podría el nombre de

Bernie Madoff llegar a ser más famoso que el de Charles Ponzi, creador de los esquemas que llevan su nombre? Ya lo dirá el tiempo. No me sorprendería que, en unos cuantos años, lo que conocemos como esquemas Ponzi se convierta en "esquemas Madoff". En mi opinión, ¡ese nombre describe mejor el delito!

Como verás, es muy importante comprender el poder y el valor de una marca. Kathy insiste mucho en que, antes de comenzar el proceso de su creación, debes estar dispuesto a hacer todo lo que esto implique en cuestiones de tiempo y dinero. "Muchos líderes quieren crecer y construir compañías grandes, pero no todos ellos están dispuestos a hacer lo que se requiere para que su sueño se vuelva realidad. Para muchos directores ejecutivos, el tiempo es un lujo mayor que el dinero", dice Kathy.

Tienes que darte cuenta de que la marca es un estilo de vida, no sólo un suceso, y que, como te permite cumplir tu propósito, vale la pena que inviertas toda tu energía y tiempo en ella. Sé una marca, no un negocio, y valora tus logros.

Una última reflexión

Las marcas lo son todo y están en todos lados. Hay marcas globales y locales, para los ricos, para los no tan ricos, y para todos los que están en medio. Hay marcas para niños y marcas para adultos. Cada industria tiene su marca. Por ejemplo, en el mundo de los metales preciosos, el oro tiene distintas marcas en lo que se refiere a monedas: el Eagle estadounidense, el Maple Leaf canadiense, el Kangaroo australiano y el Krugerrand sudafricano. A pesar de que todas están fabricadas con oro, se venden a distintos precios.

En la religión también hay marcas y submarcas. El cristianismo tiene las vertientes protestante y católica. En el budismo se conocen las perspectivas de los chinos, japoneses y tibetanos. El Dalai Lama, una marca de poder en sí mismo: es un budista tibetano. Asimismo, dentro del mismo budismo tibetano hay submarcas y subconflictos. Y en el mundo del terrorismo, ya todos nos hemos percatado de las riñas entre judíos, musulmanes y cristianos. ¿Por qué tiene que haber tanta tensión y conflicto? La respuesta se explica, hasta cierto punto, por el contexto de las marcas y submarcas, y la batalla que se libra para ganarse los corazones y mentes de los seguidores religiosos.

En la política, los republicanos no tendrían mucho que decir si no fuera por los demócratas. De hecho, si no existieran los republicanos, no necesitaríamos a los demócratas. Como verás, las marcas pueden lograr que la gente se una, pero también que se polarice.

En el competitivo ámbito de los negocios, el mundo de la mayor calidad a menor precio, de la tecnología que evoluciona con toda celeridad, y de las transacciones que se realizan de forma casi instantánea, tal vez sea más importante construir la marca que el negocio. De hecho, tratar de sacar adelante un negocio sin construir la marca, resulta más difícil cada vez.

Puntos a recordar | Acciones para llevar a cabo

- Nunca tendrás el toque de Midas a menos de transformar tu negocio en una marca.

- Tu marca debe ser genuina porque la gente detecta lo falso.

- Marca no es igual a logo. Una marca es la *promesa* que haces a tus clientes y la *experiencia* que les brindas.

- La gente compra con el corazón y justifica la adquisición con la mente. Así que debes tener el valor para encontrar tu espíritu e infundírselo a tu marca.

- Descubre qué te mueve en realidad. Para desarrollar el toque de Midas necesitas fuego en el corazón.

- Si eres demasiado mezquino y decides no invertir en ti o en tu marca, el toque de Midas te eludirá. Al hablar de mezquindad, no sólo nos referimos al dinero, también al tiempo, el compromiso y la gente.

- Haz lo necesario para mejorar tus habilidades de orador porque, en definitiva, las vas a necesitar.

CAPÍTULO CUATRO

EL DEDO ANULAR
RELACIONES

Al final, todas las operaciones de negocios se pueden reducir a tres palabras: gente, producto y ganancias. Si no cuentas con un buen equipo, no podrás hacer gran cosa con el producto y las ganancias.

—Lee Iacocca

Los peligros de las sociedades
Robert Kiyosaki

"No se puede hacer un buen trato con un mal socio."

Tal vez esta sea la frase más importante que escuches en tu vida. Y no sólo se aplica en el ámbito de los negocios.

Es una frase que trasciende la sabiduría, una frase que te guiará y podrás usar para dirigir tu vida.

Siempre que surgen problemas en los negocios, en el matrimonio o en una inversión financiera, la causa es un mal socio.

Esto no quiere decir necesariamente que sea una mala persona (aunque también podría serlo). Más bien, significa que no funciona como pareja, no es la persona adecuada para la tarea que te propones realizar.

El mundo está lleno de buenas personas, pero eso no significa que te puedas asociar con cualquiera. En el caso del matrimonio hay mucha gente con buenas intenciones casada con la persona equivocada. Sin embargo, si te encuentras con una persona verdaderamente mala, es decir, sin valores éticos y morales, no importará cuán bueno seas: el negocio o matrimonio terminarán fracasando.

El dedo anular

El dedo anular representa las relaciones esenciales para el toque de Midas. Si tienes malos socios, arruinarás todo lo que toques. Y si cuentas con buenos socios, entonces todo se convertirá en oro.

Payasos, no empresarios

Mi negocio de carteras de nylon y velcro para surfistas comenzaba a despegar a principios de los setenta. El problema fue que el éxito nos estaba saliendo muy caro. Recordarás que esta historia la empecé a relatar en el primer capítulo del libro. Pues bien, como nunca teníamos dinero en la compañía, tuve que comenzar a reunir capital. Nuestra forma de operar consistía en comprarles a las fábricas de Corea y Taiwán una remesa de carteras, y luego enviarla a las tiendas desde nuestra bodega. Suena bien, ¿no es cierto? Estábamos tratando de vender el producto en cuanto terminábamos de fabricarlo. Sin embargo, nosotros teníamos que ordenar y pagar más carteras antes de que nuestros clientes, es decir, las tiendas, liquidaran lo que nos debían. Por eso siempre estábamos en números rojos. Nuestros cálculos indicaban que, si gastábamos un dólar en abril, no lo veríamos de vuelta sino hasta febrero del siguiente año. Era un ciclo de diez meses donde el dinero salía de la empresa pero no entraba. E irónicamente, mientras más éxito teníamos, más dinero salía y más tiempo tardaba en regresar.

A medida que fue creciendo la demanda por los productos Rippers, también necesitamos más recursos. En muy poco tiempo, entre 5000 y 10 000 dólares ya no eran suficientes. Para mantener los productos en las tiendas y hacer crecer el negocio, necesitábamos 100 000. Dado que padre rico era la única persona que conocía con esa cantidad de dinero, le llamé para pedirle una cita.

Escuchó con mucha paciencia, durante diez minutos, mi discurso acerca de la inversión. Pero en cuanto llegó al límite de lo que podía soportar, pidió a mis dos socios que abandonaran la sala. Luego, comenzó a gritarme en cuanto se cerró la puerta. Me dio una de las más fuertes reprimendas que he recibido en mi vida.

En lugar de llamar a mis socios, "socios", se refirió a ellos como "payasos". Para empeorar las cosas, padre rico estaba seguro que uno de ellos, el director de finanzas, era un hombre deshonesto e inconstante, un timador en potencia. Pero mi padre ni siquiera conocía al individuo, por eso creo que sólo desconfió desde el primer momento que lo vio.

Y a pesar de que a padre rico le simpatizábamos yo y mi otro socio, no creía que fuéramos suficientemente solventes. Por eso dijo que no se arriesgaría a crear una sociedad con nosotros, y mucho menos, a invertir en la compañía.

—¿Por qué querría yo involucrarme con ustedes como socio? —preguntó padre rico—. No tienen experiencia, ni éxito y, además, no confío en ninguno. Si te asocias con una persona en quien no confío, tampoco puedo fiarme de ti. Me has mostrado que no sabes distinguir a un buen socio. Ustedes son payasos, no empresarios.

El sermón fue muy doloroso y duró horas. Sobra decir que salimos de ahí sin el dinero. Después de eso no volví a hablar con padre rico por varios años.

Mis socios y yo reunimos los 100 000 dólares por otro lado, pero padre rico estaba en lo cierto. No éramos buenos socios y, poco después, la persona de la que más desconfiaba, el contador público que tenía el puesto de director financiero, desapareció con todo el dinero.

Más socios malos

Me gustaría poder decir que, tras aquella experiencia, aprendí la lección y, de cierta forma, así fue. Sin embargo, necesitaba aprender más porque terminé cayendo en el error más de una vez. Con el correr de los años fui pasando de un mal socio a otro, y ese comportamiento, desde el punto de vista de padre rico, me convertía, por ende, en un mal socio también.

El patrón continuó repitiéndose porque, de pronto, hacía negocios con una persona o grupo de personas que me parecían adecuadas. Empezabamos a tener éxito pero, en cuanto el aspecto económico mejoraba, aquella buena persona se transformaba en un mal socio.

Me pasó en el negocio de Rippers, luego en la fase de *rock and roll* del mismo, en mi compañía de educación financiera y, finalmente, con una socia y su esposo en la Compañía Padre Rico.

Dos de esos negocios me ayudaron a descubrir que algunas personas eran malas cuando se asociaban porque no podían manejar el éxito. Y es que, en realidad, no era gente mal intencionada ni deshonesta. Era sólo que jamás había triunfado en algo y, cuando comenzó a irnos bien, surgieron las flaquezas. Por ejemplo, una socia que tuve en una pequeña compañía educativa, de pronto empezó gastar dinero como si fuera rica. Como jamás había tenido recursos, cuando notó que estábamos ganando bastante con el negocio, se liberó en ella el deseo reprimido de ir de compras. Y cuando comenzó a comprar artículos personales con la tarjeta de la compañía, Kim y yo decidimos disolver la sociedad que teníamos con ella. Era una buena mujer, sólo que tenía la debilidad de ir de compras.

También hubo algunos casos en que los socios fueron francamente deshonestos. Lo más curioso es que, tanto en el negocio de Rippers como en el de la Compañía Padre Rico, los malos socios eran contadores y abogados de profesión; es decir, gente a la que contraté para que me protegiera de rufianes como los que ellos terminaron siendo.

Sé que este tipo de experiencias me hacen quedar como tonto y también como un mal socio y, por lo tanto, desearía que las cosas hubieran sido distintas desde el comienzo de cada negocio, y cuando tuve éxito y descubrí a los malos socios. Me encantaría estar escribiendo acerca de las buenas experiencias que también he tenido con mis colaboradores y ser más positivo al respecto. Te aseguro que, en algún momento, consideré ser más incluyente y no enfocarme sólo en las malas elecciones que he hecho ocasionalmente. Me pareció, sin embargo, que las malas experiencias te servirían como aprendizaje, y eso era más importante que proteger mi ego o la ilusión de que siempre sé lo que hago. Yo, como toda la gente, voy de fracaso en fracaso, pero, entre uno y otro, puedo decir que me va muy bien en general.

La verdad debe decirse

Creo que jamás habría sobrevivido sin Kim, quien es una gran esposa y socia de negocios. Ambos hemos sufrido terribles traiciones por parte de nuestros socios desde 1985. Creo que, si no fuera por ella y por los grandes amigos que tenemos, no habríamos logrado superar la devastación financiera y emocional que tuvimos que soportar. El costo financiero también ha sido grande: decenas de millones de dólares (casi cien millones); sin embargo, el daño personal siempre ha sido mayor, mucho mayor. Ver a personas que alguna vez fueron amigos y socios desenmascararse con todo cinismo, o descubrir que gente que trabajó a tu lado durante años, de pronto se comporta de manera francamente deleznable, es muy perturbador. Es el tipo de vivencia que jamás se olvida.

Yo creí que había visto en Vietnam lo peor de la bestia humana, pero lo que viví allá es muy distinto al salvajismo que he presenciado en el ámbito de los negocios. En Vietnam, el miedo hacía que los soldados dejaran salir su instinto animal, pero en los negocios, la avaricia impulsa esta reacción. La traición en los negocios es mucho más siniestra porque, usualmente, provienen de tus conocidos y colaboradores, no del enemigo.

Las traiciones son parte de la vida

Existen dos tipos básicos de traiciones. El primero es la traición criminal o intencional, y el segundo es producto de la ignorancia o la incompetencia. Si tú logras aprender y crecer gracias a experiencias de ambos tipos, tendrás mayor oportunidad de evolucionar y convertirte en un empresario con el toque de Midas.

El aspecto más interesante de la traición es que, muy a menudo, la persona que la comete siente que está siendo traicionada. Dicho de otra forma, la gente que te traiciona siempre encuentra la forma de justificar su comportamiento.

Tu desafío radica en convertirte en una mejor persona después del golpe, lo cual puede implicar abstenerte de responder al ataque a pesar de que desees hacerlo, y de arrojarle más leña al fuego porque, en particular esto último, sólo amplifica la traición. Sé que es duro pero el objetivo es que crezcas y seas mejor persona que quien te decepcionó. Si todavía no has sufrido un ataque de esta naturaleza, prepárate porque, cuando suceda, verás una parte de ti que no conoces. Quienes hemos sido traicionados muchas veces en la vida, sabemos bien de lo que hablamos.

El dolor que causa una traición es tan grande, que tu primera reacción será castigar a la persona que te agredió. Pero debes resistir esos deseos tan básicos, aun cuando tu furia esté bien justificada. Piensa que él o ella ya encontraron una forma de explicar por qué te engañaron aun cuando no merecieras que lo hicieran. De hecho, esa persona cree que tú la traicionaste y que, por eso, tienes que ser castigado aunque no hayas hecho nada malo.

En mi negocio de Rippers, Stanley, el contador, se llevó 100 000 dólares que yo había conseguido con un inversionista, conocido mío. El dinero le permitió pagar a amigos que le habían prestado para el negocio. Cuando lo confronté le recordé que habíamos acordado que ese dinero sería para comprar más productos, no para pagar a inversionistas, y lo primero que me dijo fue: "Pero yo tenía que pagarle primero a mis amigos". En su mente, había hecho lo correcto, aun cuando traicionara a sus socios.

Cuando le expliqué que los 100 000 dólares en productos habrían significado un millón de dólares en ventas (con lo que hubiéramos podido pagarle a todos los inversionistas), no quiso escucharme. En cuanto devolvió la inversión a sus amigos, renunció y dejó que el negocio se desmoronara. Después de eso, llamó a los otros inversionistas y les dijo que yo era un incompetente. Por supuesto, de pronto todo mundo quería que le devolvieran su dinero. ¿Tenía ganas de vengarme de Stanley? Por supuesto que sí, pero no lo hice.

Me tomó dos años reconstruir el negocio y comenzar a pagarle a los inversionistas. Y resultó que, hacer lo correcto y tomar el camino largo, en lugar de declararme en bancarrota, fue una experiencia invaluable para mi desarrollo como empresario. Pero no trates de llegar a conclusiones de este tipo de la noche a la mañana. Si eres como yo, seguramente vivirás varios descalabros antes de aprender de la experiencia.

Padre rico percibió que Stanley era débil y carecía de valor. Y tenía razón, porque cuando la presión que ejercieron sus amigos fue demasiada, traicionó a sus socios y al negocio.

No sé en dónde se encuentra Stanley hoy, pero de lo que sí estoy seguro es que, gracias a la pérdida de 100 000 dólares ahora soy un mejor empresario. De cierta forma, Stanley me ayudó a desarrollar mi toque de Midas. Ahora tengo más conciencia de que, en los negocios, hay personas endebles que pueden resultar peligrosas.

Debo confesar que, como pertenecí a la Marina, la defensa, el dolor y la venganza son parte de mi carácter. Los infantes de Marina tienen muy poca tolerancia con gente como Stanley, por lo que me costó muchísimo no vengarme de él al estilo de la infantería. Si viste la película *Cuestión de honor* (*A Few Good Men*), en la que actúan Jack Nicholson y Tom Cruise, te puedes dar una idea del código de honor de los infantes de Marina. No vengarme de Stanley fue un gran paso en mi crecimiento.

La capacidad de ponerme por encima de las situaciones y ser mejor persona a pesar de la traición, ha sido fundamental para mi desarrollo personal. También me atrevería a decir que ha sido un elemento clave de mi éxito. Aunque todavía puedo sentir dolor y deseos de venganza con la misma intensidad experimentada cuando estaba en la Infantería, ahora trato de enfocar esa intensidad en hechos y acciones positivos y benéficos a largo plazo.

Creo que el dicho que reza: "Ojo por ojo, y el mundo acabará ciego", es muy cierto. En lugar de sacarle un ojo a la otra persona, como haría el infante de Marina que hay en mí, prefiero apegarme a otro dicho que conozco: "La mejor venganza es el éxito". Yo he tratado de utilizar a mis socios malos como leños para avivar el fuego de mis triunfos.

Hoy en día, buena parte de mi éxito la atribuyo a mis socios malos porque me enseñaron a ser mejor empresario. Sin embargo, todavía tengo mucho que aprender.

Lecciones aprendidas de mis relaciones con otros

A continuación narraré algunas lecciones muy rudas que aprendí al recorrer este camino lleno de baches. Involucran socios, gente y relaciones personales.

1. **No puedes hacer un buen negocio con un mal socio.**

   Repite esta frase porque vale la pena hacerlo. Cada vez que conozco algún negocio, matrimonio o grupo que tiene problemas financieros, trato de detectar quién es el socio malo. Muy a menudo es el líder quien, a pesar de ser una buena persona, no funciona en los negocios.

2. **Cuando eres un buen socio, recibes invitaciones para participar en más proyectos.**

   Ésta es una de las ventajas de la primera lección. Padre rico me enseñó que jamás tendría éxito si continuaba asociándome con la gente equivocada. Me inspiró a convertirme en estudiante de la naturaleza humana y los negocios, trabajar con ahínco, vivir la vida día a día. Me aseguró que, si me convertía en un buen socio, la gente y los tratos buenos me encontrarían.

   La promesa de padre rico se sigue cumpliendo hasta la fecha. Entre 2007 y 2010, en medio de los problemas que tuve que enfrentar con mi antiguo socio, y de los problemas económicos globales, Kim y yo participamos en más buenos negocios que nunca antes. Hicimos mucho dinero con la gente indicada. Estoy seguro de que si fuéramos personas poco fiables y tuviéramos mala reputación, jamás nos habrían invitado a participar en uno de los grupos más importantes de inversión en los Estados Unidos.

3. **Los malos negocios producen buenos socios.**

   Cada vez que hice un mal negocio, terminé conociendo a un buen socio. Ken McElroy trabaja conmigo y con Kim en varios complejos inmobiliarios importantes. A él lo conocimos a través de un mal negocio.

Ken, su socio Ross McCallister, Kim y yo, hemos hecho millones de dólares trabajando como equipo.

De no haber sido por un mal negocio que organizó una persona poco fiable, Kim y yo jamás habríamos conocido a Ken. ¿Te das cuenta cómo se repite el patrón? Esto me ha sucedido muchas veces en mi carrera como empresario, y por eso, ahora lo sé: cada vez que un negocio se cae empiezo a buscar, entre la gente que acabo de conocer, a mi próximo socio.

4. **Hay gente buena que termina siendo mala cuando te asocias con ella.**

   Hay muchas personas que quieren volverse empresarias, pero no es bueno invitarlas a participar en un negocio que apenas comienza.

   Como la gran mayoría de la gente está entrenada para trabajar en los cuadrantes E y A (Empleados y Autoempleados), no se puede esperar que cuente con la experiencia, educación y madurez emocional para ser parte de un equipo empresarial. La falta de estas características puede hacer que una persona con buenas intenciones se convierta en un mal socio de negocios.

   Un amigo mío tiene su propia compañía de banquetes. Le encanta su negocio porque adora trabajar, y pasa todo el día pensando en recetas y nuevas maneras de hacer que sus banquetes sean más memorables. El problema es que no está interesado en los negocios. Jamás ha tomado un curso de contabilidad, *marketing*, finanzas o derecho empresarial. Mi amigo no ha estudiado nada acerca de negocios y su falta de educación financiera afecta a sus empleados.

   Por desgracia, también cree que es muy bueno para los negocios y no acepta que nadie le dé sugerencias.

   Un día me habló para participar en un negocio con nosotros, pero tuvimos que rechazarlo. Es una buena persona pero creímos que, como socio, no tendría un desempeño sólido. He visto mucho este tipo de comportamiento entre médicos y contadores. Creen que son buenos en los negocios porque les fue bien en la escuela y tienen su propio consultorio o despacho. Por desgracia, me he dado cuenta de que muy pocos médicos y abogados son buenos para los negocios

5. **La gente buena que carece de experiencia, no recibe invitaciones para participar en los mejores negocios.**

   Dado que la mayoría de la gente nunca ha participado en una aventura empresarial exitosa, nadie la invita a participar en buenos negocios. Tal vez la inviten a proyectos menores, cosas que nadie más quiere hacer pero, ciertamente, nunca le piden colaborar en los negocios de mayor envergadura.

   En cuanto logres éxito como empresario y tengas buena reputación, todo mundo querrá que participes. Dicho de otra forma, a medida que seas más exitoso, más triunfos llegarán por sí solos a ti. Pero, aunque tengas algo de dinero, si no cuentas con experiencia en el mundo real ni éxito como empresario, la Comisión de Valores de los Estados Unidos (SEC, por sus siglas en inglés) te prohíbe invertir en los negocios más redituables y favorecidos por las leyes fiscales.

   La SEC recomienda, y a veces exige, que la gente sin experiencia, aunque sea honesta, se limite a ahorrar e invertir en acciones, bonos y fondos mutualistas. Lo irónico es que estas inversiones son las más riesgosas, las que menos rembolsos tienen y, para colmo, por las que más se pagan impuestos.

Relaciones invaluables

Padre rico solía decir: "Hacer negocios es sencillo, lo difícil es tratar con la gente". Creo que tenía razón. A través de los años he conocido gente maravillosa pero, también, gente verdaderamente nefasta. Entre las personas increíbles se encuentran Donald Trump, el Dalai Lama, Steve Forbes y Oprah Winfrey, a quienes no habría conocido si no hubiera perseverado en mi primer negocio y aprendido de mis errores, de la experiencia cada vez que las cosas salían mal.

Observa el siguiente diagrama del Triángulo D-I y fíjate en los ocho elementos integrales de un negocio. Así te será más fácil comprender por qué padre rico solía decir "Hacer negocios es sencillo, lo difícil es tratar con la gente".

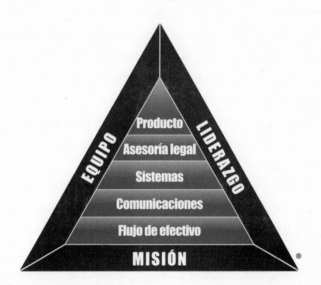

Un verdadero negocio requiere de un mínimo de ocho sistemas de habilidades distintas, e idealmente, un número igual de personas trabajando para alcanzar un objetivo unificado. Aunque existen muchas razones por las que nueve de cada diez negocios fracasan en los primeros cinco años, la principal continúa siendo la incapacidad del empresario para enfocarse en los ocho elementos integrales y obtener ganancias como resultado.

Yo inicié mi negocio de carteras de nylon y velcro para surfistas a pesar de que sabía que las probabilidades de fracasar eran muy altas. Lo hice porque no conocía una manera mejor de aprender a lidiar con muchas personas a la vez, varias de las cuales eran muy egocéntricas porque ya gozaban de algunos logros en ese entonces. Tenía la corazonada de que, si me apegaba al proceso, aceptando lo bueno y lo malo, y si aprendía y crecía en lugar de vengarme, podría convertirme en un socio digno. Hasta la fecha sigo trabajando en ello porque, sencillamente, me falta mucho por entender todavía. El proceso para tratar con distintos tipos de personas no tiene fin, por eso sé que siempre puedo practicar más. La buena noticia es que, a medida que voy mejorando en las relaciones y en mi habilidad para unirme a buenos socios, más feliz soy y más aumenta mi fortuna.

Creo que el dedo anular es el más importante de los cinco que conforman el toque de Midas porque, si aprendes a ser un buen socio, llegarás a conocer gente increíble con la que jamás te habrías topado si no hubieras decidido recorrer el difícil camino de la vida empresarial.

Recuerda que no se pueden hacer buenos negocios con socios malos. Asimismo, si te conviertes en un socio bueno y digno, descubrirás que el mundo está lleno de grandes oportunidades y gente con quien trabajar.

Una última reflexión

Hace algunos años entré a la oficina de Donald mientras él terminaba de hacer una llamada telefónica.

—¿Y son gente buena? —preguntó a la persona con que hablaba—. No me importa qué tan atractivo sea el negocio, ya tengo muchos proyectos de ese tipo; lo que quiero saber es si voy a tratar con gente digna.

Después de escuchar la respuesta de su interlocutor, Donald dijo:

—Me da gusto oír eso. Si son confiables, entonces sí quiero participar. —Luego colgó, me miró y dijo—: A nuestra edad no tenemos tiempo de hacer negocios con gente indigna. Ya no necesitamos el dinero y tampoco podemos detenernos. Además, los negocios ya son suficientemente complejos. ¿Por qué habríamos de relacionarnos con truhanes? Es más divertido trabajar con personas confiables.

Entonces me preguntó:

—¿Y en qué proyecto nos vamos a involucrar ahora? Divirtámonos y hagamos algo de dinero de paso.

Las relaciones sólidas son la clave
Donald Trump

A través de mi carrera he tenido miles de relaciones de negocios y, gracias a eso, he aprendido que las relaciones y la reputación son dos asuntos fuertemente vinculados.

A veces pueden pasar años antes de que logres detectar si alguien tiene sustancia o no; en otras ocasiones, es demasiado evidente. Por eso siempre me ha gustado la frase de Henry Ford: "No puedes formarte una reputación con lo que vas a hacer". Creo que lo mismo aplica si tus relaciones o socios no son los adecuados. Robert me apoyaría en esto. Yo he tenido socios en potencia con muy buenas ideas, pero no lograban concretar nada y, por otra parte, también he conocido gente que tiene una capacidad muy fuerte para llevar proyectos a buen término.

El mejor socio

Cuando comencé tenía un socio de negocios maravilloso: mi padre. Y creo que será muy difícil que alguien lo remplace porque teníamos una excelente relación. Yo trabajaba en sus construcciones cada verano y, como ya lo mencioné, ahí noté que le prestaba muchísima atención a los detalles, rasgo que me interesa imitar. Por ejemplo, recuerdo que recogía, por toda la construcción, clavos nuevos que los albañiles no habían utilizado, y luego los guardaba para que estuvieran disponibles y se les diera uso.

Mi padre no tenía pasatiempos porque su trabajo lo absorbía por completo. Además lo disfrutaba mucho y, por eso, no creía que fueran necesarias las diversiones. Siempre estaba tomando notas y, por la noche y los fines de semana, hablaba mucho por teléfono. Escucharlo fue parte importante de mi educación. Mi padre sabía negociar muy bien, y creo que haber puesto atención a sus conversaciones —todas estrictamente de trabajo— me hizo ser mejor en este ámbito. Era un hombre concreto y no le gustaba perder el tiempo. Siempre iba al grano.

También me enseñó a ser cauteloso. Gracias a él aprendí que los negocios requieren de mano dura y cabeza fría. Mi padre trabajaba tanto, que de inmediato detectaba cuando alguien no estaba totalmente entregado como él. Era tan sólido, que siempre podía reconocer los puntos débiles de los demás.

Con él también aprendí a confiar en mi instinto. Aunque ésta es una habilidad que se puede desarrollar, creo que, en muchos casos, es un talento inherente. Yo, por ejemplo, a veces puedo decir cuando alguien no me agrada, y otras, de inmediato noto que la persona me simpatiza. Ése fue el caso de Mark Burnett y de Robert. Creo que ahora cuento con suficiente experiencia para decir que he desarrollado muy bien mi instinto.

Toma en cuenta que, como empresario, deberás contratar emplea- dos. Yo tengo la teoría de que, sin importar los antecedentes de las per- sonas, cada vez que le das trabajo a alguien, es como si apostaras. Por ejemplo, he contratado gente egresada de las mejores escuelas y resultó no ser tan brillante. Asimismo, le he dado trabajo a personas sin grandes logros académicos, y terminaron sorprendiéndome muy gratamente. A veces sucede todo lo contrario. En general puedo decir que no es fá- cil evaluar las habilidades de alguien hasta que no lo ves en acción y le pones enfrente unos cuantos desafíos. A través de los años he recibido sorpresas buenas y malas, pero lo importante es darle a la gente la opor- tunidad de probarse a sí misma.

En el caso de los socios, las cosas funcionan de forma distinta por- que, para ponderar sus capacidades, no puedes basarte en una fase de prueba y error; lo único que te queda es confiar en tu instinto. Es bas- tante difícil explicar cómo funcionan las cosas, pero se trata de una dinámica silenciosa a la que debes prestar mucha atención. Las asocia- ciones con otras personas deben basarse en lealtad e integridad. Pregún- tate si detectas a primera vista estos atributos en ellas, y si la relación es recíproca. Si un socio en potencia se alaba demasiado, puedes to- marlo como indicio de que algo no anda bien porque la confianza en sí mismo debe estar ahí desde el principio. Recuerda que quieres un socio, no un aprendiz.

Las asociaciones con otros también requieren de negociación por- que tienen que ser un acuerdo en el que ambas partes ganen. De otra manera, no es una sociedad. El primer criterio que yo aplico para acep- tar es que sea gente honrada porque no tengo necesidad de lidiar con sinvergüenzas.

En su camino, Robert ha tenido fuertes experiencias de aprendizaje y, por lo tanto, vale mucho la pena que le prestes atención. Los empresarios debemos delegar funciones y a veces confiamos en que la gente lleve a cabo algunas labores aunque la idea original es nuestra. Asimismo, a medida que crezca tu negocio, tendrás que involucrar a cientos de personas en el mismo, y cada una de ellas se volverá parte importante de tu éxito.

Las sociedades se pueden dar con rapidez

Anteriormente mencioné que Mark Burnett me agradó en cuanto lo conocí, y nuestra sociedad ha sido muy próspera desde 2003. *El aprendiz* se presentó en televisión por primera vez en enero de 2004 y ha cobrado mucha fuerza a través de los años. Mark sabía que yo era nuevo en esta industria y, sin embargo, me mostró gran respeto. Desde el principio trabajamos como colaboradores. Él escuchaba mis sugerencias y preguntas (¡tenía muchas!), y confirmó que mi instinto no se había equivocado: es una gran persona, además de un visionario.

Mark ha tenido un impacto muy fuerte en la industria del entretenimiento. Creo que se debe, en parte, a que nunca deja de avanzar. No sabe lo que es el cansancio y tiene controles de calidad muy estrictos para todo lo que hace. Nosotros no sólo somos coproductores, también somos amigos y convivimos bastante. Lo que más me impresionó cuando lo conocí, fue su nivel de concreción. Tenía una idea, pidió una cita, hicimos un trato y nos pusimos a trabajar. Él sabía con toda exactitud cómo se debía presentar *El aprendiz* en televisión, y había cuidado todos los detalles. Era obvio que llevaba mucho tiempo pensando en el proyecto y, gracias a eso, me fue más fácil tomar la decisión. No le costó trabajo convencerme porque estaba bastante preparado. Por supuesto, también contaba con antecedentes de éxito en la televisión; era claro que tenía experiencia y sabía de lo que estaba hablando. Mark no tuvo que insistirme y, además, el factor riesgo se minimizó en gran medida.

A Robert lo conocí de manera muy similar. Yo sabía que era una persona confiable e inteligente. Me impresionó su historia y la estratosférica cantidad de libros que había vendido. Me pareció que valía la pena coescribir con alguien así, por lo que se convirtió en mi primer colaborador. Nuestro libro tuvo mucho éxito y, recientemente, volvió a colocarse en la lista de *bestsellers*, ahora en Shanghai. Creo que es un dato que vale la pena mencionar, dado que el libro se publicó en 2006.

Debo mencionar que, si la gente me ataca, siempre me defiendo. Si se sabe por ahí que eres el tipo de individuo que no se queda callado, los demás lo pensarán dos veces antes de meterse contigo. Creo que eso le puede ahorrar mucho tiempo y gastos por servicios legales a todo mundo. Verás, a mí no me agrada andar tras la gente porque creo que, como Robert dice, la mejor venganza es el éxito. Sin embargo, a veces es necesario.

Me parece que el hecho de haber trabajado con mi padre desde muy joven, y de haberlo visto desenvolverse en los negocios, me ha ahorrado mucho tiempo porque no he tenido que funcionar en base al sistema prueba y error. De él recibí una gran educación y siempre estaré agradecido por su ejemplo. En cierta forma, Robert no tuvo esa oportunidad en su vida y, por eso, ha tenido que aprender algunas cosas a la mala. A pesar de todo, triunfó y ahora nos explica que las dificultades le sirvieron mucho en el camino. Yo también he enfrentado tribulaciones, pero creo que aprendí a evaluar a la gente a muy temprana edad gracias a la influencia de mi padre.

Cómo manejar un equipo

Al principio, cuando apenas comenzaba y estaba en la universidad, hice un negocio con mi padre en Cincinnati, Ohio. Ahí encontramos un complejo de viviendas con financiamiento federal, que estaba a punto de ser rematado. Se llamaba Swifton Village y tenía 1200 departamentos, de los cuales 800 estaban desocupados. El lugar estaba tan deteriorado, que nadie más había hecho ofertas. Sería una gran labor, pero ofrecimos lo menos posible, y nos concedieron la propiedad.

Para acortar un poco la historia, te diré que, en menos de un año, el complejo había sido remodelado y todos los departamentos estaban rentados. Lo más relevante, sin embargo, es que tuvimos seis distintos especialistas en conserjería, antes de elegir al adecuado. Algunos eran bastante honestos aunque no muy sagaces. Uno de ellos incluso se pintó a sí mismo en la esquina de un departamento. Yo tuve que actuar como capataz y fui descubriendo que no tenían lo que se necesitaba, empezando por sus habilidades para dirigir, por ejemplo. Finalmente encontramos al individuo que podría realizar el trabajo. En realidad era un artista de pacotilla y un timador, pero como administrador, tenía mucho talento. Me di cuenta de que, la mayor parte del tiempo, realizaba bien su labor. Lo único que yo debía hacer era manejarlo porque sabía que no era cien por ciento confiable. Tuvimos que establecer una relación de respeto mutuo, pero siempre muy cautelosa. No me parecía lo ideal, pero nos funcionó y Swifton Village prosperó bajo su cuidado. Tal vez era un ladronzuelo, pero también era un hombre muy capaz. Recuerdo que solía bromear con él: "Te vamos a pagar 50 000 dólares, más todo lo que puedas robar". Fue una negociación muy peculiar pero, gracias a ella, el lugar se mantuvo funcionando bien. Muchos años después el vecindario comenzó a decaer y tuvimos que vender el desarrollo. Tuvimos respuesta inmediata, pero la mayor lección que aprendí fue haber hecho aquel trato con el conserje porque aprendí a negociar y asociarme con gente difícil. Por razones obvias, me costaba mucho trabajo confiar en él y siempre estaba a la defensiva, pero aprendí muchísimo.

Mis equipos

Para cualquier proyecto en que nos involucremos, a nivel nacional e internacional, siempre formamos equipos que puedan enfrentar las necesidades diarias y las exigencias de cada sitio de construcción. Trump International Hotel & Tower Chicago, cuenta con un gerente general, al igual que cada uno de los otros proyectos. Por supuesto también se asigna un equipo completo de empleados que, de cierta forma, funciona como una especie de sociedad. Todas las entidades tienen que trabajar y fluir en conjunto para lograr el éxito, particularmente en la industria hotelera, porque depende muchísimo de un servicio de excelencia. Por supuesto, ésta es una prioridad en todos los edificios. Mis gerentes y empleados saben que soy exigente pero justo, y que el estándar que representan es lo que hace que la gente dé lo mejor de sí misma.

Actualmente, tengo en la organización a un nuevo equipo encargado de hacer que la serie de hoteles Trump alcance reconocimiento internacional. Me refiero a mis tres hijos mayores: Don, Ivanka y Eric. Han trabajado en muchos proyectos y probado su solvencia como socios. Tal vez comenzaron siendo aprendices, pero ahora sólo les llamamos así cuando aparecen como mis asesores en el programa de televisión.

Si pienso en los socios perfectos, ellos siempre me vienen a la mente porque trabajan con muchísimo ahínco, aman lo que hacen y, de manera independiente, pueden producir resultados de los que cualquier empresario genuino estaría orgulloso. Ivanka tiene su propia línea de joyería, zapatos y bolsos, y tiene la capacidad de manejar las responsabilidades adicionales como toda una profesional. Los tres son activos y eficaces en lo que se refiere a las empresas en que están involucrados. Asimismo, su ética de trabajo es irreprochable. Yo no podría estar más orgulloso de ser su padre. Creo que soy un individuo afortunado por trabajar con tres socios tan extraordinarios.

Buen socio, mal socio

Los socios son elementos cruciales en un negocio. Robert considera que un buen socio debe ser, por encima de todo, confiable. Por supuesto, también debe poseer las habilidades y talentos necesarios para trabajar en conjunto, pero para un infante de Marina como él, el honor encabeza la lista. Robert sólo exige a los otros lo mismo que se exige a sí mismo, es la única forma en que se puede encontrar un socio aceptable. Yo busco gente que tiene los mismos valores que yo porque, de otra manera, las cosas no funcionan.

Si todavía te preguntas si serías buen socio, tal vez no sea así; no todo mundo tiene lo que se requiere para asociarse de la manera tradicional. Sin relaciones es casi imposible construir un negocio exitoso; sin embargo, puedes hacerlo si eres capaz de estructurar tratos y conseguir el talento necesario para proyectos o desarrollos específicos de manera externa. Por ejemplo, si voy a construir un edificio nuevo, debo conseguir a un arquitecto que traiga a su equipo. Luego buscaré a los contratistas, urbanistas y demás trabajadores necesarios. Este proceso puede llegar a ser complejo, pero vale la pena porque, en un caso así, todo el desarrollo te pertenece y tienes el control. Así que si tienes duda respecto a construir buenas relaciones de negocios, o no, ha llegado la hora de que te mires al espejo e investigues por qué no estás seguro.

Una manera de volverse buen socio es preguntándose: "¿Con qué tipo de persona me gustaría trabajar?" Y cuando tengas la respuesta, entonces conviértete en ella. Los valores no se producen de forma automática, la integridad atrae a la integridad: hay gente que no es mala en el fondo, sólo inepta. Pero claro, también hay quienes son francamente malignos y, al parecer, no pueden evitarlo. Yo trato de mantenerme alerta hasta que mis socios demuestran, de alguna manera, que son confiables.

También he tenido amigos y socios que se convirtieron en mis adversarios en cuanto surgió una oportunidad importante. Un amigo mío peleó por una propiedad que yo trataba de conseguir. Él sabía perfectamente que era así, y por eso me conmocioné al enterarme que había decidido convertirse en mi oponente. Sobre todo porque llevaba muchos años de conocerlo y lo consideraba mi amigo. Me da gusto decir que todo salió bien a fin de cuentas, pero, ciertamente, aprendí la lección. No voy a mencionar su nombre porque no creo que sea necesario, pero estas cosas pasan y uno tiene que aprovechar el aprendizaje. Déjame decirte que, cuando se trata de negocios, la gente puede actuar de manera sorprendente.

En un capítulo reciente de *El aprendiz con celebridades*, Niki Taylor dirigió al equipo perdedor. Pero en lugar de señalar un culpable, asumió toda la responsabilidad por las pérdidas y se dispuso a que yo la despidiera. Niki demostró que tenía mucha integridad; tanto su equipo como yo apreciamos su fuerza de carácter. Su relación con el equipo era de respeto absoluto, por lo que se fue con toda dignidad y admiración por parte de los otros.

Hacer tratos *vs* Formar sociedades

Recuerdo que hace varios años tuve una conversación con Robert acerca de las sociedades y lo difíciles que podían ser. Él estaba justamente sufriendo las tribulaciones que provoca una mala sociedad. A mí me agrada hacer tratos con otras personas, pero prefiero no formar sociedades porque son demasiado complicadas y en ellas todo puede terminar mal. Hacer tratos es más sencillo porque un trato te permite conservar la relación de trabajo pero no conlleva las mismas obligaciones que la sociedad. Las sociedades son como el matrimonio: pueden ser maravillosas o terribles. Si te es posible, haz tratos con gente que te agrada y en quien confías. De esa manera, cuando termine la relación de trabajo, puedes ir a trabajar con otras personas.

Yo he pasado muchos años trabajando de esta manera. Mi reputación es tan grande que puedo llamar a la gente adecuada y lograr que las cosas se lleven a cabo con facilidad. Sé que tal vez no cuentes con ese poder de convocatoria todavía, particularmente si apenas comienzas, por eso te recomiendo que, a lo largo de tu carrera de negocios, mantengas la palabra "trato" en mente. El hecho de pensar "es un trato" en lugar de "es una sociedad" o "es un matrimonio", puede ser muy liberador. En este contexto tu mente se abrirá a nuevas ideas. En el caso de situaciones difíciles, siempre trato de aplicar el mismo concepto y por eso pregunto: "¿Es un tropiezo o una catástrofe?" La mayoría de las veces son pequeños tropiezos, pero sólo me doy cuenta de ello gracias a la claridad que me da el articular la diferencia. Es sorprendente.

El arte de la negociación

La negociación es un arte que debes dominar. A mí se me reconoce por mis habilidades en ese rubro fundamental para hacer tratos. Asimismo, los mejores acuerdos tienen la característica de que benefician a todo mundo y generan una situación en que las ganancias son compartidas. La negociación, más que poder, implica persuasión. Es un poco como la diplomacia, aunque, claro, se puede ser diplomático y continuar siendo necio. Primero que nada debes saber qué quiere la otra parte y de dónde viene. Sé razonable y flexible, pero nunca dejes que nadie se dé cuenta de tus intenciones. El conocimiento es poder, así que trata de acumular la mayor cantidad posible. Y recuerda que la regla de oro de la negociación es: "El que tiene el oro, hace las reglas". Esta norma no niega oportunidades iguales para todos pero, es un hecho implícito que, definitivamente, está presente. Por otra parte, recuerda que tal vez estés construyendo los cimientos para tratos de negocios futuros, así que enfatiza la equidad y la integridad.

A la gente le agrada hacer tratos conmigo porque sabe que siempre habrá ganancias, trabajo con rapidez y trato a las personas de manera justa. Ésa es la reputación por la que tanto he trabajado, y permanece intacta hasta la fecha. No significa que soy una persona fácil, no. En realidad soy muy exigente, pero no permito que las expectativas me limiten y, la mayoría de las veces, mis tratos tienen buenos resultados para todo mundo. Cuando Robert y yo decidimos escribir nuestro primer libro, fue bastante sencillo. Hubo poca negociación porque no necesitábamos arreglar mayor cosa.

En ocasiones me ha llegado a sorprender que la persona con la que voy a hacer un trato, ignora lo que pasa en realidad. De hecho, en muchos casos habría podido aprovechar mi ventaja de manera rápida y artera, tan sólo por la falta de información y preparación de la otra parte. Es asombroso. Sin embargo, no me interesa aprovecharme de la ingenuidad de otros. Sólo te menciono que es muy buena idea prepararse lo más posible para cada negocio que emprendas. A veces, claro, vale la pena hacerse un poco el tonto. Recuerda el antiguo dicho: "Hace falta mucha inteligencia para hacerse el tonto". ¿Por qué habrías de fingir? Porque es una buena manera de descubrir cuánto ignoran tus socios de negocios. También te permite averiguar si tratan de destruirte. En resumidas cuentas: confía en tus instintos, particularmente si los has desarrollado bien.

Los nuevos empresarios podrían preguntarse: "¿Cómo afino mis instintos?" Eso llega con la experiencia, sin embargo, creo que todos tenemos una alarma interna. Préstale atención. Tal vez no puedas articular con exactitud tu temor pero, al menos, ya estarás advertido. Siempre digo a la gente que más vale "estar paranoico"; con eso me refiero a mantenerse alerta. Otra forma de protegerse es prepararse día con día. Utiliza los medios de comunicación para actualizarte respecto a sucesos nacionales y globales. Invierte tu energía en estar bien versado en la mayor cantidad posible de las diferentes industrias y temas de interés.

Crítica y conflicto

Mis relaciones con los medios van desde las más terribles, hasta las más sanas. Estas últimas son las que verdaderamente duran. Por ejemplo, a lo largo de los años he realizado muchas entrevistas para televisión con Regis Philbin, Barbara Walters, Larry King, Neil Cavuto y *Access Hollywood*, entre muchos otros. Me invitan con frecuencia a sus programas, y mantenemos relaciones profesionales; a veces, incluso hemos forjado amistades. Pero eso sucede porque el respeto es mutuo. Entre nosotros existe armonía profesional y personal.

No obstante, de vez en cuando la prensa me ha señalado de forma negativa. Bueno, más bien ha sucedido muy a menudo. El hecho es que hay muchos buenos escritores y periodistas que pueden ser justos y siempre se comportarán de esa manera.

Recuerdo que, cuando comenzamos a construir el edificio que se conoce como Trump World Tower en la Plaza de las Naciones Unidas, fui muy criticado. En el *New York Times* apareció un artículo escrito por el reconocido crítico de arquitectura Herbert Muschamp, quien alabó al edificio y lo describió como "una bellísima y enorme torre de cristal". Luego comentó: "Trump actúa mucho mejor cuando ignora a sus críticos que cuando les presta atención". Es mucho más sencillo lidiar con los comentarios negativos si piensas que, las únicas personas a quien nadie critica, son las que nunca se atreven a correr riesgos. No temas arriesgarte porque, ahora ya sabes que, si alguien te critica, es porque perteneces al club de los valerosos.

También piensa que mucha gente intentará dañarte con el propósito de llamar la atención. Cada ataque conlleva un subtexto, es algo que descubrí después de ser el blanco de muchos críticos. Una de las formas en que puedes apagar el fuego es no responder porque, finalmente, lo que la gente espera de ti es una reacción. Es por eso que muchos tratarán de atraer la atención hacia ti. Claro, en algunos casos puede funcionar a tu favor. Cuando sufras ataques, de cualquier tipo, siempre evalúa la posibilidad de contraatacar porque hay ocasiones en que es necesario defenderse.

También me he visto involucrado en muchas demandas legales. Por supuesto, no me agradan en absoluto, pero a veces son necesarias porque la gente se pasa de la raya y se torna deshonesta o irreflexiva. En ese caso debes lidiar con el asunto porque, de lo contrario, creerán que eres pusilánime. A veces es necesario que te defiendas.

Recuerda que, como decía el padre rico de Robert: "Hacer negocios es sencillo, lo difícil es tratar con la gente". Pero no te preocupes, la capacidad de tratar con la gente llega con la experiencia y la atención. Yo, como Robert, he tenido oportunidad de trabajar con gente maravillosa que tiene la solidez del oro. Son personas con experiencia, profesiones y antecedentes muy diversos. Gracias a los tratos que hice con ellos, muchos se convirtieron en mis amigos. Así que, desde el primer día de tu carrera en los negocios, toma en cuenta la importancia de las sociedades, tanto a nivel personal como profesional.

Desglose: Relaciones

Hacer negocios es sencillo, lo difícil es tratar con la gente. Dicen por ahí también, que "no puedes elegir a tu familia, pero sí a tus amigos." Un empleado tampoco puede escoger a sus compañeros; sin embargo, para un empresario, seleccionar a la gente con la que trabajará, es la labor más importante porque sus empleados lo representarán a él y a la compañía.

Tu programa de desarrollo personal

Convertirte en empresario puede ser el mejor programa de desarrollo personal en el que tengas oportunidad de participar. Asimismo, tu negocio puede convertirse en la escuela de negocios más desafiante que encuentres. Además, si tú creces en el aspecto personal, tu negocio también se expandirá. Por desgracia, también puede suceder lo opuesto si tu crecimiento se limita.

La vida empresarial es como un juego de golf porque, cuando fallas ese *putt* de metro y medio, el único culpable eres tú, sin importar cuánto te esfuerces por demostrar lo contrario.

A pesar de que las acciones de otras personas pueden afectar tu desempeño, a fin de cuentas todo depende *de ti*. Si otros pierden el dinero de tu negocio, finalmente es tu dinero y tu negocio. Si tus asesores te dan malos consejos, tú eres quien paga por esa asesoría y, de hecho, el error siempre te sale mucho más caro de lo que crees. Asimismo, si culpas a otros por tus pérdidas, perderás algo más que dinero: será la oportunidad de aprender, crecer y ser un mejor empresario.

La gente del cuadrante E se queda ahí o, si acaso, llega al cuadrante A pero opera a un nivel muy limitado porque no quiere responsabilizarse por lo que otras personas hacen. Por eso los empleados pueden ser tu activo más importante o convertirse en el pasivo más molesto.

Tu labor más importante

Mucha gente no tiene éxito en los negocios porque no sabe cómo tratar con los demás. ¿Conoces a alguien así?, ¿alguien que no se puede relacionar con otras personas? Podrá ser un gran ingeniero, contador, inventor, abogado, artista o cantante, pero sencillamente no es capaz de congeniar con otros. El toque de Midas es en realidad acerca de ti y de tu forma de interactuar con la gente. Hacerlo es tu labor más importante y, por lo tanto, no es nada fácil. ¿Por qué? Porque las personas son muy distintas. A continuación hablaré de algunos tipos de personas con los que tendrás que lidiar como empresario.

El trabajo con inversionistas

Los inversionistas tienen el poder de convertir tu idea en negocio, pero, si no tienen fe en tus habilidades como empresario, entonces te dirán: "Es una gran idea, pero no, gracias". Recuerda que también cabe la posibilidad de que te lo digan de manera desagradable. Irónicamente, el mundo está lleno de inversionistas que buscan proyectos increíbles, el problema es que hay muy pocos empresarios en los que vale la pena invertir. Tu labor es convertirte en uno de ellos. Eso requiere crecimiento personal porque es muy distinto a ser empleado. El empresario debe tener aptitudes diferentes a las de la gente ordinaria.

Aquí tienes la primera lección para reunir dinero. La llamaremos "Captación de recursos, clase 1". Antes que nada, piensa que hay mucha gente que tiene buenas ideas, pero no puede reunir los recursos necesarios porque tiene una visión equivocada de todo el proceso. Si tú quieres ser capaz de hacerlo, tienes que ver la situación desde la perspectiva de un inversionista profesional del cuadrante I. A los inversionistas profesionales tu producto no les importa en realidad, a pesar de que, claro, los productos son importantes. Lo primero que el inversionista quiere saber, antes que nada, es quién eres, cuál es tu experiencia, quiénes conforman tu equipo y quién más te respalda. Los inversionistas quieren saber quiénes son tus socios, tu junta directiva, tu banquero y tus otros inversionistas. Un profesional siempre quiere enterarse de todo lo anterior porque sabe bien que un negocio se sustenta en la gente.

Como la mayoría de las personas no tiene experiencia, y los empresarios profesionales no piensan invertir en gente así o en sus negocios, quienes desean iniciar un proyecto se ven obligados a conseguir dinero entre amigos y familiares. En ese caso, los que invierten lo hacen confiando más en la amistad y el amor, que en las capacidades del emprendedor. Ése es el punto en donde la situación se torna riesgosa. Termina siendo una paradoja porque tú tienes deseos de probar que eres un empresario muy sagaz, pero, al mismo tiempo, debes convencer a la gente de que lo eres, antes de adquirir el negocio que te otorgará esa sagacidad. Por todo lo anterior, el siguiente tipo de persona es muy importante.

El trabajo con socios

Algunos empresarios trabajan de manera independiente, pero otros tienen socios. Los socios son relevantes porque una sola persona no tiene todas las respuestas o habilidades requeridas para operar en todos los niveles del Triángulo D-I. Un socio puede incrementar tus oportunidades de sobrevivir los primeros cinco años, periodo en que la mayoría de los negocios fracasa.

En las mejores sociedades cada persona aporta sus talentos, habilidades y experiencias a la compañía. Por ejemplo, es común ver a un socio extrovertido y a otro más avezado en lo que se refiere a operaciones del negocio. En otras sociedades puedes encontrar un socio con visión global, y otro especializado en los detalles. Creo que ya me entiendes. Una sociedad de negocios es como un matrimonio y, si eliges la pareja correcta, puede convertirse en el paraíso. Claro, si te equivocas, podrías terminar viviendo un infierno.

Las mejores sociedades constan de tres elementos humanos:

1. **El soñador**

   Esta persona tiene la visión agradable, la noción perfecta de un futuro inmaculado.

2. **El hombre (o mujer) de negocios**

   Es quien dirige el negocio. Se asegura de que todas las piezas del rompecabezas encajen y el engranaje esté bien aceitado y corra a tiempo.

3. **El hijo de mala madre (o SOB, por sus siglas en inglés)**

   Esta persona es un perro guardián. Son quienes no confían en nadie ni caen en trampas con facilidad. Si el negocio requiere morder a alguien, siempre se recurre al hijo de mala madre para hacerlo.

Nosotros hemos aprendido a ser estos tres tipos de personas. Sin embargo, hay algunos empresarios que sólo pueden ser uno o dos tipos. ¿Tú puedes representar todos los papeles? Si no es ese el caso, entonces contrata las personas que te hagan falta porque, en un negocio, se requiere de las tres.

Ahora te voy a dar un consejo legal muy económico pero efectivo. Antes de formalizar una sociedad de negocios, lo mejor es que contrates un abogado para que redacte un acuerdo de "compra-venta" en caso de que las cosas salgan mal o de que uno de los socios quiera quedarse con el negocio, y el otro quiera salirse de él. Un acuerdo de compra-venta es como un acuerdo prenupcial. Como ya sabes, la mayoría de las ceremonias matrimoniales terminan con la frase: "Hasta que la muerte nos separe". Y una de las razones por las que 50 por ciento de los matrimonios termina en divorcio, es porque es mucho mejor que la muerte.

Al igual que cientos de parejas, muchas sociedades en potencia descubren que son incompatibles en cuanto comienzan a trabajar en el acuerdo de compra-venta. Sucede lo mismo con los arreglos prenupciales, pero es mejor descubrir las diferencias pronto, en lugar de tiempo después de que el matrimonio o la sociedad de negocios, se concretó.

Hay un viejo chiste que lo ilustra:

Terapeuta: ¿Por qué tiene tantos problemas en sus relaciones personales?

Paciente: Creo que sólo atraigo a los hombres equivocados.

Terapeuta: No creo que el problema sea que los atraiga, sino que siempre les da su número telefónico.

Ten cuidado al elegir a tus parejas porque, como dicen por ahí: "Enamorarse es sencillo, permanecer enamorado es lo que cuesta trabajo". Los problemas comienzan en cuanto acaba la luna de miel. Si no pueden resolver juntos los problemas, se irán acumulando. En el matrimonio y en los negocios, es muy fácil odiar a quien alguna vez amaste.

Así que, antes de asociarte con una persona, redacta un contrato de compra-venta. Todos tenemos cualidades y defectos, y hablar sobre los términos del contrato, te permitirá conocer la verdadera personalidad de tu socio en potencia, y también la tuya.

Sólo los soñadores están convencidos de que las relaciones siempre son buenas; la verdad es que, en todas, hay desacuerdos. Si tienes buenos socios, los desacuerdos pueden ser productivos. A veces las mejores ideas se producen en medio de acaloradas discusiones. Sin embargo, si la relación se limita a desencuentros, peleas y desacuerdos, y de todo eso no surgen ideas, entonces es una sociedad demasiado imperfecta. Por ejemplo, cuando Larry Page y Sergey Brin se conocieron, tuvieron diferencias casi respecto a todo pero, al final, estuvieron de acuerdo en Google.

Cómo ser un buen socio de negocios

Tal vez hayas notado que, en *El aprendiz*, Donald escucha, observa y hace preguntas, más de lo que habla o da consejos. Es lo que hacen los buenos líderes. El creador nos dio dos ojos, dos orejas, pero sólo una boca, así que el mensaje es: escucha y observa más, habla menos. Si todo mundo habla y nadie escucha, entonces el negocio se encuentra en grandes dificultades. Los líderes que hablan pero no pueden oír a los demás, no son buenos líderes.

También cuando se solicita dinero a un posible inversionista, lo mejor es hablar menos y escuchar con atención. Si te concentras en lo que él considera importante, aprenderás mucho sobre negocios.

El trabajo con asesores

Los inversionistas desean saber quiénes son tus asesores. Todas las compañías que cotizan en la bolsa deben tener, por ley, una junta directiva, e incluso si no planeas hacer que tu empresa cotice, debes tener un grupo de asesores. Por ejemplo, si quieres comenzar un restaurante, debes trabajar con gente que haya tenido restaurantes y los haya administrado con éxito. También necesitarás buenos asesores legales y en asuntos contables. Tómate tu tiempo para elegir porque no todos son confiables. Tu junta directiva te puede ahorrar mucho tiempo, dolores de cabeza y dinero. Además, un inversionista profesional siempre revisará con mucho cuidado a la gente con la que trabajas y sus antecedentes.

Piensa que estas personas son como instructores de una escuela de negocios y pueden ser tus mejores maestros. Contar con un negocio real y un grupo de asesores, puede ser la manera de adquirir tu educación en este ámbito. Pero, por supuesto, tienes que hacer tu tarea, es decir, ser buen estudiante, escuchar, aprender y corregir lo que no está bien. No estás obligado a hacer todo lo que te digan tus asesores, pero sí a escucharlos con atención. Si no lo haces, es porque no los necesitas o tal vez debas remplazarlos.

El trabajo con los empleados

A menudo, es el grupo más difícil, pero debes perseverar porque pueden ser tus mejores maestros. Dado que un negocio está conformado por varias habilidades (como contabilidad, área legal, servicio a clientes, *marketing*, publicidad, ventas, desarrollo de producto, entre muchas otras) representadas por los ocho elementos del Triángulo D-I, debes considerar que lidiarás con gente especializada. Algunas personas estarán motivadas, otras no; algunas serán honestas, otras no. Por todo lo anterior, no será nada fácil lograr que este grupo se enfoque en los objetivos del negocio. No obstante, es tu trabajo hacerlo. Recuerda que una manzana podrida puede arruinar las demás. Es muy importante proteger a tus trabajadores de las manzanas podridas. Si un inversionista presiente que tienes problemas con tus empleados o no eres un líder competente, no invertirá su dinero en ti.

Una de las quejas que más escucharás de ti mismo y de otros empresarios, es "no puedo encontrar personal competente". Como la mayoría de los empresarios tiene poca experiencia en manejo de personal, es común que diga que no puede conseguir buenos trabajadores. Pero muy a menudo, el verdadero problema es que el empresario todavía no es buen líder. Los empleados mejorarán en la medida en que los empresarios desarrollen sus aptitudes para guiarlos.

El trabajo con los clientes

Como último consejo, aunque no menos importante, recuerda que los negocios tienen clientes. Las relaciones con ellos deben ser muy buenas porque se aprende mucho.

Un inversionista profesional siempre preguntará: "¿Quién es el cliente, y por qué necesita tu producto o servicio?" En un mundo en que la competencia siempre está tratando de ganarse el tiempo y el dinero de tu cliente, tu trabajo es llegar a conocerlo muy bien, averiguar por qué necesita a tu negocio, y cómo puedes mantener tu relación con él.

En el caso de los empresarios del cuadrante A, es común que la relación con el cliente sea muy estrecha. Por ejemplo, la relación médico-paciente y la relación abogado-cliente.

En el cuadrante D, la relación es muy distinta porque ya no es tan personal. Los empresarios de este cuadrante deben mantener con sus clientes una relación lo más cercana posible, pero a través de nuevos medios, lo cual exige otro tipo de habilidades.

En ese caso lo hacemos mediante nuestros equipos gerenciales, televisión, radio, medios sociales, apariciones personales y libros. Obviamente, el inversionista querrá saber de qué forma piensas atraer a tus clientes y mantener tu relación con ellos.

La mejor escuela de negocios

La razón por la que un negocio puede ser tu mejor escuela, y también funcionar como un programa de desarrollo personal permanente, es porque, si tú mejoras, todo lo demás también lo hará. Si te haces muy bueno, el dinero y la fortuna comenzarán a lloverte. Y si llegas a culpar a alguien, recuerda que la palabra "culpar" es equivalente a portarse como un cobarde. El mundo está lleno de empresarios cobardes que no alcanzan a ver que su negocio es precisamente el lugar para aprender.

Discurso exprés

¿Estás listo para tu discurso o explicación exprés? Lo vas a necesitar porque es un elemento crucial para captar recursos. Antes que nada, tienes que definir qué vas a decir. Ahí es donde entran en juego la creación de marca y la planeación. Y una vez definidas tus frases, será cuestión de práctica y más práctica.

Como cualquier otra cosa en la vida, si quieres ser bueno, tienes que ensayar. Aprende a describir tu negocio con rapidez porque, entre mejor lo hagas, más beneficiarás a la compañía.

Recuerda al pulgar: es tu fuerza de carácter. El índice te mantiene enfocado durante el discurso. Tu dedo medio te recuerda la marca y lo que representas. Y el anular cómo construir mejores relaciones. No dejes de practicar el discurso; mientras más lo repitas, más aprenderás y te convertirás en mejor persona. Y cuando lo seas, tus relaciones también lo serán.

Le llamamos discurso exprés porque debe ser breve y agradable. Al igual que todos nosotros, los inversionistas son gente ocupada y no tienen tiempo ni paciencia para largas y aburridas presentaciones de ventas. Ve al grano lo más pronto posible.

Guía para el discurso exprés

Con esta guía podrás desarrollar tu discurso para inversionistas. Se enfoca en cuatro puntos principales: lo más interesante es que son los mismos que debes tomar en cuenta cuando diseñes tu negocio. Cada punto se debe explicar en dos minutos, máximo, e incluir respuestas a las siguientes preguntas.

1. **Proyecto**
   - ¿Cuál es el proyecto?
   - ¿Por qué es único?

- ¿Por qué es un negocio necesario?
- ¿Qué amarán los clientes de tu producto?

2. Socios

- ¿Quién eres tú?
- ¿Quiénes son los socios?
- ¿Cuáles son tus antecedentes educativos?
- ¿Cuánta experiencia tienen en conjunto?
- ¿Qué características tuyas y de tus clientes harán que el proyecto sea un éxito?

3. Financiamiento

- ¿Cuál es el costo total del proyecto?
- ¿Cuánta deuda y cuánto patrimonio neto hay en el negocio?
- ¿Los socios invertirán su propio dinero?
- ¿Cuál será el rendimiento y la recompensa para el inversionista por el riesgo que corre?
- ¿Cuáles son las consecuencias fiscales?
- ¿Quién será tu director de finanzas, o a qué despacho de contabilidad contratarás?
- ¿Quién será responsable de la comunicación con los inversionistas?
- ¿Cuál es el plan de salida para el inversionista?

4. Administración

- ¿Quiénes dirigen tu compañía?
- ¿Qué experiencia tienen?
- ¿Qué antecedentes?
- ¿Alguna vez han fracasado?
- ¿Cómo se relaciona su experiencia con tu industria?

- ¿Crees que tu equipo de administración es el más fuerte que puedes formar?
- ¿Puedes infundirle seguridad?

Éste es tu discurso y no debe durar más de ocho minutos. Cuando hayas cubierto brevemente los cuatro puntos, cierra la boca. Pide que te hagan preguntas, escucha y responde de forma concreta. Recuerda recibir más preguntas que ofrecer respuestas.

También debes preguntarle al inversionista en potencia cosas como:

- ¿Le interesa este proyecto?
- ¿Ya ha invertido en negocios incipientes?
- ¿Hay algo que le preocupe?

Solamente si el inversionista o inversionistas están interesados, comenzarás a revelar el plan de negocios u otra información relevante. Recuerda que, el que habla más, pierde; el que escucha más, gana.

Escuchar es señal de respeto. También lo es mostrarte interesado en lugar de hacerte el interesante. Sé respetuoso y siempre ganarás en los negocios y en la vida.

Dos consejos para reunir fondos

Consejo #1: Busca asesoría de contadores y abogados para preparar tu discurso

Esta sugerencia no sólo te servirá de práctica, también te ayudará mucho como aprendizaje. Si consigues contadores y abogados sagaces, estarás formando relaciones muy sólidas. Ellos también pueden presentarte otras personas de alto nivel.

Sin embargo, si son profesionistas incompetentes, de los cuales hay muchos, entonces tú y tu negocio sufrirán. Así que tómate el tiempo necesario y sé muy selectivo al elegir a estos asesores.

Consejo #2: Comienza a pedir el dinero antes de necesitarlo

Lo único que debes decir es: "Voy a comenzar un nuevo negocio en unos cuantos meses". Descríbelo brevemente y da las razones que te emocionan al respecto. Es un discurso que puede durar menos de un minuto. Te repito que, si sigues hablando, puedes perder el trato. Después de un minuto haz preguntas como "¿Están interesados?", o, "¿Les gustaría saber más?" Si la respuesta es afirmativa, entonces, continúa: "¿Les puedo llamar por teléfono cuando estemos listos para hablar con los posibles inversionistas?"

Si vuelven a estar de acuerdo, anota sus nombres y cumple tu promesa de llamarlos. En algún tiempo, no al día siguiente.

Recuerda la regla: "Es más sencillo pedir dinero cuando no lo necesitas". Esto se debe a que, cuando la necesidad es imperiosa, la solicitud suena desesperada, y eso nunca es agradable. No cuentes tus tribulaciones a los inversionistas en potencia. Evita la exageración y las promesas de una retribución excesiva. Es más probable que le crean a una persona con actitud conservadora y cautelosa, que a otra alterada y arrogante. Así que, comienza pronto, practica, no hagas promesas de más, y obedece estas reglas siempre que trates de captar capital.

A qué le temen los inversionistas

Mucha gente sueña con renunciar a su empleo y comenzar su propio negocio, pero le da miedo fracasar. Claro, es una preocupación legítima.

Sin embargo, convertirse en empresario no implica mayor problema. Casi cualquier persona puede hacerlo. Por ejemplo, si un jovencito, o jovencita poda el césped de su vecino por diez dólares, ya se convirtió en empresario.

Lo que determina que se convierta en gran empresario es qué hará con ese dinero.

Muchos sólo meten los diez dólares a su bolsillo. Lo hacen millones de pequeños empresarios en todo el mundo, pero al hacerlo, se unen a la economía informal que no lleva registros ni paga impuestos.

La mayoría de los inversionistas profesionales temen a esta tendencia. Saben que casi todos los empresarios se quedan con el dinero y prefieren usarlo en sus gastos personales en lugar de reinvertirlo en el negocio para recuperar el dinero del inversionista. Para colmo, guardarte el dinero es un delito y a los inversionistas no les gusta involucrarse en algo así.

El mundo está repleto de empresarios del cuadrante A que evaden impuestos y son delincuentes; es decir, miembros de la economía informal. A la mayoría se le encuentra en los mercados de pulgas, ventas de garaje y mercados de granjeros. También lo son las trabajadoras domésticas, los muchachitos que te limpian el parabrisas cuando el semáforo está en rojo, los meseros y el *barman* que no declaran sus propinas, y miles de millones de otras personas que hacen lo que sea para ganar un dólar. Tan sólo en Estados Unidos, se estima el valor de la economía informal entre 1.5 a 2 billones de dólares, y sigue en aumento. Pero como no hay registros, es difícil medirla.

Si tú perteneces al tipo de economía que no registra nada ni declara impuestos, más te vale guardar un perfil bajo y permanecer oculto porque, el problema de manejarse en la informalidad, llega cuando te haces rico. Cuando una persona comienza a hacer mucho dinero y de pronto se compra una mansión, autos de lujo y un yate y, además, carga grandes sumas de dinero a sus tarjetas de crédito, su "gran vida" la pone directamente en el radar del Servicio de Impuestos Internos. La gente a la que se comprueba evasión fiscal, gasta mucho tiempo y dinero en defenderse y, para colmo, sus negocios terminan destruidos.

Por obvias razones, no te recomendamos ser empresario en la economía informal. La mencionamos sólo para señalar su existencia y que está prosperando, pero, sobre todo, para sugerirte que la evites si quieres desarrollar el toque de Midas.

Del cuadrante E al cuadrante A

Los empleados no necesitan llevar registros de sus ganancias ni pagar impuestos porque eso lo hace la compañía para la que trabajan. Si acaso preparan alguna declaración, es con el objetivo de conseguir devoluciones. Los empleados no requieren contador ni asesoría legal fiscal porque no hay mucho que estos profesionistas puedan hacer por ellos. Los empleados tienen muy pocos beneficios fiscales y, para colmo, entre más dinero ganan, más impuestos pagan.

Lo que mete en problemas incluso a los empresarios más honestos, es la falta de conocimiento acerca de impuestos y la forma de llevar registros. Cuando una persona se mueve del cuadrante E al A, de pronto debe cumplir con numerosos impuestos y regulaciones gubernamentales de las que muy pocos empleados están enterados. Por eso las relaciones con contadores y asesores fiscales resultan de gran importancia.

Los empresarios también enfrentan impuestos adicionales por los siguientes conceptos:

- Ventas
- Autoempleo
- Ley de contribución al Seguro Social (FICA, por sus siglas en inglés, también conocida como Seguridad Social o Medicare)
- Impuesto Estatal de desempleo
- Impuesto Federal de desempleo
- Otros impuestos y regulaciones

Para entender mejor el problema de los impuestos, usaré el ejemplo del joven que gana 10 dólares. Un empleado del cuadrante E que los gana, paga aproximadamente 30 por ciento en impuestos, lo que le deja sólo siete dólares netos.

Una persona autoempleada del cuadrante A que gana diez dólares, paga aproximadamente 60 por ciento en impuestos, lo que le deja sólo cuatro dólares netos. Por eso la mayoría de los pequeños empresarios se meten los diez dólares al bolsillo y se unen a la economía informal, cuestión que tanto hace temer a los inversionistas.

El alto desempleo

Este ejemplo también ilustra por qué la tasa de desempleo es tan alta: ¿por qué alguien querría ser empresario si el gobierno castiga a los pequeños empresarios con más cargas fiscales, reglas y regulaciones excesivas? ¿Por qué arriesgarse a ser castigado por el gobierno? ¿Cómo puede el pequeño empresario sobrevivir si su mayor gasto es fiscal? ¿Cómo puede un empresario contratar más empleados si el gobierno hace este recurso mucho más costoso? Si estás desempleado, ¿para qué convertirte en empresario si puedes ganar más dinero con el seguro de desempleo que reparte el gobierno?

La solución se encuentra en el problema mismo. Es decir, los impuestos y regulaciones son el problema, pero también la solución. Una de las mayores ventajas de convertirse en empresario es que el gobierno te da muchas ventajas por recibir asesoría contable, legal y fiscal. Los empleados no cuentan con ese beneficio porque, si llegan a contratar un contador, pagan su asesoría con dinero del que ya se han descontado los impuestos. En el caso de los empresarios, los honorarios se cubren con dinero por el que todavía no se han declarado impuestos. Dicho llanamente, el gobierno te da beneficios fiscales por contratar asesores. Aquí es donde el empresario recibe la educación del mundo real que a los empleados nunca se les brinda.

La mayoría de los pequeños empresarios ven a los impuestos, contadores y abogados como si fueran parásitos. Sin embargo, con un cambio en este punto de vista, el empresario comienza a considerar que impuestos, contadores y abogados son, en realidad, elementos que pueden ayudarlo a desarrollar el toque de Midas. El problema de casi todos los A es que, originalmente, fueron E que renunciaron a sus empleos, y ahora los *poseen*. Estos empresarios no tienen un negocio y las leyes fiscales están escritas para gente que es dueña de su negocio, no de su empleo.

La labor más importante de un A es transformar su empleo en un negocio. Eso sólo se logra desarrollando el toque de Midas y evolucionando hacia los cuadrantes D e I.

¿Cómo se convierte un A en un D?

La ironía es que las leyes fiscales son, en realidad, incentivos y estímulos: nos motivan a todos a convertirnos en integrantes de D e I. Al mismo tiempo castigan a quienes trabajan en los cuadrantes E y A. Es igual en todo el mundo.

Casi todos los empresarios del cuadrante A están tan ocupados conservando su trabajo, que no pueden hacer lo que deberían, es decir, que sus negocios se muevan a los cuadrantes D e I. Si tú no haces lo que te corresponde, el gobierno te castigará con una carga fiscal excesiva.

¿Por qué los impuestos son incentivos?

Los beneficios fiscales se los dan a personas que hacen lo que el gobierno quiere, y eso incluye actividades como:

1. Creación de empleos
2. Producción de alimentos
3. Generación de viviendas
4. Provisión de energía

Si quieres saber más acerca de asuntos fiscales, contrata a un contador o abogado fiscal, y pregúntale acerca de los cuatro puntos que se acaban de mencionar. Si te dicen que no se pueden aprovechar estas ventajas o es demasiado riesgoso, busca asesores más avezados que estén dispuestos a educarte y no sólo a cobrarte por hora. Los impuestos son fundamentales, por eso hablamos tanto de ellos aquí. Sin embargo, no puedes aprovechar sus ventajas si no tienes una relación sólida con tus asesores.

Cuando entiendas los impuestos en los cuadrantes D e I, sabrás por qué compañías como General Electric hacen miles de millones de dólares y, prácticamente, no pagan impuestos; todo, dentro del marco legal. Es porque tienen excelentes asesores que el mismo gobierno ayuda a pagar.

Por esta misma razón el gobierno rescata grandes bancos y empresas, y luego incrementa los impuestos en los cuadrantes E y A. Los impuestos son un ingreso neutral, lo cual significa que, si el gobierno otorga, también tiene que tomar. Por eso da beneficios a quienes hacen lo que quiere, y toma dinero de quienes no lo hacen.

El trabajo de un empresario es moverse del cuadrante E al A, luego al D y, finalmente, reunir capital desde el cuadrante I. Es justamente lo que quiere el gobierno, y luce así:

Éste es el camino que han seguido los más grandes empresarios:

- Henry Ford comenzó Ford Motor Company en su garaje.
- Michael Dell comenzó Dell Computers en el dormitorio universitario.
- Steve Jobs comenzó Apple en un garaje.
- Sergey Brin y Larry Page comenzaron Google en la universidad.
- Mark Zuckerberg comenzó Facebook en la universidad.
- Hewlett y Packard comenzaron su compañía de tecnología en un garaje.
- Bill Gates le compró su sistema operativo a una pequeña compañía de programación.

Luego, todos le dieron la vuelta al Cuadrante de flujo del dinero.

Una última reflexión

La gran diferencia entre los empresarios del cuadrante A y los del D, es la palabra "trabajo en red" o *network*. La mayoría de los E y A, no está consciente del poder de las redes, en tanto que la gente más rica y los negocios más grandes, de hecho, hasta poseen redes. Por eso los ricos tienen cadenas televisivas, de radio, franquicias, negocios de *marketing*, y de corretaje y distribución.

La buena noticia es que la tecnología facilita, más que nunca, la construcción de redes y la posibilidad de mantenerlas conectadas: hace más sencillo llegar a ser parte de D e I. En la actualidad los negocios trabajan de manera global en un instante, por eso hay tantos jóvenes millonarios y billonarios de apenas veintitantos años.

A pesar de que la tecnología hace que sea más fácil, los empresarios todavía necesitan de muchas relaciones para recibir asesoría, guía y ayuda para crecer a los cuadrantes D e I. Para atraer mejor gente, deben tener un mejor carácter, legal, ético y moral. Además de ser más inteligentes.

Incluso si tienes muy poco dinero, experiencia limitada de negocios en el mundo real y pocos amigos empresarios, considera que tu compañía es tu propia escuela de negocios y programa de desarrollo personal.

Hay mucho que aprender y tus relaciones son tus instructores. Además, a medida que creces, también lo hace tu negocio.

Puntos a recordar | Acciones para llevar a cabo

- No todo mundo está hecho para ser socio, ni toda la gente requiere uno. Sin embargo, los socios tienen habilidades diferentes a las tuyas, y eso puede ser muy valioso.

- Los socios no siempre estarán de acuerdo, pero si además, cuando termina una discusión no tienen ideas mejores, entonces tal vez no sea una sociedad productiva.

- Tendrás que trabajar con muchos tipos de personas. Busca acercarte a ellas a partir de sus necesidades, no de las tuyas.

- Para crecer necesitarás inversionistas. Parte del desarrollo de relaciones sólidas, implica respetar su tiempo y su atención y, por lo tanto, debes ir directo al grano con una explicación rápida.

- Los impuestos se convierten en un gran problema cuando pasas de E a A, y luego de A a D y a I. No soslayes este importante aspecto de la administración de un negocio. Desarrolla relaciones con los mejores asesores que puedas encontrar.

- A fin de cuentas, mientras más crezcas a través de la gente que te rodea, más crecerá tu negocio: debes ser selectivo.

- Asóciate con personas que tengan tus mismos valores, actitudes y empuje.

- Antes de comenzar la relación de negocios, planea lo que podría suceder al final, y redacta un acuerdo de compra-venta. Incluso antes de firmarlo, tú y tu socio podrían descubrir que no son compatibles, y eso les ahorrará tiempo.

CAPÍTULO CINCO

EL DEDO MEÑIQUE
LOS PEQUEÑOS DETALLES QUE CUENTAN

Si hiciéramos todo aquello de lo que somos capaces, literalmente nos asombraríamos a nosotros mismos.

—*Thomas Edison*

Los detalles pueden significar grandes cosas
Robert Kiyosaki

Antes que nada, existe una gran diferencia entre *los detalles que cuentan* y *pensar en pequeño*. Esta diferencia es una de las razones por las que muy pocos empresarios desarrollan su toque de Midas: la gran mayoría *piensa en pequeño* y no logra enfocarse en *los detalles que de verdad cuentan*.

El Cuadrante del flujo de dinero

Comencemos por lo esencial. Yo siempre vuelvo al Cuadrante del flujo de dinero porque ilustra con claridad varios aspectos del comportamiento de los negocios. El Cuadrante nos permite comprender por qué hay tantos empresarios atrapados en un pensamiento limitante. No es su culpa, sólo que viven en el contexto de los cuadrantes E y A.

Los empleados (E) pueden renunciar a sus trabajos y comenzar su pequeño negocio. En otras palabras, migran al cuadrante A. Y, claro, no hay nada malo en ello, excepto que la mayoría permanece ahí. La A, como recordarás, representa a los Autoempleados o dueños de negocios pequeños. Es gente en extremo especializada. El problema es que A también puede ser A de *afanoso* y *acaparador*.

Mucha gente del cuadrante A está feliz ahí, y eso es bueno. Sin embargo, hay muchas personas a quienes encantaría mudarse al cuadrante D, el mundo de los negocios; y a I, el mundo de las inversiones. Estos dos cuadrantes representan libertad y riqueza infinita: son los cuadrantes de los ricos.

Lo anterior no quiere decir que los E y los A no sean suficientemente inteligentes para moverse a D e I. A menudo, son incluso demasiado inteligentes y eso les afecta. Lo que en realidad los mantiene atrapados en el cuadrante A es su pensamiento limitado, y sí, dije atrapados. En muchas ocasiones los A trabajan más que todos los demás.

Aquí hay algunos ejemplos de su pensamiento limitado.

Ejemplo #1: Trabajo duro, pensamiento pequeño

Tengo un amigo con un pequeño restaurante, y ha estado en ese negocio por años. Todas las mañanas, antes de salir el sol, va a los mercados centrales para comprar fruta, vegetales, carnes, pollo y pescado, los más frescos que haya. Para las nueve de la mañana ya está en su restaurante preparando la comida para los clientes que llegan a almorzar. A las 10:30, sus dos meseras llegan a trabajar y preparan el comedor, y el restaurante abre a las 11. El lugar se mantiene lleno a la hora del almuerzo y la comida, y mi amigo sale de la cocina para recibir clientes personalmente. Por fin, después de las dos tiene un descanso. Mientras los lavaplatos trabajan, mi amigo va a casa y toma una siesta. Pero regresa a las cinco y comienza a preparar los alimentos para la cena. A las 11 de la noche se acuesta, listo para comenzar todo de nuevo a la mañana siguiente. Mi amigo hace lo mismo seis días a la semana.

Se queja de largas jornadas de trabajo, de los impuestos, del incremento en los precios de los alimentos, de las regulaciones gubernamentales y de la dificultad para conseguir buenos empleados. También le molesta que ninguno de sus hijos quiera hacerse cargo del negocio.

Él cree que su toque personal, es decir, selección de ingredientes, recibir a todos los comensales, manteles blancos, generosas bebidas y precios justos, es lo que lleva a los clientes a su restaurante. Y tal vez tenga razón.

Sin embargo, su pensamiento limitado provoca ganancias muy bajas a pesar de sus prolongadas jornadas de trabajo. En apariencia, mi amigo está enfocado en *los pequeños detalles que cuentan;* sin embargo, en realidad es un ejemplo de alguien que *piensa en pequeño.*

Ejemplo #2: Pensamiento pequeño, negocio que se encoge
Tengo otra amiga, agente de bienes raíces muy exitosa. Cuando el mercado colapsó en 2007, también su negocio se fue a pique. Sin embargo, en lugar de modificar su manera de pensar, decidió cerrar la agencia, despedir a la mayor parte de su personal y trabajar desde casa. Digamos que se encogió al igual que lo hizo la economía.

Hace poco, en una fiesta, se acercó a mí y me preguntó:

—¿Perdiste tus inversiones en bienes raíces?

—No —le contesté con una sonrisa—. De hecho, 2010 ha sido el mejor año de mi vida. Kim y yo compramos cinco edificios grandes de departamentos, que equivalen a un total de cerca de 1400 unidades para rentar. También adquirimos un centro vacacional y cinco campos de golf, todo por 87 millones de dólares.

—¿Y por qué no me llamaste si estabas buscando invertir? —me preguntó sorprendida—. Ya sabes que vendo bienes raíces; sigo en el negocio.

—¿Por qué no me llamaste tú a mí? —le contesté—. Sabes que invierto en bienes raíces.

—Pensé que el mercado de bienes raíces estaba en malas condiciones y nadie estaba comprando— masculló—. ¿Cómo conseguiste préstamos? ¿De dónde sacaste dinero para los enganches?

Con esa respuesta, me resultó muy evidente que estábamos hablando de asuntos totalmente distintos. Para ella, el negocio de bienes raíces estaba en problemas y, en mi caso, ese mismo negocio florecía. Un poco más tarde, mi amiga trató de conectarse conmigo de nuevo.

—Llámame la próxima vez que quieras comprar algo —exclamó.

—Llámame la próxima vez que encuentres algo que quieras vender —contesté.

No se ha comunicado conmigo hasta la fecha.

Ejemplo #3: Un especialista especializado

Tuve un compañero de clase, muy inteligente, por cierto, que se dedicó a la medicina y se convirtió en un doctor sumamente especializado. Fue un proceso muy largo y, cuando por fin acabó, ya era un pequeño especialista, altamente especializado, del cuadrante A.

Hace unos tres años le diagnosticaron cáncer en el estómago, y tuvo que dejar de practicar la medicina. Su estilo de vida cambió súbitamente y sus ingresos se desplomaron. La buena noticia es que se recuperó y ahora echa a andar su consultorio de nuevo y recupera su base de pacientes. El problema es que está mucho más débil, no puede trabajar las mismas horas que antes y, por lo tanto, sus ingresos permanecen bajos.

Mi amigo se quiere retirar, pero si no atiende pacientes no puede ganar lo suficiente para cubrir sus gastos diarios y mucho menos su retiro. Planea continuar trabajando mientras pueda, pero tampoco sabe cuánto le queda de vida.

Estos tres empresarios son ejemplos de gente exitosa atrapada en el cuadrante A. Piensan en pequeño y no pueden concentrarse en los pequeños detalles que realmente cuentan.

¿Cuáles son los pequeños detalles?

Los pequeños detalles que cuentan es un concepto también conocido como la ventaja competitiva en los negocios. Es algo único que posee el empresario y le infunde a su compañía, no sólo en el cuadrante A, también en los D e I.

Ya puedo escucharlos decir: "Pero el propietario del restaurante, la agente de bienes raíces y el doctor, son todos especialistas. Se concentraban en los detalles, sin embargo, era en los detalles que no cuentan".

Es verdad, pero ésta es la sutil diferencia: los pequeños detalles que contaban eran sus especialidades personales, no la especialidad de su negocio. Los pequeños detalles personales que posees sólo adquieren valor cuando se vuelven parte de los pequeños detalles del negocio. Si la especialización de mis amigos no se convierte en la de su negocio, continuarán atrapados en el cuadrante A. En el caso de los tres, los limitó precisamente esa especialización, eso que sólo podían hacer ellos.

Ahora te daré algunos ejemplos de los pequeños detalles que sí cuentan.

Detalle #1: Pizza más rápida

La pizza es uno de los platillos más populares en Estados Unidos y en todo el mundo. En casi todos los pueblos de nuestro país hay una pizzería, y en todos los supermercados se venden pizzas congeladas. Es difícil recoger tu correspondencia y no encontrar un cupón de "dos por uno" de pizzas. El negocio es muy competitivo y está lleno de opciones porque hay pizzerías en cada esquina.

Hace varias décadas Domino's Pizza irrumpió en el mercado con su ofrecimiento de "pizza en 30 minutos o menos". Éste es un ejemplo de esos detalles que cuentan porque la empresa se dio cuenta de que, cuando la gente desea comer su producto, no quiere esperar. Por eso, en 1973, rediseñaron todo el negocio en el cuadrante D para enfocarlo en su promesa de 30 minutos. El negocio ya era bastante exitoso entonces, pero con la nueva promoción, tuvo mayor auge. Tal vez media hora no sea gran cosa, pero para Domino´s significó una diferencia enorme.

Por desgracia, en su afán por cumplir la promesa de los 30 minutos, hubo dos accidentes que involucraron a sus vehículos de entrega. Domino's fue demandado por millones de dólares y, debido a eso, abandonó su promesa. A pesar de todo, siempre que pienso en ordenar pizza, recuerdo el ofrecimiento de 30 minutos de Domino's a pesar de que ya no está garantizado.

La promesa de Domino´s es ejemplo de un detalle que cuenta, y de hecho, llegó a ser tan importante que, cuando el negocio se construyó en el cuadrante D, lo hizo con base en dicha oferta. Actualmente Domino's tiene tiendas en más de 60 países y, con los 30 minutos o sin ellos, continúan vendiendo muchísimas pizzas.

Detalle #2: Siempre precios bajos

Walmart es el mayor empleador en Estados Unidos y es un negocio que se construyó teniendo en mente un pequeño detalle que los clientes desean: precios bajos. Sam Walton, su fundador, no sólo recortó algunos precios o aplicó ciertos descuentos. En su migración del cuadrante A al D, construyó todo su negocio alrededor de una sencilla promesa de marca: los precios bajos. Los precios bajos son el ADN del enorme y complejo negocio de Walmart que se enfoca en ofrecer grandes productos a los precios más bajos. El negocio de Walmart (las bodegas, transportes, departamento de compras, sistemas de informática y todo lo demás) se enfoca en mantener su promesa de dar siempre precios bajos.

Hace poco, durante la crisis financiera que comenzó en 2007, muchos negocios se vieron obligados a recortar precios sólo para que la gente decidiera entrar a sus tiendas. Por desgracia, como muchos negocios minoristas no estaban acostumbrados a vender a precios bajos, los recortes los sacaron del mercado.

En todo el mundo, millones de pequeños negocios fracasan porque no pueden competir con empresas como Walmart, Home Depot y otros negocios de bajo costo en línea, como Amazon. El detalle que cuenta, es lo que hace que el negocio sea grande.

Ahora que comprendes por qué los empresarios que piensan y actúan en pequeño limitan sus negocios, te mostraré cómo se ve eso desde la perspectiva de negocios. Para ello, usaremos el Triángulo D-I.

Todo el Triángulo D-I se enfoca en los pequeños detalles. El ADN de los negocios comienza con la misión, que es la base. Cuando Sam Walton tuvo claro que su misión era darle a sus clientes los precios más bajos posibles, encontró el objetivo de su vida y construyó el resto del negocio pensando en cumplir su promesa.

A menudo, cuando la gente del cuadrante A hace recortes en precios o aplica descuentos a sus servicios, fracasa porque no lo hace de la manera adecuada. Me refiero a que el resto del negocio no se modifica y las otras áreas del Triángulo D-I continúan trabajando de la misma forma. Por supuesto, eso no funciona. Una compañía construida para vender a precios altos, necesariamente morirá en cuanto los precios bajen demasiado, a menos de que los demás elementos integrantes se modifiquen para adecuarse.

Detalle #3: A la mañana siguiente

Federal Express, ahora llamada FedEx, irrumpió en el mundo de los negocios con la promesa de entrega a la mañana siguiente. Este tipo de entrega fue un pequeño detalle que se convirtió en algo muy importante. FedEx es, hoy en día, un negocio multimillonario.

Debido a la complejidad de sus operaciones globales, la compañía tuvo que abandonar su garantía de entrega a la mañana siguiente; sin embargo, la promesa continúa siendo parte del ADN y de la misión de la empresa.

Detalle #4: Hoy te mereces un descanso

La gente de McDonald's sabe lo que es ser padre de niños pequeños y, por eso, mantener a un pequeño contento es otro detalle que cuenta. Yo jamás he visto a un niño de mal humor en McDonald's, por el contrario, los veo felices y a sus padres tranquilos.

Siempre que escucho a los nutriólogos quejarse de lo mala que es la comida de McDonald's para los niños, me queda claro que no entienden cuál es el objetivo de la empresa y por qué es tan exitosa. Ir a McDonald's no tiene nada que ver con la comida, se trata de que los niños estén contentos y los padres tengan un descanso. Y para retomar la campaña más reciente de la empresa, te diré que: "Me encanta".

Si volvemos a revisar el Triángulo D-I, te darás cuenta de lo fabulosos que son los sistemas globales de McDonald's.

Cada vez que una persona se para frente a un mostrador de McDonald's y dice: "Quiero una Big Mac, papas medianas y una Coca", todo el Triángulo D-I comienza a trabajar de manera hiper eficiente. De inmediato, hamburguesa, papas y Coca, es decir, el producto, surgen de fuentes de todo el mundo y se te entregan en menos de cinco minutos. Si eso no es un milagro, entonces no sé de qué estoy hablando. Por si fuera poco, esa misma precisión y eficiencia se duplican de manera global en ciudades y pueblos de todo el mundo. Todo eso es posible en los *sistemas* del Triángulo D-I.

De hecho, si alguna vez quieres entender el poder del Triángulo D-I, sólo ve al McDonald's más cercano y siéntate ahí una hora. Imagina los millones de empleados que se requieren para que el Triángulo funcione: entregarle a los clientes lo que quieren, mantener felices a los niños y a los padres tranquilos, todo en menos de cinco minutos y en todo el mundo. Es algo que una persona del cuadrante A no puede hacer sola, porque para eso se requieren millones de empleados.

Personalmente, lo veo como una maravilla. En el momento en que ordenas tus alimentos, entran en acción los bollos que provienen de campos de trigo y panaderías de todo el mundo. Toneladas de papas se cortan y preparan para ser fritas. La carne se corta, se muele, se convierte en pasta y se deja lista para cuando tú la quieras. La Coca está disponible con su burbujeante y dulce sabor. McDonald's es un excelente ejemplo de un eficiente negocio global del cuadrante D, que conoce muy bien a sus clientes. Ese pequeño detalle es lo más grande de esta empresa: sabe lo que sus clientes quieren.

Donald entiende muy bien a qué me refiero con todos estos ejemplos porque él se ha mantenido fiel al detalle que se convierte en un gran elemento de cada negocio. Cada vez que una persona se queda en un hotel Trump, que compra una de sus propiedades o juega 18 hoyos en uno de sus campos de golf, adquiere el dinero, la sensualidad, la fama y el poder de su corporación. Así es la marca de Donald, es su promesa. Es ese detalle que hace la diferencia. Donald convierte los detalles en algo mayor, mucho mayor. Todo es importante para sus clientes y, en conjunto, brinda una gran experiencia.

Detalle #5: Sencilla y divertida

En el caso de la Compañía Padre Rico, el pequeño detalle es hacer que la educación financiera sea sencilla y divertida. Mucha gente se queda paralizada cuando se habla de dinero, finanzas e incluso números. Te puedo decir que la mayoría de los competidores de Padre Rico son demasiado solemnes y aburridos. Son como dictadores que te señalan con el dedo mientras te ordenan: "Corta tus tarjetas de crédito, ahorra dinero y vive debajo de tus posibilidades". Tratan a los adultos como niños y les dicen qué hacer en lugar de educarlos.

Te dicen que debes vivir debajo de tus posibilidades porque es muy sencillo sugerirlo pero, ¿quién querría hacer algo así? Yo no. En mi opinión, vivir por debajo de tus posibilidades equivale a matar tu espíritu, y creo que la mayoría de la gente es como yo: preferirían expandir sus medios antes que vivir por debajo de ellos.

Después de la crisis financiera mucha gente se enteró de que los consejos que ofrece mi competencia son bastante malos. Y, de hecho, quienes los siguieron, en lugar de volverse ricos, terminaron perdiendo todo su dinero. Ahora, esos mismos competidores ofrecen asesoría acerca de cómo recuperarse y actuar después del descalabro.

El dedo meñique: Los pequeños detalles que cuentan

Francamente no creo que tengan algún detalle que los haga grandes. Lo que sé es que el pequeño detalle de la Compañía Padre Rico, es convertir la educación financiera en algo sencillo y divertido.

Muchos se preguntan por qué Donald y yo hicimos equipo en 2006 para escribir nuestro primer libro, *Queremos que seas rico.* Porque notamos que se avecinaba un gran problema: la desaparición de la clase media. En ese libro se lo advertimos a todo mundo en términos muy sencillos. Queríamos que la gente se volviera rica porque no nos agradaba la idea de que terminara siendo pobre. A medida que desaparece la clase media, sólo quedan dos opciones: ser rico o pobre. Nosotros queremos que seas rico, ahí también radica la importancia de este libro. En él estamos tratando de explicarte, en términos muy sencillos, de qué manera puedes construir un exitoso negocio con el toque de Midas para que no termines como mis amigos: el restaurantero, la agente de bienes raíces y el doctor.

Detalle #6: Aprende mientras te diviertes

Cuando tenía unos nueve años, mi padre rico comenzó a enseñarnos, a su hijo y a mí, cómo usar el dinero. Lo hizo ayudándose del juego *Monopolio.* Padre rico logró que el aprendizaje fuera divertido, desafiante e interesante. Actualmente soy un hombre rico porque, cuando fui niño, me divertí mucho jugando *Monopolio.*

En 1984, el año que decidí dejar de manufacturar carteras, me convertí en maestro de negocios, inversión y actividades empresariales. Comencé haciendo uso de muchos juegos diferentes. Kim y yo pasamos diez años adquiriendo experiencia en el uso de juegos como herramientas educativas.

Más adelante, en 1996, antes de que se publicara el libro *Padre rico, Padre pobre*, lanzamos nuestro juego de mesa *CASHFLOW 101.* Actualmente se vende en todo el mundo, en unos quince idiomas diferentes.

Ha tenido mucho éxito porque la gente se divierte al mismo tiempo que aprende acerca de finanzas con dinero de juguete. Después de

219

jugar *CASHFLOW 101*, muchos continúan aprendiendo más acerca de los temas financieros que les interesan.

Ahora, además del juego de mesa, tenemos *CASHFLOW 101* para ser jugado en línea, la versión avanzada, *CASHFLOW 202*; y juegos para niños. Asimismo, en todo el mundo se pueden encontrar desafíos del juego de *CASHFLOW* gratis o a muy bajo precio. Los juegos nos ayudan a hacer que una materia tan compleja y árida se vuelva sencilla y divertida. Es precisamente el pequeño detalle que cuenta de la Compañía Padre Rico: educación financiera sencilla y divertida.

Dos lecciones aprendidas en la escuela militarizada

Como ya sabes, Donald y yo asistimos a escuelas militarizadas. Donald estuvo en la Academia Militar de Nueva York y yo asistí a la Academia de la Marina Mercante de los Estados Unidos, también en Nueva York. Creo que las escuelas militarizadas nos dieron una ventaja para ser ganadores en el mundo de los negocios.

A diferencia de las escuelas tradicionales, las militarizadas ponen mucho énfasis en la misión, el liderazgo, aptitudes de equipo, valor, enfoque y disciplina. Las dos lecciones que presentaré a continuación las aprendí en la academia militar y me han servido mucho para los negocios.

Lección #1: La diferencia entre tácticas y estrategias

Las tácticas son lo que haces. En términos muy sencillos, un líder debe definir la táctica y el objetivo únicos del equipo u organización.

Todas las estrategias se crean para apoyar a la táctica y asegurarse de que se cumpla la meta.

Los negocios comienzan a fracasar cuando tienen demasiadas tácticas y demasiadas estrategias. Entenderás mejor de qué hablo cuando veas el siguiente diagrama de una campaña militar exitosa.

Si usamos a Domino's Pizza como ejemplo (la pizza, más la promesa de la entrega en 30 minutos o menos), podemos decir que todas las estrategias de la compañía (legal, publicitaria, contable, de desarrollo de producto, etcétera), están perfectamente contenidas en el Triángulo D-I. Todas deben apoyar a la táctica única, es decir, al enfoque del negocio, a la promesa que se hace al cliente.

Las dificultades surgen en las organizaciones cuando las estrategias se convierten en algo más importante que la táctica que las unifica.

Lo anterior lo he visto suceder muchas veces. Los abogados tal vez piensan que los documentos legales son más importantes que el cliente, o tal vez el departamento de recursos humanos contrata gente que, aunque tiene buenos antecedentes, no encaja con la mística del negocio. Quizá el departamento de contabilidad, en un afán por hacer bien las cosas, no modifica sus sistemas para seguir el paso a la velocidad con que se realizan las transacciones.

Cuando las estrategias se desmoronan, resolver la situación puede exigir demasiado tiempo y dinero, además de que ocasionará perder de vista la táctica central. Las ventas se caen, los gastos suben y las ganancias sufren. La lección es que ninguno de los elementos integrales del negocio del Triángulo D-I es más importante que los otros.

Esto me lleva a la segunda lección que aprendí en la escuela militarizada.

Lección #2: La labor del líder es unir y darle enfoque a todo el Triángulo D-I

Casi todos estamos familiarizados con la frase: "Divide y vencerás." Nuestro sistema educativo tradicional se basa en esta noción. Desde el momento en que un niño comienza a ir a la escuela, el sistema educativo separa a los estudiantes en inteligentes, promedio y lo que en la actualidad se denomina de bajo desempeño (aunque, cuando yo estuve en la escuela nos llamaban estúpidos). Con esa noción de dividir y conquistar se entrena a los niños para una vida en los cuadrantes E y A.

En dichos cuadrantes la vida consiste en competir por un empleo, ascensos en la compañía o aumentos de sueldo. Este programa, que consiste en dividir y vencer es la razón por la que muchos E y A tienen problemas para pasar a los cuadrantes D e I, donde la capacidad de unir a una organización resulta fundamental.

En cambio, desde el momento en que entran a la escuela militarizada, a los estudiantes se les enseña la importancia de la misión, las aptitudes necesarias para trabajar en equipo, y los rudimentos del liderazgo; en otras palabras, los tres elementos que dan forma al Triángulo D-I.

ESCUELA MILITARIZADA   ESCUELA TRADICIONAL

En las escuelas militares se mete en la cabeza de los estudiantes la siguiente noción: "Unirse es ganar, dividir es conquistar". Los estudiantes de este tipo de escuelas son entrenados para unirse y luego enfocar esa fuerza y unión en dividir y conquistar al enemigo.

Por desgracia, en las escuelas tradicionales no se enseña a los estudiantes a unirse para ganar, sólo a dividir y vencer. Las escuelas entrenan a los estudiantes para competir contra sus propios compañeros de equipo por calificaciones, lugar en el salón e ingreso a las universidades. Y cuando salen de las escuelas, comienzan a competir por empleos, ascensos y aumentos.

Por todo lo anterior mucha gente queda atrapada en los cuadrantes E y A. El éxito en D e I, en cambio, exige aptitudes de liderazgo y habilidad para unir a la gente. Debo destacar que esta última es esencial, tanto en la guerra como en los negocios. Las personas del cuadrante A también tienen muchos problemas porque, muy a menudo, deben competir contra organizaciones que sí funcionan como un equipo.

Por ejemplo, el propietario de una pequeña ferretería siempre lidiará con el hecho de competir con una tienda tipo bodega como Home Depot.

Cómo hacerse de ventaja

Si no tienes ninguna ventaja en tu negocio, entonces será difícil que prosperes. La ventaja debe cimentarse en los pequeños detalles que cuentan. Ahora compartiré cuáles son, en mi caso, esos pequeños detalles que, además de darme ventaja, me ayudaron a desarrollar el toque de Midas. Creo que podrían hacer lo mismo por ti.

- **Adquiere aptitudes de liderazgo**

  La Academia de la Marina Mercante de Estados Unidos entrena a sus estudiantes para ser líderes desde que entran a la escuela hasta graduarse. Todos los días sin excepción. Haber pasado seis años en la Infantería de Marina como oficial y piloto, también me brindó un excelente entrenamiento y la posibilidad de desarrollar liderazgo para los negocios.

  Aunque no asistas a una escuela militarizada, puedes obtener aptitudes de liderazgo en el trabajo, los deportes y las actividades cívicas. El liderazgo es un proceso educativo que te desafía cotidianamente. Las personas que evitan el liderazgo y las responsabilidades que éste conlleva, no serán buenos empresarios con el toque de Midas. Además, recuerda que la transición del cuadrante A a los D e I, exige aptitudes de líder.

- **Aprende a vender e invertir**

  En 1973, cuando regresé de Vietnam, decidí seguir los pasos de mi padre rico, y no los de mi padre pobre. Todavía me quedaba un año más antes de terminar mi contrato con el Cuerpo de Infantería de Marina, pero mi padre rico me aconsejó comenzar a prepararme para los cuadrantes A, D e I.

  En lugar de volver a la escuela para obtener una maestría, tal como me recomendó mi padre pobre, padre rico me sugirió tomar un sendero educativo muy distinto porque, según él, las aptitudes que se requieren para los cuadrantes D e I, son otras. Me recomendó que aprendiera a vender e invertir en bienes raíces antes de dejar la Marina. Tenía dos razones para ello. La primera era que los empresarios deben poder venderles a sus clientes, empleados e inversionistas. Si un empresario no puede vender, entonces el negocio comienza a tener problemas financieros. La segunda, era que los inversionistas de bienes raíces deben aprender a manejar y a aprovechar la deuda para obtener ganancias. La habilidad de usar deuda me prepararía para el cuadrante I.

Por todo lo anterior, en 1973 me inscribí a mi primer curso de inversión en bienes raíces. En 1974 dejé el Cuerpo de Infantería de Marina y me uní a la Corporación Xerox para aprender a vender. Trabajé ahí cuatro años y renuncié hasta que logré convertirme en el mejor vendedor de la compañía. Estos dos programas educativos me han hecho multimillonario una y otra vez, pero no son el tipo de aptitudes que enseñan en las escuelas.

- **Contrata a un entrenador**

  Las tres cosas más importantes para mí son: salud, riqueza y felicidad; por lo tanto, tengo un entrenador para cada una de ellas. Sé que pagar un entrenador puede ser difícil, en especial si andas corto de dinero; pero si quieres ser un verdadero empresario, no puedes darte el lujo de que el dinero se convierta en un obstáculo. En lugar de decir: "No puedo pagar un entrenador", echa mano de tu creatividad para lograrlo. Esto es de particular importancia para las cosas que son relevantes en tu vida. Si yo hubiera permitido que mi pensamiento: "No puedo pagarlo" me detuviera, ahora sería pobre e infeliz, y carecería de salud.

- **No trabajes por dinero**

  Sé que esta frase podrá sonar muy extraña a la mayoría de la gente; sin embargo, encierra los secretos para obtener una tremenda riqueza. Si ya leíste *Padre Rico, Padre Pobre*, tal vez recuerdes que la primera lección de mi padre rico fue: Los ricos no trabajan para obtener dinero. La gente de los cuadrantes E y A tienen muchas dificultades con el dinero porque… trabajan para obtenerlo. Tal vez te estés preguntando, "Bueno, y si no debo trabajar por dinero, ¿entonces por qué debo trabajar? ¿Cómo voy a comprar alimentos y pagar la renta?" Excelentes preguntas. Ahora te daré la respuesta.

Las personas de los cuadrantes D e I ganan muchísimo dinero porque trabajan para construir, comprar o adquirir activos. El estado financiero que se muestra a continuación explica la diferencia.

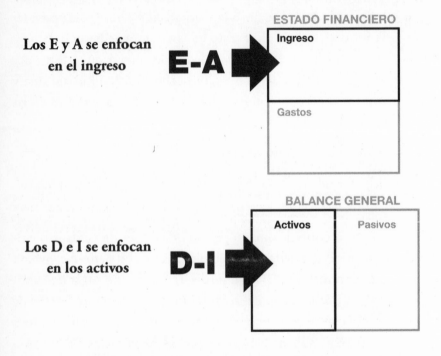

Los activos incluyen negocios, marcas, patentes, marcas registradas, bienes raíces, activos de papel y *commodities*. Cuando trabajas para obtener activos en lugar de dinero, estás enfocándote en ese pequeño detalle que puede ser la gran diferencia en la vida de un empresario. Es lo que te confiere ventaja porque los activos siempre te continúan pagando, trabajes o no y, además, activos múltiples pueden pagar de manera simultánea. Así es como se debe construir la riqueza. Recuerda que si trabajas para obtener dinero, tendrás que laborar por cada hora que quieras que te paguen, y eso no te ayuda a construir riqueza.

Habilidades que debes dominar

En este libro he mencionado varias veces el Cuadrante del flujo de dinero o efectivo; también he dicho que, para tener éxito en cada sección del cuadrante, se requiere de distintos tipos de habilidades. Para alcanzar la excelencia en el cuadrante E necesitas varios títulos avanzados y una fuerte capacidad para subir por el escalafón empresarial. Pero si quieres ser empresario, necesitarás de otras aptitudes para pasar con éxito del cuadrante A al D y al I. Si llegas a dominarlas todas, entonces podrás ganar. De otra manera, jamás crecerás.

- *Aptitudes para el cuadrante A:* Ningún empresario al que no le guste vender, tendrá logros. Los empresarios deben vender, porque las ventas son uno de esos pequeños detalles que se vuelven muy importantes.

- *Aptitudes para el cuadrante D:* Los empresarios deben saber cómo expandir sus negocios a través de sistemas. Por ejemplo, McDonald's se expandió por medio del sistema de franquicias. Padre Rico por el sistema de licencias. Si detectas de qué manera te puedes expandir, entonces conseguirás apalancamiento para tu actividad empresarial.

- *Aptitudes para el cuadrante I:* Los empresarios deben saber cómo captar recursos. Un verdadero empresario jamás puede decir: "No me alcanza el dinero" o "No tengo dinero". Cada vez que el inversionista de bienes raíces pide dinero a un prestado a un banco para invertir en una propiedad, en realidad está captando capital.

Cuando el empresario aprende a vender en el cuadrante A, a expandir negocios en el cuadrante D, y a reunir capital en el cuadrante I, entra en un ámbito que muy poca gente conoce. Si tú realmente hablas con seriedad respecto a convertirte en empresario, entonces debes tener un entrenamiento en ventas, buscar los sistemas para expandir tu negocio y aprender a invertir en bienes raíces usando deuda.

A tu manera

Ahora te haré una advertencia sobre algo que aprendí gracias a mis propios errores. Muchos empresarios fracasan porque quieren hacer las cosas a su manera. Disfrutan de la noción de ser anarquistas y marchar a su propio paso. Y yo fui el peor de ese grupo. Esta mentalidad estilo *cowboy* es muy seductora pero, por desgracia, los negocios de los cuadrantes A, D e I, exigen disciplina. Si haces las cosas a tu manera, terminarás fracasando o envuelto en serias dificultades financieras.

El hecho es que sobrevivir en el cuadrante A exige más disciplina de la que se necesita para salir adelante en el cuadrante E. A requiere de nuevos niveles de responsabilidad personal, financiera y de negocios. Cuando te conviertes en un empleador en lugar de empleado, debes obedecer una serie de leyes muy distintas, como laborales, fiscales y ambientales.

El cuadrante D exige todavía más disciplina que el A. Para triunfar en D necesitas mayor enfoque en sistemas de operaciones, contabilidad, recursos humanos, finanzas, legales y de nómina. Asimismo, necesitas empleados más talentosos y mejor pagados para poder crecer.

Para el cuadrante I se necesita más disciplina porque las leyes de inversión de las agencias gubernamentales, como la Comisión de Valores, ejercen un gran control en cuanto a captación de recursos. Te puedo decir que, por desobedecer las leyes del cuadrante I, muchos empresarios han terminado en prisión.

Dicho de otra forma, si quieres hacer las cosas "a tu manera", lo mejor será que no crezcas demasiado.

Aprende mucho y hazlo con rapidez

Como seguramente ya sabes, para convertirse en empresario se debe aprender muchísimo. Si a ti no te agrada aprender acerca de distintos temas, y hacerlo con rapidez, lo mejor será que continúes siendo empleado o mantengas tu pequeño negocio en el cuadrante A.

Tengo una amiga chef, con su propia compañía de *catering* en la zona vitivinícola de California. Ella trabaja con mucho ahínco, tiene ocho empleados muy leales y gana bastante dinero en el cuadrante A.

El problema es que los únicos cursos que toma son de cocina. Mi amiga se la pasa compitiendo con otros chefs por los corazones y los estómagos de sus clientes, pero no tiene ningún interés en estudiar temas de negocios o inversión. Planea continuar trabajando arduamente toda su vida en lo que adora, y permanecer en el cuadrante A con su pequeño negocio.

Dicho llanamente, ella hace lo que ama: ser chef. Sin embargo, no hace lo necesario para convertirse en empresaria.

Como seguramente ya notaste, lo más importante para un empresario es su compromiso de por vida con la educación. Me parece que eso cuenta mucho más que cualquier otra cosa en la vida y en los negocios. En el mundo real la gente que gana es la que hace lo que *tiene* que hacer, y no sólo lo que *ama* hacer.

Aunque no quieras, hacer lo que tienes que hacer te brinda ese pequeño detalle que hace la diferencia. Esto significa, en todos los casos, estudiar y aprender acerca de materias que tal vez no te agradan. Recuerda que no debes ser un experto, sólo aprender lo necesario para hablar el lenguaje y, más adelante, contratar expertos en esas áreas. La mayoría de las escuelas que imparten educación para adultos, ofrece cursos de las materias más importantes a precios razonables. Asimismo, hay una cantidad inconmensurable de libros y recursos en línea a los que puedes recurrir.

Si estás comprometido con el toque de Midas, te recomiendo que comiences a estudiar los siguientes temas:

- **Entrenamiento de ventas**
  Existen los entrenamientos de ventas, *y* los entrenamientos de ventas de Blair Singer. Él enseña técnica y mucho, muchísimo más. Francamente, yo creo que los empresarios necesitan ese "muchísimo más".

  También hay gente que ha triunfado porque comenzó como parte de una compañía de redes de mercadeo, las cuales te ofrecen entrenamiento de ventas en la vida real.

- **Derecho de negocios elemental**

  Es muy útil tener un conocimiento básico acerca de la ley, y de la manera en que impacta tu negocio en áreas como propiedad intelectual, aspectos laborales, ambientalismo, impuestos y contratos. Esto te ahorrará mucho dinero y dolores de cabeza. Claro, tampoco significa que no necesitarás un abogado pero, por lo menos, podrás entender de qué se está hablando cuando se traten estos temas.

- **Contabilidad básica**

  Yo siempre enseño acerca de la importancia del estado financiero y el balance general. Creo que es un buen comienzo. Un curso básico de contabilidad te enseñará a iniciar tu negocio con el pie derecho o a organizarte si ya tienes uno. Te repito que, de todas maneras, necesitarás un contador profesional.

- *Marketing* **y publicidad**

  Antes de invertir en actividades de *marketing* y publicidad, trata de aprender lo más posible por ti mismo. Hay mucha información disponible, tanto en cursos como en libros e Internet.

- **Red, Internet y trabajo en redes sociales**

  Toma clases y mantente actualizado en los avances más recientes. Ésta es un área que cambia constantemente y, para mantenerte al tanto, debes informarte todos los días.

- **Aptitudes para tratar con otras personas**

  Únete a organizaciones y grupos de trabajo en redes que practican las aptitudes elementales para el trato con la gente. Debes ser capaz de lidiar con distintos tipos de personas y aprovechar sus habilidades en los negocios.

- **Inversión técnica**

  Toma cursos de inversión técnica. También se le conoce como *intercambio de futuros*. Un empresario debe saber cómo hacer dinero, tanto en mercados alcistas como en bajistas, porque la noción de que los mercados siempre van a la alza es demasiado ingenua.

Recuerda que no se trata de convertirse en el mejor estudiante de la clase en estas materias. Sólo aprende de qué manera interactúan en los negocios. No tienes que tomar todos los cursos al mismo tiempo, sólo dedícate a aprender de forma continua sobre estas materias, durante un buen periodo de tu vida. Recuerda que tu compromiso permanente con el aprendizaje es ese pequeño detalle que hace la diferencia. Todos conocemos gente que, supuestamente, está interesada en seguir aprendiendo, pero no cumple su promesa. Asimismo, no olvides que la actividad empresarial tiene muy poco que ver con la escuela en que estudiaste. El éxito llega a los empresarios que continúan aprendiendo, aun después de salir de la escuela.

Comentario sobre la generosidad

Contrariamente a la creencia popular, llegar a ser rico en los cuadrantes D e I exige una generosidad que no se encuentra en los cuadrantes E y A. Los D e I tienen que ser, forzosamente, generosos para triunfar. Los E y los A, no. Si eres D, debes estar dispuesto a ayudar a que mucha gente se vuelva rica antes que tú.

Para ser rico en el cuadrante I, por otra parte, tienes que estar dispuesto a compartir tu riqueza con otros inversionistas.

Si no eres una persona generosa, tal vez debas comenzar a enfocarte en tu desarrollo personal porque, si quieres tener el toque de Midas, es necesario que desees hacer que otra gente gane dinero y participe de las enormes ganancias que tendrás.

Una última reflexión

Si yo hubiera sabido cuánto tendría que aprender, tal vez jamás habría comenzado una carrera como empresario porque, ser empleado, es más sencillo. En retrospectiva, sin embargo, volverme empresario ha representado uno de los mejores programas educativos que jamás he tenido. Y además, todavía sigo aprendiendo.

¿Que si vale la pena? Por supuesto. A pesar de lo arduo que ha sido y seguirá siendo el proceso, creo que ha sido muy gratificante. Además, ser empresario me ha brindado:

- *Riqueza ilimitada*
  A pesar de que fue difícil al principio, actualmente Kim y yo tenemos muchísimo dinero para vivir la vida que nos gusta.

- *Libertad global*
  Ser un empresario global me brinda la libertad de hacer negocios en todo el mundo.

- *Grandes amigos*
  Si no me hubiera vuelto empresario, no habría conocido a otros colegas como Donald Trump, Steve Forbes y Oprah Winfrey.

- *Tranquilidad mental*
  A diferencia de mi padre pobre, quien siempre se preocupó por el dinero o no perder su empleo, yo vivo tranquilo porque ya no soy esclavo del dinero.

Mi padre rico solía decir: "Si le dieras a cada persona del mundo un millón de dólares y le dijeras que tiene un año para gastarlo, la mayoría podría cumplir el desafío".

"Sin embargo, si le preguntaras, 'Comenzando de cero, ¿podrías adquirir un millón de dólares en un año?', sólo algunos cuantos cumplirían el desafío. Y, seguramente, todos serían empresarios".

Al mundo le vendría bien tener más gente capaz de generar riqueza y que, en el proceso, resolviera muchos de los desafíos que enfrentamos en la actualidad. Eso bastaría para salvarnos porque los verdaderos empresarios rara vez hacen las cosas con el objetivo de ganar dinero. Casi siempre obedecen a un llamado más importante. Sin embargo, cuando obtienen su propia riqueza, la libertad que consiguen los motiva a continuar y buscar el siguiente reto.

Yo sé que, si perdiera todo mi dinero, podría volver a hacerlo y continuar con mi misión. A mucha gente le puede parecer que el conocimiento no es importante, sin embargo, para mí representa un gran poder.

Deseo de corazón que tú también obtengas ese poder.

Lujo y detalles: Ese pequeño algo que puede significar muchísimo
Donald Trump

La Torre Trump estaba a punto de ser terminada pero yo aún no sabía cómo nombrarla. Le dije a un amigo que se me había ocurrido bautizarla como Torre Tiffany debido a su cercanía a la joyería del mismo nombre. Pero entonces él me preguntó por qué pensaba usar el nombre de alguien más en vez del mío, y me pareció que tenía razón. Había cierta aliteración entre las dos palabras y, finalmente, se convirtió en la Torre Trump. Ese pequeño detalle, casi un pensamiento trivial, se transformó en algo de mucha importancia a medida que mi nombre se hizo más conocido. Fue el comienzo de mi marca.

En buena medida, Trump se convirtió en un nombre muy famoso debido a la atención que recibió la compañía por la Torre. De cierta manera, yo estaba haciendo mi propia publicidad con un nombre y un punto de referencia geográfico. Nunca subestimes el poder de la publicidad, ni siquiera cuando se trate de una campaña modesta o de una vía poco usual. La inauguración de la Torre Trump fue el inicio de un proceso en que la marca se convirtió en sinónimo de lujo. Más adelante, la publicidad también nos consiguió fama e hizo que la gente identificara nuestra marca con dinero, poder y opulencia. En algún momento descubrirás que tu marca se reflejará en ti, así que elige con mucho cuidado por qué rasgos quieres ser reconocido.

Cuando lo pequeño es grande

Robert no podría tener más razón cuando habla de los pequeños detalles que importan. Para la marca Trump, es el deseo que tiene la gente de obtener las mejores cosas de la vida: fama, poder y estatus. Es una rebanada de esa vida de celebridad hecha real gracias a nuestras propiedades y a los productos que llevan nuestro nombre. Este detalle se ha transformado en algo muy relevante para mí y para la Organización Trump. Este diminuto deseo de la gente es la base de toda nuestra compañía. ¿Tienes idea de cuál podría ser ese pequeño algo para ti o para tu negocio?

Cuando Robert habla acerca de la gente que piensa en pequeño, siempre termino riéndome porque pienso que muchos me han llegado a conocer por mi filosofía de "pensar en grande". Creo que nadie me ha señalado jamás por pensar en pequeño, y yo lo tomo como un gran cumplido. La noción de grandeza me ha funcionado bien, pero también soy una persona con fuerte inclinación por los detalles. Si se trabaja en grande, siempre surge una cantidad inconmensurable de elementos que requieren atención. De hecho, para ser exitoso debes entender que, en realidad, las cosas pequeñas no existen. Todo importa, en especial cuando tienes una marca reconocida por su lujo. Como alguien dijo alguna vez, y yo lo he repetido, "un pequeño agujero puede hundir a todo un banco".

Robert ha declarado que si perdiera toda su fortuna, podría volver a amasarla, y eso representa poder para él. Robert tiene dicha capacidad porque su educación financiera es muy completa y cuenta con muchas experiencias que le servirían para recobrar su fortuna.

Sé a lo que se refiere porque cuando atravesé un fuerte descalabro financiero a principios de la década de los noventa, logré sobrevivir. Y no sólo eso, al regresar, fui más exitoso que antes. En gran medida se debió a que aprendí mucho en el proceso. Evidentemente no me agradaría volver a pasar por esa experiencia, pero ahora entiendo que, en ese momento, tuvo una razón de ser.

Allen Weisselberg, mi director de finanzas, ha estado conmigo durante 30 años, y siempre recomienda "operar el negocio día a día, como si se atravesaran tiempos difíciles siempre". A mí me parece una buena forma de ser precavido.

Cuando lo grande es grande

Si piensas en grande, de manera automática producirás más detalles porque son un elemento imprescindible de los proyectos a gran escala. Digamos que son los escalones hacia la alta calidad y una estructura sólida.

Ya había mencionado que siempre pienso en términos de construcción, por eso creo que, al comenzar tu negocio, debes hacer un plano. ¿Tu plano es pequeño? ¿Se puede expandir? ¿No sería mejor comenzar con un plano grande de una buena vez? Hace mucho tiempo alguien transcribió una frase mía: "Si de todas maneras vas a pensar, mejor piensa en grande desde el principio". Como mi objetivo era construir rascacielos, mi visión debía ser enorme. Supongo que por eso me parece lo más natural hacerlo.

Robert dice que hay una gran diferencia entre "los pequeños detalles que cuentan" y "pensar en pequeño". Creo que está en lo cierto. Cuando estaba construyendo la Torre Trump, mi padre no podía entender por qué quería usar vidrio si los ladrillos siempre le habían funcionado muy bien a él y, además, eran menos costosos. Pero es que yo tenía la visión de una torre muy ligera y elegante, y el vidrio era uno de los detalles que la harían un edificio hermoso y original. Mi padre se sintió orgulloso y quedó muy impresionado cuando inauguramos la torre y vio que muchos de los artículos que se escribieron sobre ella, la alabaron con delirio; pero, antes de eso, jamás hubo manera de convencerlo de que el vidrio funcionaba mejor que los ladrillos. Por eso tuve que aferrarme a mi visión. Yo tenía una imagen completa en mi mente y no pensaba modificarla. Además, esa imagen implicaba construir el mejor edificio de Manhattan.

De la misma manera en que la gente de Domino's supo que la gente quería su pizza pronto, yo me di cuenta de que había personas que anhelaban un entorno lujoso y servicio excepcional y personalizado. Estaba convencido de que, si prestaba atención a las pequeñas cosas, a los detalles, podría cubrir esos anhelos.

Todas las imágenes panorámicas están repletas de detalles. En cada sinfonía importante hay un asombroso número de instrumentos y detalles que, sumados, producen un sonido increíble. Cada vez que pienso en grande, lo cual sucede con mucha frecuencia, te puedo asegurar que estoy muy consciente de los numerosos detalles a considerar. Observar la construcción de un edificio desde los cimientos, te dará una buena idea de lo que a veces damos por hecho, de los detalles que le brindan una base sólida al edificio, así como personalidad. Hubo ocasiones en que subí por las escaleras hasta las partes más altas de mis edificios (los cuales llegaron a tener gran altura), sólo para sentir la construcción. Por supuesto, también estaba verificando el estado de las escaleras y de todo lo demás, porque cada detalle cuenta, sea evidente o no. Y claro, siempre nos ayudó, a mí y a mis guardaespaldas, a mantenernos en buena forma.

La Colección de Hoteles Trump ha tenido mucho éxito. Recibimos los premios Mobil Cinco Estrellas para Trump International Hotel & Tower en Nueva York, así como el primer lugar que otorga la revista *Travel + Leisure* a "Hoteles en los Estados Unidos y Canadá", para Trump International Hotel & Tower Chicago. Nuestro hotel en SoHo, Nueva York, conocido como Trump SoHo, entró a la lista que hace esta publicación de los mejores hoteles nuevos. Fue el único de Nueva York incluido.

¿Qué hizo que nuestros hoteles calificaran para obtener estas distinciones? Fue nuestro compromiso con el lujo, cumplido cuidando los detalles que tanto importan a nuestros huéspedes. Se trata de un servicio de atención a todos los niveles, instalaciones de vanguardia con todas las comodidades. Ningún detalle es menos importante para nosotros y, gracias a eso, obtuvimos los premios. Sí, los hoteles son grandes, pero el servicio es el más personalizado que podrás encontrar. Comprendemos que nuestros huéspedes esperan cierto nivel de atención, y es lo que les brindamos. A menudo, cuando vuelven, les sorprende descubrir que conservamos su información y estamos listos para hacer preguntas muy precisas, como si necesitarán el servicio de niñera durante su estancia, u otros requisitos personales. Tenemos que cumplir siempre con el estándar de cinco estrellas que manejamos. Te repito que ningún detalle es menor o de poca importancia.

A la gente le causa asombro enterarse de que, cada semana, yo mismo firmo los cheques que entrego. Te imaginarás que son montones. Pero creo que es una de esas pequeñas cosas que importan porque me gusta saber a dónde va mi dinero.

Una vez pagué por un trabajo que, por alguna razón, me pareció demasiado costoso. En aquel tiempo yo no firmaba los cheques que cubrían ese aspecto y, por lo tanto, me enojé mucho con la gente que supervisaba dicho trabajo. Le dije a varios empleados: "De ahora en adelante, quiero firmar cada cheque personalmente". En el instante que implanté esa medida, mis costos bajaron automáticamente 15 por ciento, sin realizar ninguna negociación. Por eso ahora firmo todo.

Libros y rascacielos

Tomando en cuenta el alcance de mis proyectos, la gente a veces me pregunta por qué invierto mi tiempo en escribir libros. Francamente no creo que escribirlos sea una empresa menor porque, al igual que Robert, valoro mucho la educación. Escribir libros es esencial para compartir experiencias, pero mucha gente no lo hace porque se requiere de cierto nivel de seguridad personal. Tanto Robert como yo hemos logrado el éxito suficiente para que el público se sienta interesado en nuestra filosofía y nuestro trabajo. A mí no me molesta compartir mis sugerencias para alcanzar el éxito porque sé que seguiré trabajando y triunfando. Los libros funcionan como herramientas para el aprendizaje y, aunque se ven pequeños cuando se les compara con campos de golf y rascacielos, también pueden ser muy influyentes.

Un buen ejemplo de lo anterior es la manera en que mi primer libro, *The Art of the Deal*, publicado en 1987, afectó a Mark Burnett, a Robert y a Kim, su esposa. En ese entonces Mark vendía camisetas en Venice Beach, California y, mientras tanto, Robert y Kim estaban luchando para sacar adelante el negocio que acababan de iniciar. Todos mencionaron que el libro causó un fuerte impacto en ellos y los encaminó hacia el éxito. Éstos son sólo tres ejemplos de la forma en que un texto puede tener un impacto positivo en la gente.

En el otoño de 2008, una ciudadana de Canadá me envió una copia de su periódico local. Vivía en Kamloops, British Columbia. En el periódico había una fotografía de un indigente sentado entre sus objetos personales y leyendo *The Art of the Deal*. La fotografía me motivó a ayudar a ese hombre a solucionar su problema inmediato.

Al indigente le dijeron que yo había leído su historia, y él bromeó al respecto y preguntó si "ya había llegado su cheque al correo." No sabía ni creía que le enviaría uno, pero así fue. Cuando se lo entregaron, dijo: "Me he quedado sin habla por primera vez en la vida. No sé qué decir. Por lo general soy muy ocurrente, pero, ¿para esto? No tengo palabras".

Junto con el cheque envié al hombre un mensaje: "Denle mis saludos y díganle que trabaje con ahínco. Sé que sus condiciones no son nada favorables". Enviarle el cheque fue un pequeño gesto de mi parte, pero ya sabes que las pequeñas cosas pueden significar mucho porque todo es importante.

Otro ejemplo es la ocasión en que veía el programa *60 Minutos* un domingo por la noche y presentaron un reportaje sobre el cierre de la planta de la compañía Maytag en Newton, Iowa. La compañía había decidido mudar la planta a México. Por supuesto, el efecto sería devastador para el pequeño pueblo de Newton. Entrevistaron a tres hombres, y cada uno logró impresionarme de alguna manera. El primero era un veterano de guerra, el segundo tenía una sucursal de Domino's y el tercero era dueño de una compañía de publicidad. Su ética de trabajo era incuestionable, y el hecho de que estuvieran decididos a no permitir que las tribulaciones económicas que provocaría el cierre de la planta los derrotara, me dejó asombrado. Una vez más, como un pequeño gesto, envié cheques a dos de ellos. Uno era para el fondo educativo de la hija del primero, y otro para cubrir las pérdidas que tendría la pizzería del segundo. En el caso del tercer individuo creé un negocio permanente para que él me pudiera proveer mercancía de la más alta calidad para la marca Trump. Fue un pequeño gesto de mi parte, pero en aquellos momentos de sus vidas el impacto fue muy positivo.

Una visita a mi oficina

Al visitar mi oficina, a mucha gente le sorprende encontrarme negociando el precio de lavabos, sillas, lámparas, espejos, candelabros y otros artículos. Conozco todos los precios, a los distribuidores, y los tejemanejes de los tratos con ellos. En este momento tengo aproximadamente 20 espejos, y elegiré los mejores para mis campos de golf. Otros días puedes llegar y encontrar muestras de sillas e incluso lavabos. Soy muy selectivo en lo que se refiere a enseres fijos, y me gusta revisar personalmente su calidad y precio.

Al principio de su carrera en la Organización Trump, Jeffrey Mc-Conney, mi contralor, aprendió una lección muy importante. Llevaba unos seis u ocho meses trabajando para mí, y cada semana se reunía conmigo para hacerme un resumen de cómo funcionaban los negocios. En una ocasión llegó y me dijo que nos hacía falta una fuerte cantidad de dinero de la semana anterior. Luego sonó el teléfono y contesté.

Durante la conversación, miré a Jeff y le dije: "Estás despedido". Lo volví a contratar unos minutos después, pero ya había dejado clara mi posición. Era una llamada de atención. El dinero es mío, y su trabajo es cuidarlo. Jeff tiene ahora 25 años trabajando para la Organización Trump.

Tras bambalinas en El aprendiz

La gente tal vez imagina que yo sólo me presento una vez a la semana en la sala de juntas o en las locaciones de *El aprendiz* y *El aprendiz con celebridades*. Pero en realidad hay muchos detalles que atender para cada episodio y yo, definitivamente, colaboro en ese proceso. Desde la selección de personal, locaciones, tareas y todo lo demás. La preparación para cada temporada también es muy compleja e implica coordinación absoluta entre los productores y yo. Superviso todos los asuntos: inicio, *marketing*, lista de participantes, videos de audiciones, etc. El proceso toma meses de preproducción y selección de reparto. La producción comienza dos meses antes de filmar, y la posproducción se prolonga hasta que se transmite el último episodio.

También hay que tomar en cuenta algunos dramas que, por lo general, tienen que ver con la sala de juntas. Una vez tuvimos una emergencia a las 6:00 de la mañana porque uno de los participantes fue sorprendido haciendo trampa. A veces las reuniones se prolongan hasta por cinco horas, pero ese tiempo se edita para el episodio. En una ocasión me presenté con una corbata negra porque, terminando, asistirá a una reunión formal. A través de los años he aprendido a realizar distintas tareas de forma simultánea, y eso incluye concertar citas de negocios entre filmaciones del programa. Como buena parte se hace en la Torre Trump, me resulta muy sencillo ir a mi oficina y regresar. De hecho, a veces el equipo filma ahí mismo, por lo que ya estamos muy acostumbrados a las cámaras y seguimos trabajando como si nada.

Hay algunos detalles que requieren tiempo y reflexión, pero el público lo desconoce porque no forma parte de la industria de la televisión. Gracias a que filmamos en Nueva York, contamos con una maravillosa selección de lugares, pero debemos tomar en cuenta factores como permisos, clima, tránsito y transporte entre muchos otros. Yo no sólo me aparezco por ahí: durante la temporada de filmación tengo que lidiar con una infinidad de detalles y trabajar al lado de Mark Burnett, hombro con hombro. Cuando comienza la temporada debemos considerar que necesitaremos publicidad, y eso significa presentaciones en televisión y entrevistas. Es un proceso permanente y, como ya mencioné, no descuidamos ningún detalle.

En una ocasión, me dirigía a dar un discurso ante 10 000 personas, y ahí aprendí la importancia de los pequeños detalles. Fue en las primeras etapas de mi carrera como orador, y recuerdo que le pregunté a mi chofer de qué iba a hablar. Se sorprendió muchísimo y me preguntó: "Jefe, ¿no sabe? Hay miles de personas esperándolo". Le dije que estaba seguro de que lo recordaría, pero no logré tranquilizarlo.

Entonces, en vez de asumir que el público era una enorme masa de gente, decidí pensar en él de manera individual y me pregunté qué le gustaría escuchar a cada quien. Así pues, en lugar de pensar en grande, comencé a enfocarme en la individualidad. Por supuesto todo salió bien y el discurso fue un gran éxito. Me enfoqué en los antecedentes del público, no en los míos, y logré una armonía tangible. La fórmula me gustó y la continué usando en compromisos subsecuentes, por lo que creo que puede funcionar como una ayuda visual para todos aquellos que temen hablar en público.

El izamiento de la bandera

El Trump National Golf Club Los Ángeles, mi campo de golf en California, está exactamente frente al Océano Pacífico. Cuando terminé de construirlo decidí izar una bandera de Estados Unidos en la propiedad. Pensé que era el lugar perfecto para hacerlo, pero la gente de la localidad no estaba de acuerdo porque le parecía que la bandera era demasiado grande. "¿Demasiado grande para qué?", fue mi respuesta. "¡La propiedad da hacia el Océano Pacífico!" Finalmente todo mundo me apoyó y, ahora, la bandera ondea orgullosa en el lugar que elegí. Éste es un ejemplo de lo pequeño contra lo grande, y viceversa, en un sentido muy clásico.

Hemos hablado mucho sobre lo grande y lo pequeño y, como recordarás, dije que los problemas pueden verse como tropiezos ligeros (pequeños), o grandes catástrofes (grandes). Por una parte, todos los detalles son relevantes, pero también es prudente considerar que las catástrofes incluyen guerras, temblores, tsunamis y ataques terroristas. Debemos hacer este ejercicio para que nuestra perspectiva se mantenga intacta. Nuestro coeficiente intelectual nos permite identificar las dimensiones en cada caso.

Si de pronto notas que las ganancias se desploman, de ninguna manera debes pensar en un detalle menor. Evidentemente, algo así es mucho más importante que negociar descuentos en lavabos. Por supuesto, tampoco se trata de un tsunami. Es un problema que puedes y debes afrontar, pero lo importante es que desarrolles la capacidad de definir prioridades.

Control de cruceros

En una ocasión tenía programada una breve presentación en un yate con gente que estaba de crucero por Manhattan. Llegué por la tarde, hice algunos comentarios, y luego me reuní individualmente con algunos pasajeros. De pronto me metí tanto en la conversación que, cuando volteé, descubrí que habíamos dejado el muelle y viajábamos por el Río Hudson. Nadie me notificó la salida, y eso no me agradó en absoluto... ¡porque no tenía planeado pasar tres horas dándole la vuelta a Manhattan! Sin embargo, como no tenía muchas opciones, decidí relajarme y disfrutar las hermosas imágenes de la ciudad, así como de los agradables pasajeros. Fue una tarde muy grata e inspiradora. Manhattan, iluminada por la noche, es un espectáculo que vale mucho la pena ver desde el río. El detalle de no abandonar el yate a tiempo, fue bastante grande, pero, aquella tarde, no me importó.

¡Hablando de detalles!

Otra habilidad muy importante es buscar terrenos, particularmente si eres desarrollador o empresario. ¡Hablando de detalles! Recuerdo cuando obtuve la opción para comprar la propiedad donde ahora se encuentra el Centro de Convenciones Jarvits de Nueva York. Formé parte importante del desarrollo del Centro, y sabía que, con mi compañía, podríamos construirlo con 110 millones de dólares. Sin embargo, terminó costándole a la ciudad entre 750 y mil millones de dólares.

Yo ofrecí hacerme cargo del proyecto sin costo alguno, pero rechazaron mi oferta, lo que representó una pérdida enorme para la ciudad y sus visitantes en varios niveles. Para empezar, el costo fue ridículo, pero no más que el resultado. El Centro Jarvits, una de las propiedades más importantes de Manhattan, tiene una vista fluvial privilegiada. Sin embargo, construyeron el edificio de tal forma que la vista principal da a la calle, ¡no al río! Quienquiera que haya hecho esto, no estaba pensando con claridad, o ni siquiera estaba pensando, para empezar. ¿Acaso les pareció que el río era un detalle menor y no tenía importancia? ¿Cómo pudieron pasar eso por alto? Es apabullante ver los resultados. Si uno se fija en el alcance de la propiedad y en todo lo que puede ofrecer, sencillamente no se puede soslayar el detalle del río. Tal vez hubo demasiada gente involucrada, pero un error así es difícil de creer.

La historia de la Torre Trump, por otra parte, también trata cómo un detalle se tornó importante porque, como recordarás, sin saber que el edificio se convertiría en un icónico rascacielos de Nueva York, le di mi nombre. Yo estaba estableciendo mi marca como empresario, y ese pequeño detalle resultó fundamental para mi éxito futuro. De hecho, una entrevistadora señaló que me había convertido en una marca, pero no parecía molestarme. ¿Por qué habría de hacerlo si mi marca es la mejor? ¿Por qué ser el mejor, habría de causarme algún recelo?

Debes ser fiel a ti mismo como empresario. Debes creer en ti y en tu producto. Ten seguridad, trabaja con ahínco y mantente enfocado en los pequeños detalles importantes, sin perder de vista el panorama total. Ésta es una receta que nos ha funcionado a Robert y a mí, así que estoy seguro de que también te beneficiará a ti.

Desglose: Los pequeños detalles que cuentan

Pregúntate: "¿Qué haces mejor que los demás?" Es una pregunta importante porque tu respuesta es la semilla del "pequeño detalle que cuenta" para ti y tu negocio. Cambiar de enfoque no es nada sencillo y, para ayudarte a hacerlo, analizaremos ejemplos de compañías de gran renombre. A pesar de que hay muchas empresas de menor tamaño que también podrían servirnos, será más sencillo aprender la lección con estos gigantes.

Aquí tienes un repaso del detalle que importa de cada compañía.

El detalle de Walmart

Como seguramente ya sabes, Sam Walton construyó el imperio de Walmart basándose en un pequeño detalle que él hacía mejor que todos los demás: dar precios bajos. Pero Walton no sólo logró vender mercancías más económicas; él comenzó con una pequeña tienda de descuentos en Arkansas, y luego construyó un imperio global. Su plan era tan sencillo que todo mundo lo entendió. Por casi 20 años, la frase publicitaria de Walmart fue: "Siempre precios bajos, siempre". El 12 de septiembre de 2007 cambiaron su antigua frase a: "Ahorre dinero. Viva mejor". Es una forma distinta de destacar el pequeño detalle de la tienda.

El detalle de Domino's Pizza

Robert habló sobre el pequeño detalle que cambió por completo el negocio de la pizza. En 1960, en un mundo lleno de este platillo italiano, Tom Monaghan compró, por 75 dólares de enganche y 500 mensuales, DomiNicks Pizza, un pequeño restaurante en Ypsilanti, Michigan. En cuanto Tom entendió el negocio, comenzó a construir su empresa basándose en la promesa que todos conocemos: "Pizza en 30 minutos o menos, o es gratis". Uno de los jingles que tuvieron, decía, "Sólo necesitas marcar este número y Domino's Pizza ¡llegará a tu domicilio! 30 minutos o es gratis. ¡Domino's Pizza llega a tu domicilio!" A partir de entonces, el negocio de la pizza cambió para siempre.

El detalle de Mary Kay Cosmetics

Mary Kay Ash fundó la compañía Mary Kay Cosmetics porque quería otorgar mayor poder a las mujeres. Mary solía decir: "Mi objetivo en la vida es ayudarle a las mujeres a entender lo maravillosas que son". A pesar de ser madre soltera, Mary Kay se pagó sus estudios universitarios. Tuvo éxito en el ámbito de las corporaciones estadounidenses, pero siempre se sintió frustrada por la forma en que los negocios limitaban a las mujeres.

En 1960 comenzó Mary Kay Cosmetics con su hijo y 5000 dólares de sus ahorros. En 2001, cuando falleció, tenía 475 000 consultoras en todo el mundo, que le representaban la cantidad de 2000 millones de dólares en ventas. Mary también fue famosa por regalar autos Cadillac de color rosa a sus mejores vendedoras. De hecho, su compañía se convirtió en el mayor comprador corporativo de automóviles. Tan sólo en 1997 entregó 8000 Cadillac rosados. El perfil de Mary ha sido presentado en documentales y revistas, y ella recibió incontables honores, entre los cuales destaca su inclusión en el Salón Nacional de la Fama de los Negocios de la revista *Fortune*. Baylor University la nombró "La empresaria más importante de la historia", y también recibió el prestigioso premio Horatio Alger. Mary Kay fue una mujer muy religiosa y alguna vez dijo: "Dios no tuvo tiempo suficiente para hacer un *nadie*. Sólo creó un *alguien*. Creo que Él nos brindo talentos a todos con la esperanza de que los hiciéramos florecer". Su pequeño detalle fue la habilidad para otorgarle mayor poder a las mujeres.

El detalle de Facebook

En 2004 Mark Zuckerberg lanzó Facebook desde su dormitorio en Harvard. Actualmente la compañía está valuada en miles de millones de dólares. Estando todavía en la preparatoria, Mark desarrolló un programa llamado "ZuckNet", que servía para conectar el consultorio dental de su papá con la casa. Según él, su mayor interés es: "La apertura. Crear cosas que ayuden a las personas a conectarse y compartir lo que les interesa". A pesar de que hay mucha controversia acerca de Mark y los orígenes de Facebook, es innegable que él y su negocio han logrado vincular a la gente y ayudarla a compartir. Su pequeño detalle radica en la capacidad de conectar a la gente mejor que nadie.

Ahora reflexionemos sobre estos negocios. En todos, los empresarios comenzaron con muy poco en el cuadrante A. Estando ahí, nunca se dieron por vencidos y lograron construir sus negocios con base en ese pequeño detalle que cuenta. Luego edificaron imperios en el cuadrante D. En cuanto se mudaron a éste, los profesionales del cuadrante l comenzaron a buscar la oportunidad de darles su dinero a través de inversiones.

Codicia vs Generosidad

Mary Kay Ash dijo: "Dios no tuvo tiempo suficiente para hacer un *nadie*. Sólo creó un *alguien*. Creo que Él nos brindo talentos a todos con la esperanza de que los hiciéramos florecer". Mary está hablando, básicamente, de todos nosotros. De cada empresario depende mirar hacia dentro de sí mismo y preguntarse: "¿Cuál es mi don? ¿Qué puedo brindarle al mundo? El toque de Midas es sobre algo mucho más importante que sólo comenzar un negocio para hacer dinero o volverse rico.

Contrariamente a la creencia popular, los ricos no son codiciosos. Para volverse ricos, los empresarios deben ser generosos y compartir sus talentos con otros. Los empresarios con el toque de Midas no sólo ofrecen un servicio o producto a sus clientes, también comparten el regalo de la riqueza y la prosperidad con la gente que trabaja en sus negocios. Estos empresarios crean la prosperidad y los empleos necesarios para una economía y un mundo estables.

Las religiones enseñan principios como: "Da y recibirás", pero mucha gente no es rica porque siempre quiere recibir más de lo que brinda. La mayoría está entrenada para preguntar: "¿Cuánto me vas a pagar? ¿Qué prestaciones tengo? ¿Cuánto más ganaré si trabajo horas extras? ¿Cuántos días me dan de vacaciones? ¿Qué cantidad aportas a mi plan de retiro? ¿Qué hay de las ausencias por enfermedad? ¿Y los días libres?"

Los profesionistas del cuadrante A podrían decir: "Mi tarifa es de 150 dólares la hora, más viáticos. No trabajo los fines de semana, no hago llamadas a casas. Sumando todas las horas que he trabajado en este proyecto, creo que merezco más dinero. No te podré ver durante un mes porque voy a estar muy ocupado". Esto sucede cuando la gente está entrenada para trabajar por dinero en lugar de hacerlo para servir a millones de personas. Hay una enorme diferencia entre estas dos perspectivas porque, en el primer caso, la gente se enfoca en recibir, y en el segundo, en dar.

Las pequeñas cosas que debes hacer

Antes de pensar en moverte a los cuadrantes D e I, hazte las siguientes preguntas:

- ¿Eres una persona generosa?
- ¿Tienes algo que brindarle al mundo?
- ¿Tienes la dedicación y el empuje necesarios para construir un negocio en los cuadrantes D e I?
- ¿Estás dispuesto a hacer que las vidas de otras personas sean más plenas?

Si las respuestas fueron afirmativas, entonces ya encontraste el carácter necesario para convertirte en un gran empresario. Y en caso de que estés enfocado en el cuadrante D, a continuación te explicaré algunas "pequeñas obligaciones" que cumplir.

Obligación #1: Ser un estudiante permanente de los negocios

Muchos negocios pequeños se ven en aprietos porque el empresario no está realmente interesado en su compañía. Por lo general le llama más la atención su área de especialización. ¿Recuerdas al dueño del restaurante que se enfocaba en su oficio más que en el negocio? De eso precisamente hablo. Donald está interesado en sus proyectos de construcción, pero también en los negocios desde el punto de vista global. Sucede lo mismo con Robert.

Muchos empresarios del cuadrante A, más que gente de negocios, son técnicos. Por ejemplo, los doctores son técnicos muy bien entrenados. Ellos pueden dedicarse a dar consultas privadas, pero su interés principal no es el negocio como tal, sino atender pacientes. Los doctores deben mantenerse actualizados leyendo publicaciones de medicina, no de negocios. Muchos doctores asisten, por rutina, a conferencias para continuar al tanto de las últimas prácticas y técnicas. Sin embargo, muy pocos asisten a conferencias de negocios o seminarios de inversión.

El aprendizaje de por vida significa que los empresarios deben pasar tiempo con sus colegas y compartir y crecer a partir de las experiencias de los demás. La Organización de Empresarios (Entrepreneurs Organization) es un gran lugar para reunirse y estudiar con otros empresarios. EO, por sus siglas en inglés, es una organización mundial con miembros en las ciudades más importantes. Quienes están inscritos en EO aprenden de manera constante mediante programas educativos intensivos para empresarios. Por medio de un valioso programa llamado "Forum", los empresarios se reúnen una vez al mes en pequeños grupos, y comparten experiencias y asuntos de negocios. Juntos resuelven problemas, ayudan a que compañías enteras, y otras vidas, salgan adelante. Muchas empresas de la red EO comenzaron en el cuadrante A, luego se movieron con éxito al cuadrante D con sus grandes negocios.

La Compañía Padre Rico también está desarrollando un ambicioso programa llamado GEO, siglas en inglés de Organización Global de Empresarios. Este programa se enfoca en la educación, experiencia y aptitudes que deben tener los empresarios para comenzar un negocio en el cuadrante A, y luego crecer en los cuadrantes D e I. Una de las ventajas de ser empresario es que tu negocio se convierte en tu propia escuela y laboratorio. Así que profundiza y comprométete a que tu viaje para aprender dure toda la vida.

Fuera de serie (Outliers: The Story of Success), es un libro escrito por Malcolm Gladwell que todos los empresarios deberían leer. En *Fuera de serie* se explica por qué gente como Bill Gates y grupos como The Beatles llegaron más allá del éxito. También habla de por qué hay tan pocos "éxitos de la noche a la mañana" genuinos. Gladwell asegura que, en realidad, somos producto de ventajas ocultas, oportunidades extraordinarias y legados culturales que dan forma a lo que somos y al éxito que alcanzamos. Me parece que es muy lógico detectar estos factores en nuestra vida y aprender todo lo que podamos de ellos. Ábrete a la variedad de experiencias, conviértete en un estudiante permanente de negocios, y serás más exitoso que la mayoría de los empresarios.

Obligación #2: Descubre quién eres

Cada empresario es único, por ello, para construir un negocio y convertirlo en marca, es necesario que sepas quién eres.

Otro libro que vale la pena estudiar es *The Hero and the Outlaw: Building Extraordinary Brands through the Power of Archetypes*, de Margaret Mark y Carol S. Pearson. Este libro brinda a los empresarios una visión más íntima de ellos mismos y de sus negocios.

En él se describen los arquetipos que existen en la mitología y en los negocios, y se sugiere que los empresarios y las marcas representan a dichos arquetipos. A continuación mencionaré algunos con sus respectivos lemas. Trata de identificar a qué grupo perteneces.

- **El Gobernante** se identifica con el rey, la reina, el director ejecutivo, presidente, senador, alcalde y supereficiente madre de hijos futbolistas. Los gobernantes siempre necesitan tener el control, pero no les interesa cuidar de la gente. Este arquetipo es el equivalente al "obsesivo del control". Los gobernantes creen que deben hacer reglas y encargarse de que se cumplan. IBM es una marca de este tipo, en tanto que Apple es una marca paria. Si tú te identificas con los gobernantes, tal vez te agrade IBM, pero si eres un paria de corazón, entonces adoras a Apple.

  El lema del gobernante es: "El poder no lo es todo, sino lo único".

- **El Paria** encuentra su identidad fuera de la estructura social que prevalece. Algunos parias son figuras románticas porque fueron fieles a valores más profundos y genuinos, a pesar de que eso los colocó fuera de la ley. Zorro y Robin Hood son parias buenos. Para quienes aman la libertad, los manifestantes de la Plaza Tiananmen también son parias buenos. Sin embargo, estos mismos manifestantes son considerados como nocivos por el gobierno chino. Muchos parias son rebeldes que protestan contra el sistema.

  Los parias Bonnie y Clyde fueron héroes estadounidenses románticos que se convirtieron en parte del folclor pero, al mismo tiempo, fueron viles ladrones de bancos. Lo mismo sucede con Billy the Kid y Jesse James. John Wilkes Booth pensaba que la gente lo consideraría un héroe tras asesinar al presidente Lincoln pero, en lugar de eso, se convirtió en el blanco de una de las cacerías humanas más sonadas de la historia.

Mark Zuckerberg es definitivamente un paria. En 2010, Steven Levy, autor de *Hackers: Heroes of the Computer Revolution*, escribió que Zuckerberg "se considera, con toda claridad, un pirata cibernético". Zuckerberg dijo: "Está bien encontrar el punto débil de las cosas para mejorarlas". Actualmente, Facebook organiza "Maratones para piratas cibernéticos" que, en realidad, son competencias de programación en que los concursantes resuelven problemas basados en algoritmos. Incluso tienen una Copa del Pirata Cibernético, en la que se compite para ganar premios.

El arquetipo del paria adora romper las reglas. Creo que podría decirse que la mayoría de los empresarios tienen un pequeño paria en su interior.

Hay una maravillosa película llamada *Los piratas de Silicon Valley* (*The Pirates of Silicon Valley*). En realidad, es la historia de los empresarios Bill Gates y Steve Jobs cuando eran jóvenes. En el film se narra la forma en que "piratearon" los negocios de dos grandes gobernantes del ámbito de la informática: IBM y Xerox. (Busca la película en Google, y en Youtube encontrarás un fragmento de ocho minutos que vale la pena ver.)

El lema del Parias es: "Las reglas fueron hechas para romperse".

• **El Cuidador** es el arquetipo para quienes trabajan en el ámbito de la salud: asilos, tratamientos prolongados, residencias para enfermos terminales, clubes con enfoque en la salud, rehabilitación física e industria farmacéutica. Organizaciones como Cruz Roja, Clínica Mayo, United Healthcare y Johnson & Johnson, entran en este arquetipo. Los empresarios cuyo don está en la salud y la curación, abren negocios como clínicas independientes, compañías para el cuidado de la salud en casa, empresas biomédicas y servicios para adultos mayores.

El lema del Cuidador es: "Ama a tu prójimo como a ti mismo".

- **El Héroe** se identifica con el valor y también es conocido como arquetipo de "El Guerrero". El ejército, la policía y los bomberos entran en esta categoría. Los SEAL de la Marina son, definitivamente, parte de este arquetipo, al igual que la Policía de Nueva York; después del 11 de septiembre de 2001, los bomberos se añadieron a la lista.

El lema del Héroe es: "Donde hay voluntad, existe un camino".

- **El Inocente** se identifica con la pureza y la salvación. Iglesias y predicadores entran en este arquetipo, al igual que el Ejército de Salvación. Ivory Snow, marca de jabón, trató de identificarse con este arquetipo, por lo que comenzó a promover pureza inocencia y pulcritud. El nacimiento del Niño Dios, el Santo Grial, los Caballeros de la Mesa Redonda y las casitas con verja blanca entran en esta categoría arquetípica.

El lema del Inocente es: "Libres para ser tú y para ser yo".

- **El Amante** se identifica con romance y sexo. Victoria's Secret es la marca que, desde hace varios años, mejor queda dentro de esta categoría. En alimentos, también califican marcas como Chocolates Godiva y helado Hägen Dazs. Muchos artistas *pop* como Jennifer Lopez y Beyoncé, son típicas marcas del Amante.

El lema del Amante es: "Sólo tengo ojos para ti".

- **El Explorador** es para quienes se identifican con la independencia. Marcas como Patagonia Clothing Company y The North Face, pertenecen a este grupo. Ciclistas de montaña, excursionistas, marineros y fanáticos de los viajes, se alinean con este arquetipo.

El lema del Explorador es: "No me limites".

- **El Bromista** se identifica con la diversión. Desde luego, los comediantes pertenecen a este arquetipo. Comerciales de cerveza a menudo hacen uso del mismo para atraer a sus clientes. En sus anuncios aparecen jóvenes actuando como tontos. Las compañías de Internet que apenas comienzan (piensa en Google y Yahoo, pero hace varios años), también usan este arquetipo con frecuencia.

  El lema del Bromista es: "Si no voy a poder bailar, no me incluyas en tu revolución".

- **La joven y el individuo** ordinarios se identifican con la persona común y corriente. Los políticos más populistas quedan bien en este arquetipo. Sarah Palin está usando el de la chica y el individuo ordinarios, para expandir su carrera, tanto en el ámbito de la política como fuera de él. Música *country*, festivales del barrio y sindicatos le agradan a estas personas.

  El lema para la joven y el individuo ordinarios es: "Todos los hombres y las mujeres fueron creados iguales".

- **El Sabio** es el maestro. Nosotros dos trabajamos bajo el arquetipo del Sabio. Somos sabios en el mundo de la actividad empresarial y la educación financiera. Otros son George Washington Carver, Albert Einstein, Sócrates, Confucio, Buda y Oprah. Como podrás ver, hay tantos sabios como personas. En el mundo del cuadrante D, del Estados Unidos corporativo, Peter Drucker es uno de los grandes gurús. Y en el mundo del cuadrante I, Warren Buffett es el "Oráculo de Omaha". Todos los sabios tienen fe en la gente que puede aprender y crecer de formas que le permitan expandirse para crear un mejor mundo.

  El lema del sabio es: "La verdad te hará libre".

Ahora que conoces los distintos arquetipos, hazte las siguientes preguntas:

- ¿A qué arquetipo pertenezco?

- ¿Cómo puedo usar mi arquetipo para darle forma a mi negocio?

Aquí cobra importancia la Obligación #1: Ser un estudiante permanente de los negocios. *The Hero and the Outlaw* es el tipo de libro que la mayoría de los empresarios del cuadrante A jamás leerían porque no se relaciona con su campo de actividad. A menudo, el estudio de los negocios tiene que ver, más que nada, con la gente y el liderazgo, y el libro de Margaret Mark y Carol S. Pearson se enfoca precisamente en eso. Si tú no quieres leer y estudiar, la transición a los cuadrantes D e I será muy difícil.

Obligación #3: Trabaja para adquirir activos, no dinero

Los empresarios que desarrollan el toque de Midas, no trabajan para obtener dinero. Lo hacen para crear o adquirir activos. Si te quedas sólo con un concepto de este libro, que sea éste: *enfócate en activos, no en el dinero.*

La mayoría de los empresarios no se da cuenta de que la riqueza no proviene del trabajo, sino de los activos que construye. Por ejemplo, a Donald se le conoce por sus bienes raíces, particularmente por los condominios de lujo, los campos de golf y los casinos. Éstos son los activos que construyó. Sin embargo, también posee otros. Su programa de televisión *El aprendiz* es un activo. Asimismo, este libro es un activo que él y Robert comparten. Donald tiene muchos otros activos, no solamente bienes raíces.

Los negocios de Robert construyen activos como juegos, seminarios y libros que se venden en todo el mundo. Los bienes raíces de Robert y sus negocios petroleros le generan dinero mensualmente, aunque él no trabaje. Por medio de su negocio de inversión, Robert adquiere complejos departamentales, oro, plata, minas de cobre, campos de golf y pozos petroleros. Todos ellos son activos.

La mayoría de los empresarios del cuadrante A trabajan para obtener dinero; por eso, lo que poseen es un empleo, no un negocio. En casi todos los casos, si estos empresarios dejan de trabajar, el dinero deja de fluir. Si tú estás comprometido con la construcción de un negocio en los cuadrantes D e I, debes crear o adquirir activos. Los activos son lo que separan a los empresarios del cuadrante A, de los del cuadrante D.

Obligación #4: No le pidas peras al olmo

En casi todos los negocios, se pone a la persona correcta en el puesto equivocado o, aún peor, a la persona equivocada, en cualquier puesto de la empresa. En la Era Industrial la gente no era de gran relevancia para una compañía. Lo único que tenía que hacer el empresario era construir una fábrica con una línea de ensamblaje, contratar trabajadores y entrenarlos para darle vuelta a las tuercas, colocar llantas y mantener la línea de ensamblaje funcionando. Dicho de otra forma, lo que determinaba la tasa de producción era la línea, no la gente. En la Era de la Información las cosas son muy distintas. Ahora la gente importa. La clave para el éxito no es la velocidad de las líneas de ensamblaje, sino la velocidad y la alta calidad con que el pensamiento humano trabaja para alcanzar un objetivo común.

En la Era Industrial, bastaba con que cayera algo de tierra en los engranajes de una máquina para que se detuviera por completo la línea de ensamblaje. En la Era de la Información, si llega a caerle algo de tierra al pensamiento y a la interacción humanos, toda la productividad de una compañía puede llegar a detenerse. Un problema emocional en un negocio equivaldría a tirarle tierra a los engranajes de la productividad.

Es muy sencillo molestar a la gente, particularmente en el ámbito de los negocios. Si tienes dos personas en una compañía que van a cien millas por hora, tres personas irán a 20 millas por hora, y una que mentalmente es como si estuviera comiendo fuera de la oficina, te aseguro que habrá problemas. Si alguien quiere actuar en un proyecto, pero los demás desean hacer investigación y discutir más, también habrá dificultades. Estos descalabros hacen que el negocio sea más lento porque, en lugar de moverse a la velocidad del pensamiento, lo hacen a la velocidad que se dan las culpas y las discusiones. Algo así podría terminar destruyendo al negocio por completo, e incluso tu toque de Midas.

Los humanos no somos máquinas y, por lo tanto, trabajamos a distintas velocidades. No es posible oprimir a un ser humano como haces con el pedal de una máquina. En la mayoría de los casos, si pisas a un ser humano, la productividad decrece. Para que una compañía prospere, la gente debe trabajar en conjunto.

Los empresarios con el toque de Midas lo saben. Los más inteligentes también y logran ensamblar equipos que no sólo les ayudan a complementarse, sino que pueden trabajar bien en conjunto. Si tú no tienes eso, ese pequeño detalle que tanto cuenta... nada de lo demás importa.

Una de las herramientas preferidas de Robert para que el empresario llegue a conocerse a él y a su equipo, es el Índice Kolbe de Kolbe Corp. A pesar de que hay muchos índices de personalidad y preferencias en el mercado, el sistema Kolbe tiene rasgos únicos y es particularmente útil para los empresarios. Para comenzar, mide las tres partes del cerebro que muchos filósofos de la antigüedad y psicólogos modernos aseguran que tenemos: pensamiento, sentimiento, acción.

Pensamiento
Las escuelas miden el coeficiente intelectual de una persona, indicador de lo mucho que ésta piensa.

Sentimiento
Reflejo de emociones, deseos, actitudes, preferencias y valores de una persona.

Acción
Se refiere a instintos, talentos, empuje y energía mental de cada persona.

Los Índices Kolbe son únicos porque miden la tercera parte del cerebro, es decir, la forma en que una persona hace las cosas de manera natural e instintiva. Mide su forma de operación, empuje y talentos particulares.

Popeye, el viejo personaje de las caricaturas, con frecuencia decía: "Yo soy lo que soy". Los Índices Kolbe miden lo que eres en realidad. Esta información te permite trabajar con todo tu potencial, encontrar y rodearte de gente que te complementa en ese sentido, y puede llenar los vacíos. Cuando conoces los perfiles de tu equipo Kolbe, puedes poner a la persona indicada en el puesto indicado.

Muy a menudo, los negocios tratan de hacer que Popeye sea algo que no es. Es decir, contratan a un director de proyecto, pero lo hacen trabajar como representante de ventas. Luego contratan a una representante de ventas y tratan de convertirlo en administrador. O tal vez contratan a la persona equivocada y resulta que, sin importar el puesto, no encaja en la cultura de la compañía. Antes de contratar a Popeye, será mejor investigar para qué es bueno.

Para investigar quién eres, lo que haces de manera instintiva y natural, y cuáles son tus talentos especiales, entra al sitio de Kolbe. com y haz el examen en línea. A cambio de muy poco dinero, y en muy poco tiempo, obtendrás muchísima información acerca de ti mismo. Cuando estés más consciente de quién eres, invita a los integrantes de tu equipo a hacer lo mismo. El examen les proporcionará información muy valiosa para la compañía en general.

Kathy Kolbe, la fundadora de Kolbe Corp, dice que todo mundo tiene cuatro "habilidades conativas" diferenciadas. Dependiendo de las calificaciones en los índices personales, podemos descubrir nuestras fortalezas y reconocer las formas más instintivas de comportamiento. El Índice Kolbe nos enseña a trabajar en aptitudes y desarrollar equipos que trabajan bien.

A diferencia de los empleadores que no se pueden dar el lujo de contratar a quien quieran, los empresarios seleccionan personalmente a su equipo. Es la labor más importante que deben realizar. Por desgracia, muchos empresarios cometen el error de contratar gente que cuenta con las mismas fortalezas que ellos.

Los empresarios tienden a conseguir altas calificaciones en la habilidad conativa que se conoce como "inicio inmediato". Un negocio empresarial que sólo contrata gente con esta misma aptitud, tendrá muchas buenas ideas y capacidad para iniciar muchos proyectos; sin embargo, rara vez los llevará a cabo. Lo anterior puede ocasionar quejas de los clientes, registros incompletos, fallas y, si los problemas fiscales llegan a ser grandes, también auditorías. En cambio, un negocio que espera el movimiento rápido que provee todo un equipo de gente que "Busca hechos", se sentirá muy desilusionado porque los integrantes buscarán y compilarán información, pero jamás sentirán que cuentan con la suficiente para comenzar el proyecto y tomar decisiones.

La razón de poner a la persona adecuada en el puesto indicado es que los negocios requieren de gente dominante en las cuatro habilidades conativas. Además, se necesita gente que no domine en una habilidad conativa. Los pequeños negocios, en particular en los que las operaciones las realiza una sola persona, con mucha frecuencia tienen debilidades en una o más de las cuatro habilidades. Las organizaciones grandes tienden a favorecer un tipo de Habilidad sobre las demás; por eso, tanto compañías grandes como pequeñas carecen de las fortalezas adicionales necesarias para trabajar bien. Por ejemplo, las universidades tienden a privilegiar a los "buscadores de datos" que hacen investigación antes de tomar decisiones y, por desgracia, no ponderan adecuadamente el valor de una persona que cumple la función de Inicio rápido, especializada en actuar antes de investigar.

El Proceso del toque de Midas

Ya has aprendido los principios fundamentales para desarrollar tu toque de Midas. Como todo lo que vale la pena en la vida, en este caso deberás esforzarte mucho. A la gente que busca el camino rápido al éxito, le pedimos que, cuando lo encuentre, escriba un libro al respecto porque, para nosotros, la construcción legítima de una fortuna jamás ha sido ni rápida ni fácil.

Aquí tienes cuatro pasos importantes que debes considerar para pasar a los cuadrantes D e I. Son parte del Proceso del toque de Midas.

1. **Hazte apalancable**

   Los empresarios del cuadrante A deben crear apalancamiento en sus negocios. Para pasar al cuadrante D, aprender a apalancar sus dones.

   Aquí tienes algunos ejemplos:
   - Los cantantes hacen discos y los venden.
   - Los entrenadores personales crean un nuevo DVD de ejercicio y lo venden mediante "Infomerciales" en televisión.
   - Los expertos comparten su conocimiento por medio de *podcasts,* gratis para toda la gente, pero patrocinados por compañías que cubren los gastos.
   - Los programadores crean nuevas aplicaciones o programas de *software* que otorgan en licencia a los clientes.

   Tu don es *ese* pequeño detalle que hace al mundo mejor. Tu misión es compartir ese don con la mayor cantidad posible de gente. Hacerlo te provee, al mismo tiempo, apalancamiento. Es algo que no puedes hacer solo porque el día tiene un número limitado de horas y, entre más trabajes, más impuestos pagarás.

   Ahora pregúntate: "¿Cómo apalanco mi don para servir a más gente?"

2. **Hazte expandible**

   Si funciona en Nueva York, funciona en Phoenix y en Columbus. Eso significa que puede expandirse a todo el mundo. Donald construye lujo en todos lados. Robert enseña a la gente acerca del dinero en todo el mundo. Ambos hombres tienen libros que se venden por doquier. Los empresarios de A generalmente tienen problemas para expandirse. En muchos casos, el A es un profesionista con licencia como doctor, abogado, agente de bienes raíces o terapista de masajes. Estas profesiones, como muchas otras, requieren un permiso especial para ejercerse. Si el profesionista no tiene licencia para trabajar en otra ciudad, estado o país, no puede hacer negocios ahí. Asimismo, si por alguna razón perdiera su licencia, se quedaría fuera del negocio por completo. A los A también los limita su incapacidad para estar en dos lugares a la vez. Por medio del apalancamiento, un verdadero empresario del cuadrante D puede expandirse, ir a cualquier lugar y trabajar ahí. Su lema es: "Donde hay voluntad, existe un camino".

Ahora pregúntate: "¿Qué debo hacer para que mi negocio sea expandible a cualquier parte del mundo?"

3. Hazte predecible

Cuanto más predecible es un negocio, más valioso es. Los negocios deben predecir ganancias, gastos y crecimiento, así como ingresos y ganancias a futuro. Muchas compañías mencionadas en el libro tienen un dominio impresionante de la predictibilidad. En algunos casos, se trata de compañías que cotizan en la bolsa y, por lo tanto, están obligadas a proveer estimaciones a futuro. Debido a la predictibilidad a veces escuchas en los reportes del mercado: "Apple sobrepasó las expectativas y sus acciones han llegado a un nivel sin precedentes."

Sin embargo, predictibilidad también significa consistencia en la experiencia de la marca. Una vez más, el experto en el rubro es McDonald's. No importa en qué lugar del mundo te encuentres, servicio, sabor, control de porciones y entorno son muy predecibles. Uno de los problemas del cuadrante A es que el empresario es el negocio, y éste resulta así demasiado impredecible. ¿Qué pasa si el empresario se enferma, lastima, quema o, sencillamente, se vuelve viejo? La capacidad de la compañía para continuar trabajando es cuestionada y la predictibilidad sale volando por la ventana. No poder predecir es un factor que también lastima los negocios de A que comienzan a expandirse porque, con frecuencia, pierden el control de las pequeñas cosas que hacen bien. Entonces, la predictibilidad decae y hay caos en el negocio. Esta cualidad no es algo simplemente bueno de tener. Es crucial para asegurar el financiamiento que necesita tu negocio.

Ahora pregúntate: "¿Qué tan lejos está mi negocio de volverse predecible y qué puedo hacer para lograrlo?"

4. Hazte financiable

Cuando un negocio puede demostrar su habilidad para apalancar el pequeño detalle que lo hace diferente a todo mundo, los inversionistas lo notan. Si logra probar que puede expandirse y crecer, los inversionistas se interesarán en él. Cuando un negocio logra predictibilidad, el único límite es el cielo. Por eso Walmart, McDonald's, Apple, Microsoft y Google son los preferidos en los mercados de valores.

Ahora pregúntate: "¿Tengo todo lo necesario para que mi compañía sea financiable? Si no es así, ¿qué me hace falta?"

Lo más importante

Entre todos los dones y detalles que los empresarios pueden usar como bases para construir negocios globales, hay algo muy pequeñito que todo empresario debe poseer entre sus más preciadas cualidades: la capacidad de crear empleos para la gente ansiosa de obtener seguridad, prestaciones y un futuro más promisorio. Ésta es una responsabilidad inmensa y los empresarios con el toque de Midas la deben tomar con muchísima seriedad. Nosotros comprendemos que perder un empleo puede destrozar el centro emocional de un empleado y poner en riesgo el bienestar de su familia. El creciente desempleo también afecta a las comunidades, a nuestra nación y al mundo entero.

Los mejores empresarios creen que la verdadera medida de su éxito tiene poca relación con su fortuna o el tamaño de sus mansiones. En realidad tiene que ver con el número de empleos que crean. Imagina a un empresario como Steve Jobs. Su negocio no sólo generó empleos incontables en Apple, también produjo cientos de miles (si no es que millones) de empleos en todas las industrias y negocios que apoyan a los productos Apple. Ése es el toque de Midas.

Debemos entender que los gobiernos no pueden crear empleos de verdad. Sólo los empresarios pueden hacerlo. Es nuestra responsabilidad actuar y hacer que éste sea un mundo mejor.

Puntos a recordar | Acciones para llevar a cabo

- Descubre ese pequeño detalle de tu negocio que puede convertirse en algo grande para tus clientes. Desentierra ese tesoro.
- Elige tu táctica y estrategias para hacer que las cosas sucedan. Enfócate en hacer que todo sea sencillo y ejecutable
- Reconoce que tu labor es enfocarte en la misión y darle vida al Triángulo D-I.
- El toque de Midas exige disciplina. Podrás ser un rebelde, pero debes entender que esto exige nuevos niveles de responsabilidad personal, financiera y de negocios.
- Sé generoso con tu energía y tu éxito. Deja que otros suban contigo y recompénsalos bien. El toque de Midas no es un deporte que se juegue solo, es un esfuerzo de equipo.
- No hay asuntos menores en los negocios: todo es importante. Así que contrata con sabiduría e inspírale al equipo tu visión. Tu gente será la que ejecute los proyectos y te represente.
- Piensa en grande. Establece un objetivo alto y ve tras él. Cuando lo alcances te quedarás pasmado al ver de qué eres capaz.
- Si vale la pena hacerlo, entonces también vale la pena pelear por ello. En tu camino encontrarás mucha gente y obstáculos. Trabaja y lucha para vencerlos.
- No te tardes. Cada día que trabajes en tu negocio sin una visión, sin un plan y sin demostrar que tus ideas funcionan, será un día más que retardas tu éxito.
- Descubre tu verdadero yo y rodéate de gente que pueda complementar tus dones y formas de operar.
- Comprométete a ser un estudiante permanente. Estudia a la gente y a los negocios que han tenido éxito para detectar cuál fue el pequeño detalle que se volvió algo grande en esas corporaciones.
- Diseña tu negocio de tal suerte que, desde el principio, sea apalancable, expandible, predecible y financiable.
- Date cuenta de que el don más importante que puede compartir un empresario con el mundo son empleos, seguridad y bienestar para otros.
- Reconoce que el mundo necesita más empresarios. Todo mundo cuenta contigo.

EPÍLOGO

Durante siglos, Ellis Island, en la bahía de Nueva York, ha marcado el camino a las "apiñonadas masas que anhelan ser libres". Este punto de referencia da la bienvenida a hombres y mujeres de todo el mundo que, atraídos por el faro de la esperanza y la libertad, arriban a "la Tierra de la Oportunidad".

Sin importar si estos inmigrantes huyeron de la opresión o se vieron atraídos por el Sueño Americano, la mayoría vio a la Tierra de la Oportunidad como un sitio para reclamar su propio lugar, señalarlo y crear una vida de libertad y felicidad para sí mismos y para sus hijos. Aquellos duros y ambiciosos inmigrantes estaban dispuestos a hacer casi cualquier cosa con tal de ganar su derecho a aferrarse y, con un humilde comienzo, sentar las bases para construir sus sueños.

Hay muchos factores que tienen un impacto en el curso que toma la vida y la forma en que ésta se desarrolla de generación en generación. Por eso, de forma inevitable, comienzan a surgir ciertos patrones. Muchos inmigrantes de primera generación están dispuestos a pagar cualquier precio, aceptar cualquier empleo y cualquier carga, si eso les da una oportunidad de afianzarse, de tener un comienzo. Hacen lo que sea necesario porque llegaron en busca de la oportunidad de construir la vida de sus sueños y darles a sus niños algo que ellos mismos nunca tuvieron. Y para eso no hay ningún precio demasiado alto, ningún desafío imposible ni carga demasiado pesada.

Mientras sostienen a sus hijos en sus brazos y sueñan con las vidas que podrían llegar a gozar, el instinto los hace desear que sus descendientes jamás sufran las tribulaciones y el alto precio que a veces hay que pagar por la libertad. Los niños de esta primera generación gozan de la libertad y la fuerza que surgen de la certeza. Saben que sus padres sobrevivieron e incluso prosperaron y abrieron con una patada las puertas de la oportunidad. Por lo general es esta segunda generación, los hijos de los inmigrantes, quienes disfrutan de las primeras medidas de libertad que les permitirán perseguir sus sueños como empresarios. Todos ellos aceptan la vida empresarial y tienen la visión de una vida que ellos mismos construirán.

A medida que esa primera generación empresarial ve el fruto de su labor, comienza a desear que sus hijos tengan algunas de cosas que ellos y sus padres nunca tuvieron. De pronto imaginan que sus descendientes obtienen títulos universitarios y gozan del estatus y prestigio que implica convertirse en doctor o abogado. El ciclo del cambio continúa y los empresarios motivan a sus hijos para convertirse en empleados preparados y bien pagados, como ellos nunca pudieron ser. Y de pronto, el anhelo de ser libres se convierte en un deseo por obtener seguridad, aceptación y respeto.

Como todo ciclo en la vida, a veces, hijos y nietos de esos doctores y abogados anhelan la promesa de oportunidad y libertad de que gozan los empresarios. Entonces desafían al *statu quo*, y con frecuencia, a sus propios padres y abuelos, para alcanzar sus sueños.

Porque, ahí donde casi todos ven obstáculos, los empresarios ven promesa y posibilidades. En lugar de aferrarse a la seguridad, eligen la oportunidad, a todo costo y, a veces, en contra de todo.

En la actualidad todo mundo está disponible para hacer negocios. La tecnología emparejó el campo de juego y adelantó el progreso. Las barreras geográficas, obstáculo para generaciones anteriores, desaparecieron, y el panorama ha crecido y ahora abarca oportunidades sin precedentes. El mundo de hoy está lleno de promesa para los aspirantes a empresarios que pueden crear y darle forma al futuro.

Los empresarios, motivados por su pasión y su visión, son un testimonio de que la libre empresa y el capitalismo tienen más vitalidad que nunca. En un mundo en que el cambio y la incertidumbre representan los mayores desafíos, esperamos que los empresarios de hoy y de mañana dirijan el cambio.

Donald J. Trump

La historia de Donald J. Trump, director y presidente de la Organización Trump, es una historia de éxito que, de forma continua, establece los estándares de excelencia, al mismo tiempo que expande sus intereses en bienes raíces, deportes y entretenimiento. Trump es un prominente desarrollador de bienes raíces en todo el mundo y su marca es sinónimo de estándar de la más alta calidad.

Su compromiso con la excelencia abarca desde sus proyectos de bienes raíces, hasta su participación en la industria del entretenimiento; de su papel como estrella y coproductor de las exitosas series de NBC, *El aprendiz* y *El aprendiz con celebridades*, a sus campos de golf y rascacielos que tantas distinciones han ganado. Su visión para los negocios no tiene igual.

En su trabajo como autor, el señor Trump ha escrito más de diez *bestsellers*. Su primer libro, *The Art of the Deal*, es considerado un clásico de los negocios. En 2007 presentaron su estrella en el Paseo de la Fama de Hollywood. El señor Trump es el arquetipo del hombre de negocios, un negociante sin igual y un apasionado filántropo.

Robert T. Kiyosaki

Mejor conocido como autor de *Padre rico, Padre pobre*, el libro número uno en finanzas personales de todos los tiempos, Robert Kiyosaki desafió y cambió la manera en que decenas de millones de personas de todo el mundo piensan acerca del dinero. Robert es un empresario, educador e inversionista que cree se necesitan más hombres de negocios. Sus perspectivas sobre el dinero y la inversión a menudo contradicen las creencias tradicionales. A Robert se le conoce por su franqueza, irreverencia y valor.

Queremos que seas rico, el primer libro que escribieron juntos Donald Trump y Robert Kiyosaki, hizo su debut como número uno en la lista de *bestsellers* del *New York Times*, y vendió 500 000 copias tan sólo en Estados Unidos.